新世纪高等教育自学考试民航专业系列教材

机场服务概论

主编　田 静　竺志奇

中国民航出版社

图书在版编目（CIP）数据

机场服务概论 / 田静，竺志奇主编．—北京：中国民航出版社，2007.5（2023.11 重印）
ISBN 978-7-80110-789-3

Ⅰ．机…　Ⅱ．田…　Ⅲ．机场 - 服务概论 - 专业学校 - 教材
Ⅳ．D993.4

中国版本图书馆 CIP 数据核字（2007）第 066185 号

机场服务概论
田 静　竺志奇　主编

责任编辑	刘庆胜　邢　璐
出　　版	中国民航出版社
地　　址	北京市朝阳区十里河桥东民航报社大楼二层（100122）
排　　版	中国民航出版社照排室
印　　刷	北京金吉士印刷有限责任公司
发　　行	中国民航出版社（010）64297307　64290477
开　　本	787 × 1092　1/16
印　　张	14
字　　数	323 千字
版 印 次	2007 年 5 月第 1 版　2023 年 11 月第 12 次印刷
书　　号	ISBN 978-7-80110-789-3
定　　价	30.00 元

官方微博　http://weibo.com/phcaac
淘宝网店　https://shop142257812.taobao.com
电子邮箱　phcaac@163.com

教材编委会

出版前言

改革开放以来，中国民航业的发展十分迅猛，民航年均运输总周转量、旅客运输量、航空货邮量高位增长，成为拉动国民经济增长的朝阳产业，发展速度高于世界民航平均增幅两倍以上，成为仅次于美国的民航业大国。随着中国经济的发展，中国每百万平方公里拥有机场数量将大幅度增加，航班密度、旅客客运量等各项指标都将快速增长，中国将成为亚太地区乃至全球范围内最重要的航空市场。中国民航业的高速发展，必将带动中国民航的产业结构进行相应的调整以及对高素质人才的需求。

民航业是一个高科技、高风险、高投入的行业，由于其安全、技术的硬性要求，以及国际化和跨地域经营的特点，其用人标准相对于其他行业更加严格。具体表现在：一是专业技能要求高。航空运输业是一个资本密集型产业，从业人员必须具备能够操作各类专业设施的技能。二是安全性能要求高。中国民航需要很高的安全要求，规范化、标准化是它的灵魂，因此需要很高的管理水平。三是服务标准要求高。中国民航从业人员需要具有很强的服务意识、服务技巧和专业水准。由于国际化和跨地域经营是航空运输业固有的特点，因此，掌握和理解不同国家和地区的文化、习俗等知识，提高外语水平，是对从业人员尤其是服务人员的基本要求。民航业的上述特点，迫切要求从业人员具有较高的素质和专业水平。

目前，我国专门为民航业培养人才的正规大学偏少，每年培养出来的具有大学学历的人才远远不能满足民航业的发展需要，而有关“民航服务与管理”专业的正规教育和培训尚处于起步阶段，大多数的教育和培训仍沿用传统教育模式，不能适应民航业快速发展的需求。

高等教育自学考试“民航服务与管理”专业的设立，正是按照为中国民航业大力培养合格人才这一指导思想，在教育部考试中心和北京市自考办的领导下，在委托开考单位中国交通运输协会与主考院校北京师范大学的积极推动下问世的，根本目的就是借助社会力量培养人才，以满足民航业不断发展的需要。

为了保证广大学员有针对性地参加培训和学习，受中国交通运输协会委托，北京师范大学、中国交通运输协会北京航空运输培训中心联合中国民航出版社共同推出了“新世纪高等教育自学考试民航专业系列教材”。这套教材的编撰工作集中了有关方面的专家，结合中国民航业的实际发展情况，既保证了本学科的专业性和知识含量，又兼顾了自学考试的特点，通俗易懂，便于自学。

由于时间仓促，这套教材还有许多不成熟的地方，我们希望通过一段时间的使用，发现问题，不断修订，不断完善。书中存在的缺点和错误，希望读者不吝赐教，我们表示衷心感谢。

教材编委会

2007 年 5 月 16 日

前　言

《机场服务概论》是为高等教育自学考试“民航服务与管理专业”学生编写的一本专业教材，也可以作为民航机场工作人员业务学习用书。

机场是集中为航空旅客提供服务的场所。在这里，包含旅客运输全过程中除空中服务环节外的所有服务内容，因此对于机场服务人员来讲，需要他们掌握离港控制、销售、值机、配载、行李运输等各个环节的业务知识；要求他们业务熟练，服务热情，熟知民航各方面的业务规章，才能为旅客提供满意的服务。

在各种交通运输方式中，民航业具有鲜明的行业特点：民航旅客对服务质量、服务效率要求很高，行业集中体现高端的科学技术水平，具有国际化和跨地域经营的特点。因此，其用人标准相对于其他行业更加严格，要求民航从业人员具有较高的素质和专业水准。近年来，我国民航业发展迅速，从规模上讲，我国已经成为仅次于美国的名副其实的航空大国。展望未来，从民航大国走向民航强国是全体民航人的历史使命。这就更加要求从业者努力提高服务意识和业务素质，为中外旅客提供高水平的航空运输服务。

作为一门概论性课程，《机场服务概论》从民航机场旅客运送的流程出发，详细介绍机场旅客运送工作各环节的工作内容和要求。在编写过程中我们注意掌握以下几个原则：

第一，国际旅客运输业务与国内的实际操作并重，既介绍国际对于相关业务的管理规定和惯例，又强调与中国的实际相结合；

第二，注重全面介绍最新的民航业务知识，使学生能够学习到新鲜、实用的民航旅客服务理论和方法；

第三，考虑到本专业课程设置的特点，尽可能详细地介绍旅客运送各环节的业务知识，注意知识的逻辑性和连贯性。

本书以内容实用、逻辑清晰、业务内容全面并便于阅读与使用为特色，系统而全面地展示了民航运输服务流程的各主要环节，主要章节有：机场旅客运输业务介绍，旅客订座与销售、机场旅客服务、行李运输、配载与平衡、旅客运送责任与赔偿等等。通过学习本书，学生能够全面了解国际、国内旅客机场服务所需要的业务知识，了解民航运营实况及民航运输服务中应具备的服务常识，掌握民航机场旅客服务的基本技能。通过学习本书，学生能够具备国际机场服务人员的业务素质，达到为旅客提供满意服务的目的。本书编排合理，反映民航运营实况，集知识性、实用性于一体，是一本极具民航特色的专业运输业务学习用书。

由于时间仓促，本书还有许多不成熟的地方，难免挂一漏万。书中存在的缺点和错误，希望读者不吝指出，我们将认真听取读者的意见，通过一段时间的使用，发现问题，不断修订，使其日臻完善。

本书的编写得到王静芳、陈小代等老师的热情帮助，刘志刚老师对全书进行校正并提出宝贵的修改意见，高宗生先生为书中插图制作付出了辛勤的劳动，在此一并表示衷心的感谢。

编　者

2007 年 5 月 13 日

目 录

第一章　民航机场业务介绍

国际民航组织将机场（航空港）定义为：供航空器起飞、降落和地面活动而划定的一块地域或水域，包括域内的各种建筑物和设备装置。机场可分为军用机场和民用机场。有些机场是既供军用又供民用的军民合用机场。

民用机场包括：为航空运输使用和服务的运输机场；为工业、农业生产飞行使用的通用航空机场；为飞机研制、维修后进行试飞的工厂用机场；为培养训练民航飞行人员的学校用机场。另外，航空俱乐部使用的机场，也可以归为民用机场这一类。

我国民航总局为了保证民航运输生产的发展，提高服务质量，制订了我国机场划分类别并相应规定了各类机场必须配备的运输服务设备和设施的最低标准。按此标准，我国机场可划分成以下五类：

第一类：年旅客吞吐量10万人以下，货邮吞吐量500吨以下。

第二类：年旅客吞吐量10~20万人，货邮吞吐量500~2000吨。

第三类：年旅客吞吐量20~75万人，货邮吞吐量2000~10000吨。

第四类：年旅客吞吐量75~200万人，货邮吞吐量10000~50000吨；其中，甲类：起降AN24以下、B707以下的客机。乙类：能起降B707以上的宽体客机。

第五类：年旅客吞吐量200万人以上，货邮吞吐量50000吨以上。

机场还可分为：

国际机场：为国际航班出入境而指定的机场，它须有办理海关、移民、公共健康、动植物检疫和类似手续的机构。

门户机场：国际航班第一个抵达和最后一个始发地的国际机场，是连接国际、国内主要城市，航线密集的大型机场，如北京首都国际机场、上海虹桥国际机场、广州白云国际机场。

国内机场：是以国内航线为主，空运量较为集中的干线机场，这类机场主要是省会、自治区首府，重要工业、旅游和开放城市的机场。

地区机场：经营短程航线的中小城市机场。这类机场大多分布在各省、自治区地面交通不太方便的地方，机场规模一般都比较小，等级也比较低。

备降（用）机场：由于技术等原因预定降落变得不可能或不可取的情况下，飞机可以前往的另一机场。

1978年以来，随着改革开放的深入进行，我国民航事业进入了高速发展的阶段。2005年中国民航航空运输总周转量达到259.2亿吨公里，旅客运输量达1.38亿人，货邮运输量达 303.5 万吨，分别比 2000 年增长 116%、105% 和 54%，5 年中年平均增长率分别为 16.2%、15.5% 和 9.0%。其中，国内航线运输总周转量年均增长 18.1%，国际航线运输总周转量年均增长 12.6%。从 2005 年开始，我国航空运输总周转量已经在国际民航组织缔约国中排名第二，成为全球第二大航空运输系统，我国已成为名副其实的航空运输大国。

20 世纪 90 年代以来，我国的民航机场建设出现了前所未有的发展局面。1979—1994 年，共新建、扩建机场近 60 个，1994 年底，我国民航机场旅客总吞吐量为 7842.2 万人。截止到 2004 年底，我国大陆共有各类民用机场 500 多个，其中民航在用机场 212 个，航班使用机场 141 个，可以起降 B747 以上机型的机场 25 个。2005 年民航航班运营机场 145 个，比 2000 年增加 16 个。

第一节　机场候机楼的布局和功能

一、机场的布局

民用机场由飞行区和客货运输服务区组成。有的机场还包括机务维修区。

1. 客货服务区域

客货运输服务区也称航站区，是为旅客、货物、邮件运输服务的区域。区域内设施包括客机坪、候机楼、停车场等。货运量较大的机场还设有专门的货运站或货运中心。

2. 管理服务区

机场的管理服务区主要由飞行区、机务维修区等区域组成。

飞行区是机场的主要组成部分，包括跑道、滑行道和停机坪，以及各种保障飞行的设施，如导航设施、气象自动观测系统及指挥系统等。在机场、飞行区及其临近地区上空，为保证飞机安全起飞和着陆，规定若干障碍物限制面，这些限制面以上的空域称为净空区。

机务维修区一般包括维修机坪、维修机库、维修工厂或维修车间、航空器材库等，为飞机、发动机和机上各种设备提供维修服务。

民用运输机场还设有航空油料的储存、供应和飞机加油设施，机场消防和急救设施以及供水、供电、供热、供冷、污水污物处理、通信、地面交通的公共和市政设施。

二、机场候机楼的功能

候机楼是一个城市或一个国家的门户，也是这个国家和地区的象征，因此候机楼的建筑在考虑功能和实用之外，也要雄伟壮观，体现出国家的气势和现代化的意识。当然，候机楼的设计更要考虑使用者的服务便利、安全和保卫的需要。

机场候机楼包括候机楼建筑本身以及候机楼外的登机坪和旅客出入车道，它是地面交通和空中交通的结合部，是航空港对旅客服务的中心地区。

候机楼的组成并不复杂，一般情况下，候机楼可以分为两大功能区：

1. 旅客服务区域

候机楼里旅客服务区域包括：

办理机票行李手续的柜台；

安检、海关、检疫的通道和入口；

登机前的候机厅；

行李提取处；

迎送旅客活动大厅；

旅客信息服务设施，包括问讯处、显示牌、广播通知系统、电视系统等；

旅客饮食区域，包括供水处、饭店、厨房等；

公共服务区，如邮电局、行李寄存处、失物招领处、卫生间、医疗设施；

商业服务区，如各种商店、银行、免税店、旅游服务处、租车柜台等。

2. 管理服务区

候机楼里的管理服务区域包括：

空港管理区，包括空港行政办公室、后勤的办公和工作场所，如水电、暖气、空调等，还有紧急救援设施，如消防、救援的工作人员和设备的场地等；

航空公司运营区，如有运营办公室、签派室和贵宾接待室等；

政府机构办公区，如民航主管当局、卫生部门、海关、环保、边防检查部门的办公区域等等。

图 1.1 是某机场候机楼布局示意图。

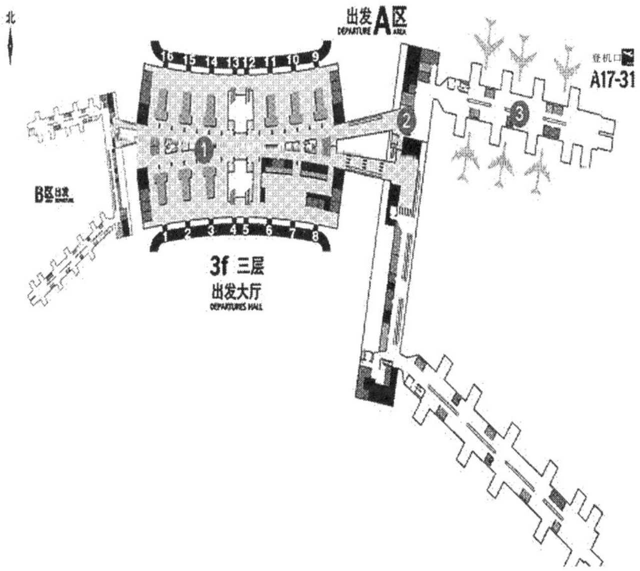

图 1.1　某机场候机楼布局示意图

飞机场
Airport

方向
Direction

入口
Entry

出口
Exit

上楼楼梯
Stairs Up

下楼楼梯
Stairs Down

楼梯
Stairs

水平步道
Moving Walkway

向下自动扶梯
Escalator Down

向上自动扶梯
Escalator Up

电梯
Elevator; Lift

残障人士电梯
Elevator for Handicapped

洗手间
Toilets

残障人士（专用，通道）
Access for Handicapped

男性
Male

女性
Female

乘机手续
Check-in

售票
Ticketing

国内航班乘机手续
Domestic Check-in

国际航班乘机手续
International
Check-in or Int'l Check-in

到达
Arrivals

出发
Departures

安全检查
Security Check

托运行李检查
Baggage Check

卫生检疫
Quarantine

动植物检疫
Animal and Plant Quarantine

出/入境边防检查
Emigration/Immigration

海关
Customs

停车场
Parking

租车服务
Car Hire

红色通道
(有申报物品通道)
Red Channel
(Goods to Declare)

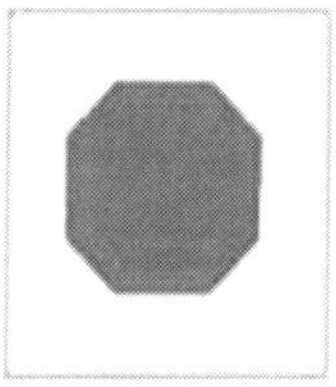

绿色通道
(无申报物品通道)
Green Channel
(Nothing to Declare)

候机厅
Waiting Hall

头等舱候机室
First Class Lounge

贵宾候机室
VIP Lounge

母婴室
Nursery

登机口
Gate

行李手推车
Baggage Cart

宾馆服务
Hotel Service

结账
Settle Accounts

图 1.2　候机楼常用引导标识

第二节　民航国内旅客运送流程

目前通用的候机楼设计方式是把出港旅客（离去旅客）和入港旅客（到达旅客）分别安置在上、下两层，上层为出港工作区，下层为入港工作区，这样互不干扰又可以互相联系。由于国内旅客和国际旅客所要办理的手续不同，通常把这两部分旅客分别安排在同一候机楼的两个区域，或者分别安排在两个候机楼内。

在旅客运送流程的设计上要考虑三种类型旅客的不同特点：

第一类是国内旅客，他们手续简单，占用候机楼的时间少，但流量较大，因而国内旅客候机区的通道需要比较宽；

第二类是国际旅客，他们要办理护照、卫生检疫等手续，行李也较多，在候机楼内停留的时间长，同时还要在免税店购物，因而国际旅客的候机区要相应面积较大。

第三类是中转旅客，他们是等候衔接航班的旅客，一般不到候机楼外活动，所以要专门安排他们的流动路线，当国内转国际航班或国际转国内航班的旅客较多时流动路线比较复杂，如果流量较大，空港当局就应该适当考虑安排专门的流动线路。

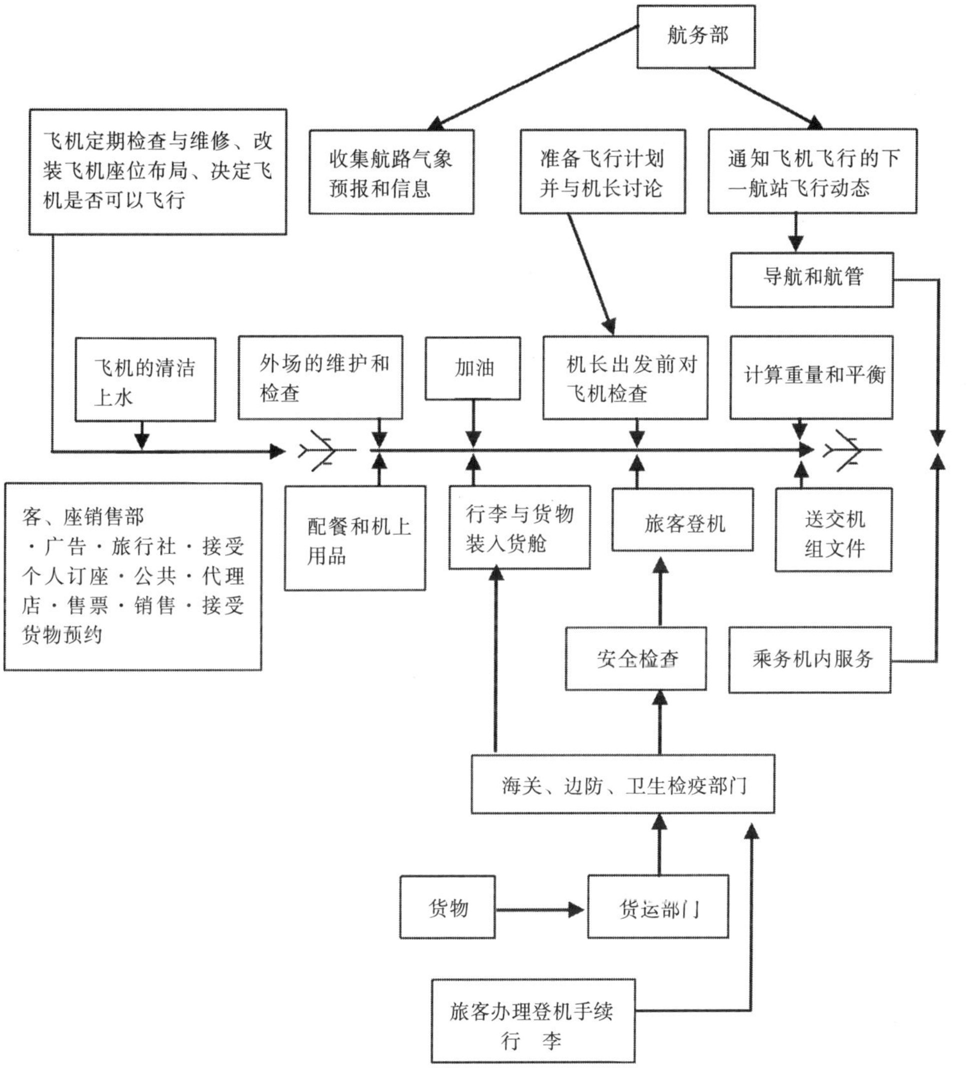

图 1.3　航班起飞前航空公司的工作流程

下面对上述流程的各个环节进行说明。

飞机定期检查与维修：按照飞机使用说明书上的规定对飞机进行维修保养，确保飞机处于安全状态。根据不同航线市场的旅客需求特点，对飞机座位布局进行改装适应市场的需求，提高航空公司的收益。

客货销售：开拓市场，做好营销和客货产品的销售工作。

停机坪飞机起飞前的准备工作：包括过境飞机的检修；清洁、上水；飞机加油；配餐部门根据旅客人数将餐食和机供品装入飞机等等。

客货运输准备工作：计算配载与平衡；送交机组随机文件，将载重与平衡图交给机长审核；接受旅客办理登机手续；装载行李货物；旅客登机服务；拍发有关电报等等；

航务工作：收集到达机场和航路上天气情况预报；机长根据各种情报和信息作出飞行计划并与有关人员商讨；及时向下一航站通报飞行动态；通知导航和航管部门作好准备；机长在临起飞前对飞机重要部分的安全检查等等。

乘务工作：检查机上服务设备、机上供应品完好准备情况；迎接旅客登机等等。

一、国内旅客运送流程

检查乘机文件——行李托运——换登机牌——安全检查——进入候机区域登机

二、国内旅客运输流程工作环节

1. 国内旅客出发流程工作环节

1）检查乘机文件

旅客到达机场后，到出发大厅指定值机柜台交验客票及本人有效身份证件。

2）行李托运、换领登机牌

办理乘机和行李交运手续，领取登机牌。飞机离站前30分钟停止办理乘机手续。

3）安全检查

通过安全检查时，旅客应首先向工作人员出示有效证件、登机牌和飞机票。为了飞行安全，旅客及随身携带行李物品必须接受安全检查。行李物品要做 x 光机检查，旅客要走金属探测器门。

4）候机及登机

旅客根据登机牌所显示的登机口号在相应的候机厅候机休息，听广播提示进行登机。

2. 国内旅客到达流程工作环节

旅客到达——领取交运行李——进入到达接客大厅

1）旅客到达

2）领取交运行李

旅客到达目的地后，应确认航班号，凭行李交运凭证领取交运行李。

3）进入到达大厅

进入到达大厅，大厅内设有市区各大宾馆接待柜台和公交售票柜台。

第三节　民航国际旅客运送流程

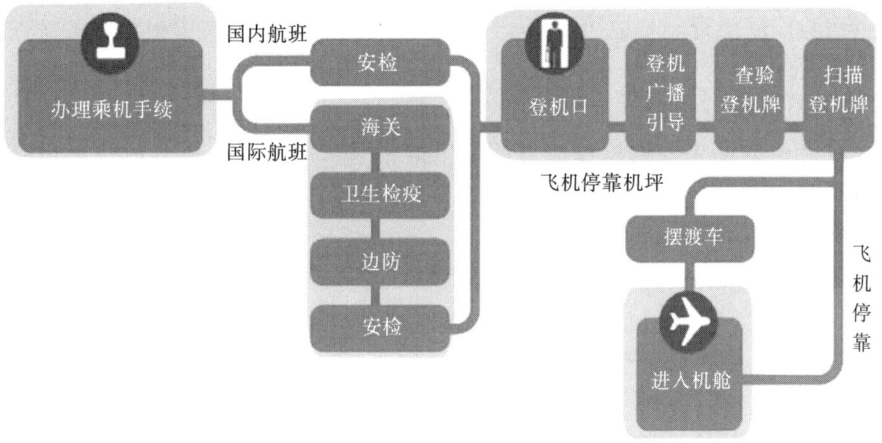

图 1.4　民航国际旅客运送流程图

一、国际旅客运输流程

检查旅行文件——行李托运——换登机牌——检验检疫检查 —海关申报与海关检查——边防检查——安全检查——进入候机区域登机

二、国际旅客运送流程工作环节

1. 国际旅客出发流程工作环节

1）检查乘机文件

旅客到达机场后，到出发大厅指定值机柜台交验客票及本人有效身份证件。

2）海关检查

旅客若有物品需要申报时，要走红色通道，办理海关后续；如果没有，走绿色通道。

3）行李托运、换登记牌

旅客在指定柜台办理行李交运手续，领取登机牌。飞机离站前 45 分钟停止办理乘机手续。注意护照、签证及旅行证件应随身携带，不要放在交运行李中运输。

4）边防检查

旅客要确认填好出境卡，并连同护照、签证一并交边防检查站查验。

5）安全检查

为了飞行安全，旅客及随身携带行李物品必须接受安全检查。带入机内的行李要做 X 光机检查，旅客要走金属探测器门。

6）候机及登机

旅客根据登机牌所显示的登机口号在相应的候机厅休息候机，听广播提示进行登机。

2. 国际旅客到达流程工作环节

卫生检验检疫检查——边防检查——领取交运行李——海关申报与海关检查——进入到达接客大厅

1）卫生检疫

旅客在飞机内如果得到检疫所发的卫生健康卡，应填写必要事项并交到卫生检疫站。

2）边防检查

确认填好入境卡，并连同护照、签证一并交边防检查站查验。

3）领取交运行李

确认航班号，凭有效行李交运凭证领取交运行李。

4）海关检查

如果旅客携带的物品没有超过免税范围，走绿色通道（无申报通道）；超过或不清楚时应走红色通道（申报通道），接受检查或办理海关手续。

5）进入到达大厅

旅客可以在大厅接待处兑换人民币。到达大厅接待处设有市区各大宾馆接待柜台和公交售票柜台。

3. 中转旅客运送流程

1）国内转国内

国内航班到达后，旅客经登机桥或乘摆渡车进入航站楼，可前往中转柜台办理中转手续，到相应登机口候机。

2）国内转国际

国内航班到达后，旅客经登机桥或乘摆渡车进入航站楼，到行李提取厅提取行李，办理中转手续：海关检查、检验检疫、边防检查、行李安全检查、托运行李/换登机牌， 到相应登机口候机。

3）国际转国际

国际航班到达后，旅客将经登机桥或乘摆渡车进入航站楼，办理中转手续：办理乘机手续、边防检查、安全检查。办理中转手续后，可前往候机区到相应登机口候机。

4）国际转国内

国际航班到达后，旅客将经登机桥或乘摆渡车进入航站楼，按照检验检疫机关要求，如实填写《入境健康检疫申明卡》，持有效护照、签证、入境登记卡进行边防检查。到行李提取厅提取行李。办理中转手续：入境海关检查、行李安全检查、托运行李/换登机牌。办理中转手续后，到相应登机口候机。

第二章　旅客订座与客票销售

第一节　旅客订座

一、旅客订座与销售的基本概念与定义

（1）定义：订座是对旅客预订的座位、舱位等级或对行李的重量、体积的预留。

（2）订座的一般要求。

- 旅客订妥座位后，凭该订妥座位的客票乘机。不定期客票应向承运人订妥座位后方能使用。
- 已经订妥的座位，旅客应在承运人规定的时限内购票，否则座位不予保留。
- 承运人可在必要时暂停接受某一航班的订座。
- 承运人应按旅客订妥的航班和舱位等级提供座位。

二、旅客订座系统（RES）介绍

1. 航空公司系统（ICS）和代理人分销系统（CRS）

1）航空公司系统（ICS）和代理人分销系统（CRS）的定义

旅客订座系统（RES）包括航空公司系统（ICS）和代理人分销系统（CRS）。目前，国内航空公司系统有20多家国内航空公司在使用，代理人分销系统有5000家代理人约25000台终端在使用。

计算机在中国民航订座系统中的应用是从1981年开始的。首先应用的是售票业务部门。由于国际航班要参与国际航空市场的激烈竞争，不使用计算机，就会处于不利的竞争地位，因此，中国民航租用了总部设在美国亚特兰大的GABRIEL系统进行国际航班的售票。1985年，中国民航经国家有关部门批准，经过全面的选型和论证，投资新建了自己的订座系统，年底正式运行。1986年开始，以北京为中心，向全国各地售票网点提供计算机订票服务。1989年10月27日，将原GABRIEL系统中的终端成功转接到中国民航自己的系统中，从而真正建立起中国民航自己的、分布于全球的计算机订座网络。1993年订座系统的功能得到了飞跃：自动出票系统全面投产。经过十几年的摸索、更新和升级，在1995年建成了民航卫星通信网，解决了困扰通信的“中枢神经”阻断问题后，1996年元月，中国民航建成了中国的代理人分销系统（CRS）。

到2005年为止，中国代理人分销系统业务遍布中国境内296个通航城市，58个境外城市，拥有代理商5316个，终端2万余台，合格上岗从业人员约5万人。目前该系统可以协议分销中国民航所有21家航空公司、非中国民航195家航空公司的航线航班（其中11家属于直接联结，184家属于间接联结）。在非航空旅游产品的分销方面，目前有297个酒店、1个租车公司、2个大型旅行社可以通过该系统进行分销。在航空公司订座系统处理的所有旅客中，约75%左右是通过该分销系统实现销售，另外25%左右则是通过航空公司订座控制系统实现的。

2）CRS系统网络的主要特征

CRS（Computer Reservation System）即代理人分销系统。销售代理通过此系统进行航班座位及其他旅行产品的销售。CRS作为代理人分销系统，主要具有以下功能：一是为航空代理商提供全球航空航班的分销功能；二是为代理商提供非航空旅游产品的分销功能；三是为代理商提供准确的销售数据与相关辅助决策分析结果。

基于这个目的，从CRS的组成上，它是一个覆盖广大地域范围的计算机网络。该网络主要有以下特征：

①实时性：网络上的终端从提交命令到得到结果应答，这段响应时间一般不超过3秒。

②不间断性：由于CRS覆盖的地域十分广泛，一天24小时内，任何时间网络上都有终端在工作，因此，系统运行在任何时间都不能中断。

③高可靠性：系统中的数据在任何意外情况下都不能被破坏，为此，系统实行了多套主机、随时备份等措施。

通过CRS系统，分布于世界各地的销售代理都可以使用网络的终端来出售机票及旅行产品，同时航空公司通过将自己的营运数据投入CRS中销售，可在最大范围的区域中销售自己的航班座位，通过有效的航班座位控制，提高航班座位利用率和商业利益。

3）CRS系统提供的服务

CRS系统发展到今天，已经具备了非常完备的功能，包括中国民航航班座位分销服务、国外民航航班座位分销服务、BSP自动出票系统服务、运价系统服务、常旅客系统服务、机上座位预订服务、各类等级的外航航班分销服务、旅馆订房等非航空旅游产品分销服务、旅游信息查询系统服务、订座数据统计与辅助决策分析服务等。

未来，代理人分销系统将发展成为服务于整个航空及旅游业的通用系统。除了原有的航空运输业外，旅馆、租车、旅游公司、铁路公司、游轮公司等的产品分销功能也将容纳到代理人分销系统中来，使中心的代理人分销系统能够提供完整的旅游服务。经过技术与商务的不断发展，中心的代理人分销系统将能够为旅行者提供及时、准确、全面的信息服务，满足消费者旅行中包括交通、住宿、娱乐、支付及其他后继服务的全面需求。

2. CRS模式及与ICS之间的联接

一般来说，CRS与ICS的连接模式如图2.1所示。

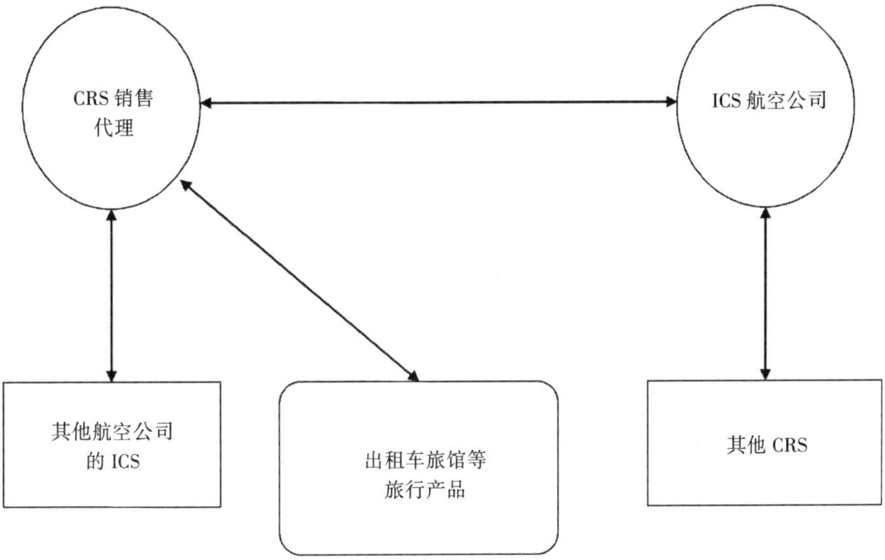

图 2.1　CRS 与 ICS 的连接模式

图中 ICS（Inventory Control System，编目航班控制系统）为航空公司专用，CRS 面向销售代理。在中国 CRS 中，ICS 的服务对象为航空公司的航班与座位控制人员、航空公司市场与营运部门的管理人员和航空公司中部分从事销售的人员。而 CRS 系统的服务对象则为从事订座业务的销售代理人员。

CRS 系统如何销售航空公司的座位是由 CRS 与 ICS 的技术联接方式及商务协议决定的。ICS 加入 CRS 的协议等级主要有如下几种方式（按由低到高顺序）：

①无协议级；

②次高等级——直接存取级（Direct Access）；

③较高等级——直接销售级 DS（Direct Sell）。

中国 CRS 与中国 ICS 的技术联接方式是无缝存取级（Seamless），它是直接销售级中的最高级别，也是世界上最先进的联接方式。

航空公司的座位管理人员，借助于 ICS 与 CRS 的实时联接，可完成如下功能：

①各类 PNR 的提取，座位确认、取消、修改 PNR 中的航段；

②随时向 CRS 拍发航班状态更改电报；

③可针对 CRS 中的具体订座部门进行座位销售的分配与限制。

由于 CRS 可以与国外航空公司的 ICS 联接，而 ICS 系统也可同国际上的 CRS 系统联接，这样就可以建立我国航空运输市场与世界的联系，如图 2.2 所示。

CRS 系统与 ICS 系统之间存在着不同等级的联接方式，CRS 系统内部也存在不同的联接等级，这对它们之间传递数据有着不同的影响。

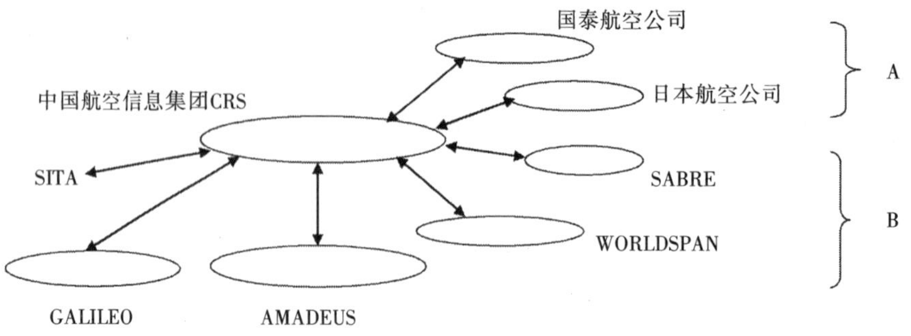

A—国外航空公司系统　B—国外 CRS 系统

图 2.2　中国航空信息集团 CRS 与国外航空系统联接的系统格局图

1）CRS 系统之间的联接

- 直联的航空公司：联接等级高，数据准确。
- 通过其他系统联接的航空公司：

与该系统间的联接等级高的航空公司，数据比较准确；

与该系统间的联接等级低的航空公司，数据准确性较差。

- 无联接关系的航空公司：无法取得数据，只能申请座位，硬件、软件及其数据库相互独立，但紧密联接。

2）CRS 系统与 ICS 系统之间的联接

①与国外航空公司系统联接，可以对其直接进行销售，显示的内容也更加准确；

②与国外代理人系统联接，可以显示对方系统中的航班信息，与众多航空公司建立起联系。

无论它们是如何联接，它们之间都保持着以下的关系：

- 数据传递实时进行；
- 保证数据传输准确性和匹配性；
- 共享网络系统。

3. 世界各大 CRS 名称及标识

世界各大 CRS 名称及标识见表 2-1。

表 2-1　世界各大 CRS 名称及标识

地区	CRS 名称	标识	地区	CRS 名称	标识
美国	SABRE	1W	东南亚	AMACUS	1B
美国	WORLDSPAN	1P	日本	INFINI	1F
美国	GETS	1X	日本	AXESS	1J
欧洲	AMADEUS	1A	中国	LILY	1E
欧美	GALILEO	1G	韩国	TOPAS	1T

目前在我国国内的外航服务公司，使用比较普遍的是 GALILEO 和 AMADEUS 这两大计算机订座系统。

4. 订座操作的一般指令

1）进入系统

民航计算机订座系统的线路接通以后，工作人员可以输入相关指令进入航空公司系统（ICS）或代理人分销系统（CRS），进行航班信息查询和座位销售。

例 1. 进入航空公司系统（ICS）

输入格式〉$$open tipb

例 2. 进入代理人分销系统（CRS）

输入格式〉$$open tipc3

2）输入工作人员的工作号（SI）

每个工作人员都有自己的工作号，只有输入自己的工作号才可以正常工作。

输入格式〉si: 工作号/密码/级别

3）临时退出系统（AO）

在有些情况下，若工作人员临时离开系统，可以使用 AO 指令工作号退出。

输入格式〉AO

4）恢复临时退出（AI）

当工作人员临时退出系统以后，需要重新进入工作状态，要用 AI 功能恢复临时退出的系统。

输入格式〉AI: 工作号/密码

5）退出系统（SO）

当工作人员结束正常工作，须将工作号退出系统，以防被他人窃用。这项工作可用 SO 指令完成。

输入格式〉SO

6）显示重要通知目录的指令（SIIF）

输入格式〉SIIF:

7）查询城市/机场三字代码的指令（CNTD）

输入格式〉CNTD: 城市或机场的全称

8）查询城市/机场英文全称的指令（CD）

输入格式〉CD: 城市或机场的三字代码

9）查询指定日期的航班座位可利用情况的指令（AV）

输入格式〉AV: H/城市对/日期

10）查询指定承运人、日期的航班座位可利用情况的指令（AV）

输入格式〉AV: H/城市对/日期/承运人的两字代码

11）查询有座位的最早航班的指令（FV）

输入格式〉FV: 城市对

12）查询指定承运人的所有舱位的票价的指令（FD）

输入格式〉FD: 城市对/日期/承运人的两字代码

13）查询票价的限制条件的指令（PFN）

输入格式〉　第一步用 FD 指令查询票价

　　　　　　第二步>PFN: 序号

14）查询航班起飞、达到、经停时间（FF）

输入格式〉FF: 航班号/日期

15）查询机场转机时间的指令（DSM）

输入格式〉DSM: 机场三字代码

16）查询航班飞行时间的指令（DSG）

输入格式〉DSG: C/航班号/舱位

17）查询航班时刻表的指令（SK）

输入格式〉SK: 城市对/日期

18）查询天气预报的指令（WF）

输入格式〉WF: 城市三字代码

19） 提取旅客订座记录（PNR）的指令（RT）

输入格式 1〉RT: 记录编号

输入格式 2〉RT: 旅客姓/航班号/日期

20）提取某航班的旅客名单的指令（ML）

输入格式〉ML: C/航班号/日期

21）提取电子客票的指令（DETR）

输入格式 1〉DETR: CN/记录编号

输入格式 2〉DETR: NI/身份证号

输入格式 3〉DETR: NM/姓名

输入格式 4〉DETR: TN/票号

22）查询公用信息的指令（YI）

输入格式〉HELP: YI

三、旅客订座记录（PNR）的建立

1. PNR 的含义及组成

1）PNR 的含义

PNR 是旅客订座记录 Passenger Name Record 的英文缩写。它记录了旅客行程的必要信息，如姓名、旅行地点、时间、联系电话等。

完整的 PNR 建立必须包括有下列项目：

①姓名组（Name）

②航段组（Segment）

③联系组 （Contact）

④出票组 （Ticket Status）

④责任组（Responsibility Element）

2）PNR 的建立

①姓名组的建立

姓名组的输入由姓名和座位数组成，在姓的前面必须有该姓的座位数。中国人的姓名使用汉字输入，前面加上阿拉伯数字表示座位数。外国人的姓名使用英文输入，在姓的前面加数字表示座位数，在姓的后面用斜线分开，后面输入旅客的名字。

例：NM: 1 张丽 1 王芳

NM: 1 SMITH/JOHN

NM: 1 李红 1 李小红 CHD

NM: 1 刘小（UM06）

XN: IN/陈军 INF（JAN07）/P1

②航段组

通常有两种方法可以申请航班的座位。一种是直接建立航段组，一种是间接建立航段组。直接建立航段组是在营业员清楚地了解所有信息如航班、日期、航段、舱位、座位数、起飞时间而建立起来的。

格式：SS: 航空公司代号 航班号 舱位 日期 航段 行动代号 座位数

间接建立航段组则需要先将航班信息显示出来，再根据旅客的要求选择合适的班次。即通过 AV 显示来建立。利用航班时刻表，指定日期班机时刻或航班座位可利用情况建立航段组，每次只可订一条航线的座位。

格式；SD: 航线序号 舱位等级 行动代号 座位数

——不定期航段组的建立（SN）

格式：SN: 航空公司代号 舱位等级 航段

——为了方便旅客旅行，有时还在 PNR 中除输入旅客的到达信息外，还输入相应的地面段的信息，以保证航段的连续性。

格式：SA: 城市对

如果旅客已有一个 PNR，又申请了新的航班或航段，需要把新建立的航段并入这个 PNR 时，应先提出这个 PNR，然后通过并入航段指令（ES）进行并入。

格式：ES（XMIT）

③联系组建立（CT）

联系组用于建立与旅客联系的信息，主要记录旅客或代理人的联系地址、电话等，格式由用户决定。一般输入旅客的联系电话。

例：CT64578465

④出票情况组（TK）的建立

出票组注明旅客出票情况，已经出票的显示旅客的票号，而未出票的则注明出票的安排和时间限定。目前已经出票的情况由电脑自动给出相应的票号。

例：出票时间限定的情况

TK: TL/1200/25JUN/SHA123

⑤ 责任组

建立 PNR 后，电脑自动显示当前部门的地址。该项目由电脑自动生成。

⑥封口（EOT）

格式：@ 或 \

在修改或建立新的 PNR 时，用封口指令使修改或建立的 PNR 生效。封口指令可以单独输入，也可以在一组指令的最后输入。

2. 预订 PNR 的建立及相关指令

例 1：旅客刘立预订北京至海口 10 月 3 日航班号为 HU7182 Y 舱的机票一张。

1）建立预订 PNR 的步骤如下:

>AV: H/PEKHAK/3OCT/HU （查询座位信息）

>SD: 1Y1 （订座）

>NM: 1 刘立 （输入姓名信息）

OSI: HU CTC 13612345 （输入联系信息）

TK: TL/1205/01OCT/BJS999 （输入最迟出票时限）

@

2）在 CRS 系统中提取已建立的预订 PNR

输入>RT: QY80P （提取 PNR）

PNR 显示如下:

①刘立． QY80P （姓名组）

② HU7182 Y SA03OCT PEKHAK HK1 1205 1535 （航段组）

③ BJS/T BJS/T 010 – 60123456/ABC CO. LTD. /ABCDEFG

④ TL/1205/01OCT/BJS999 （出票组）

⑤ OSI HU CTC13612345 （联系组）

⑥ RMK CA/BSRHL

⑦ BJS999 （责任组）

说明：第①项中的 QY80P 为代理人系统（CRS）的记录编号。

第⑥项中的 BSRHL 为航空公司系统（ICS）的记录编号。

第③项中的内容为代理点名称及电话号码。

此三项内容均为订座时电脑自动生成。

3. 出票 PNR 的建立及相关指令

例 2：旅客刘红已购买呼和浩特至北京 7 月 19 日航班号为 CA1101 H 舱的机票一张。刘红身份证号为 150102166702141250。

1）建立出票 PNR 的步骤如下:

>AV: H/HETPEK/19JUL/CA

>SD: 1Y/RR1

>NM: 1 刘红

OSI: CA5 CTC 13512345

SSR: FOID CA HK/NI15010216670214125/P1

. >PAT:

>DZ: 1（打印纸票）　或>ETDZ: 2（打印电子客票）

2）在 CRS 系统中提取已出票 PNR

显示如下：

①刘红 ZY80D　　（姓名组）

② CA1101 H　WE19JUL　HETPEK　RR1 0740 0855　E　　（航段组）

③ HET/T HET/T 0471 - 12345678/JKT CO. LTD. /ABCDEFG

④ T/AT//HETCA

⑤ SSR:　FOID CA HK1 NI15010216670214125/P1　　（证件信息）

⑥ SSR:　TKNE CA HK1 HETPEK 1101 H 19JUL 9995933444886/1/P1

⑥ OSI:　CA　CTC13512345　　（联系组）

⑧ RMK　CA/H6B2K

⑨ FN/FCNY430. 00/SCNY430. 00/C3. 00/XCNY80. 00/TCNY50. 00CN

- /TCNY30. 00YQ/ACNY510. 00　　（票价组）

⑩ TN/999 - 59334444886/P1

⑪ FP/CASH，CNY　　（付款方式组）

⑫ HET999　　（责任组）

说明：第①项中的 ZY80D 为代理人系统（CRS）的记录编号。

第⑧项中的 H6B2K 为航空公司系统（ICS）的记录编号。

第③项中的内容为代理点名称及电话号码。

第④项中的内容表示为旅客已出票。

第⑥、⑩项中的内容表示为旅客已出客票的票号。

上述各项内容均为订座时电脑自动生成。

4. 预订 PNR 变为出票 PNR 的相关指令及操作步骤

为例 1 中的旅客出票，PNR 的操作步骤如下:

输入 >RT: QY80P　　（提取 PNR）

> SSR: FOID HU HK/NI11010216870214125/P1　　（输入证件信息）

. >PAT:　　（输入票价信息）

>DZ: 1（打印纸票）　或>ETDZ: 2（打印电子客票）

四、特殊服务组（SSR）、其他服务组（OSI）的建立及实例

1. 特殊服务组（SSR: Special Service Requirement）

（1）特殊服务组（SSR）：在旅客订座记录（PNR）中记录旅客在旅行中需要的特殊服务，并依此与航空公司进行信息交换，如特殊餐食、轮椅、担架等特殊需求。

指令格式: SSR: 服务类型代码 航空公司两字代码 行动代号　需要该项服务的人数 航段自由格式文本 旅客标识 需要该项服务的航段序号

（2）实例

①例 2 中的旅客申请无盐餐食

操作步骤如下: >RT: ZY80D

>SSR: SPML CA NN1 NOSALT/P1/S2

>@

②例 2 中的旅客申请轮椅服务

操作步骤如下: >RT: ZY80D

>SSR: WCHC CA NN1/P1/S2

>@

2. 其他服务组（OSI: Special Service Requirement）

（1）其他服务组（OSI）是民航订座人员在旅客订座记录（PNR）中记录一些旅客的相关信息，告知航空公司，引起航空公司的注意。

（2）指令格式: >OSI: 航空公司两字代码 自由格式文本/旅客标识

（3）实例

例 2 中的旅客为 VIP

操作步骤如下: >RT: ZY80D

>OSI: CA VIP CORPORATE VP/P1

>@

五、PNR 的修改与删除

当 PNR 建成后，如果要修改 PNR 中的相关内容，常用的指令如下:

（1）修改姓名: >原姓名前序号/新的姓名　　如>1/1 张夏

（2）删除姓名: >XE: P 姓名前序号　　如>XE: P1

（3）更改航程: >先用 AV/SD 指令订新航程的座位
>XE: 原航程序号

（4）删除 SSR/OSI/CT/FN/FC/FP 项的指令: >XE: 序号

（5）PNR 的分离指令: >SP: 分离出来的旅客序号

（6）并入航段的指令: >①用 AV/SD 指令订上新的航程
②用 RT 指令提取 PNR
③>ES　（将订的新的航程并入提取的 PNR 中）
④>@

（7）取消 PNR 的指令: ①先用 RT 指令提取 PNR
②>XE: PNR@

（8）座位的再证实: ①先用 RT 指令提取 PNR
②>航段序号 RR
③>@

六、QUEUE 信箱

信箱（OFFICE QUEUE）是为订座系统使用者提供的营业员与计算机系统及航空公司之间联系的手段。QUEUE 的本意是排队等候，在计算机订座系统中，QUEUE 的含义是把需要手工处理的信息一个一个排列起来，为便于理解，将它引申为信箱。信箱中信件的主要内容是航空公司对客票销售人员的信息通知。

1. QUEUE 信箱的种类

常见的 QUEUE 信箱的种类：GQ、KK、SR、SC、TL、RP、TC、RE。

2. QUEUE 信箱的处理

信箱的处理是订座系统操作人员日常工作中的必要工作环节，每个单位都有专人负责处理信箱，做好工作人员与航空公司、旅客之间的协调工作。

信箱处理的基本步骤:

第一步：进入 QUEUE 信箱的指令 >QT

第二步：进入 QUEUE 信箱中的某个信箱，如 SC 信箱>QS: SC

第三步：对 SC 信箱中的 PNR 进行处理

第四步：将这个处理后的 PNR 从信箱中释放掉的指令>QN

或将这个处理后的 PNR 放回信箱中的指令>QD

第五步：退出 QUEUE 信箱的指令>QNE 或>QDE

第二节　国内客票销售

一、国内客票简介

1. 国内客票的定义

客票是指由承运人或代表承运人所填开的被称为“客票及行李票”的凭证，包括运输合同条件、声明、通知以及乘机联和旅客联等内容。

客票为记名式，只限客票上所列姓名的旅客本人使用，不得转让和涂改，否则客票无效，票款不退。客票至少应包括的内容：承运人名称、出票人名称、时间和出票地点、旅客姓名、航班始发地点、经停地点和目的地点、航班号、舱位等级、日期和离站时间、票价和付款方式、票号、运输说明事项等等。

2. 国内客票的类别

1）按航程类型分为单程客票、来回程客票、联程客票

单程客票是指从一个出发地点至一个目的地点的客票。例如，北京—上海。

来回程客票是指从出发地点至目的地点并按原航程返回出发地点的客票。例如，北京—广州—北京。

联程客票是指列明有两个（含）以上航班的客票。例如，北京—上海—广州。

2）按使用期限分为定期客票和不定期客票

定期客票是指列明航班、乘机日期和订妥座位的客票。

不定期客票（OPEN 票）是指未列明航班、乘机日期和未订妥座位的客票。

代理人能否出 OPEN 票，应得到航空公司的授权。

3）按乘机联数分为二联国内客票和四联国际客票

4）销售类型分为航空公司客票和 BSP 中性客票

航空公司客票是指航空公司专用客票，是在客票上预先印有航空公司名称和数字代码的客票，可由航空公司售票部门及其指定代理出票。

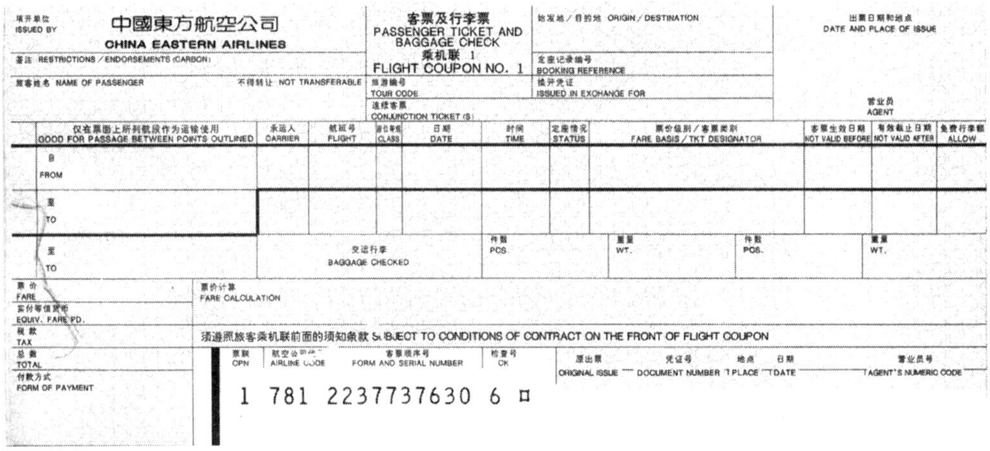

图 2.3　航空公司客票及行李票样式

5）出票方式分为计算机自动打印客票、手工填开客票和电子客票（电子数据记录）

电子客票（Electronic Ticket，简称 ET）是由承运人或代理人销售的，一种不通过纸票来实现客票销售、旅客运输以及相关服务的有价凭证。它是普通纸质机票的一种存在于计算机系统内的电子映像，是一种电子号码记录。确认生效的承运人（VALIDATING CARRIER）是对电子客票业务管理和授权的单位，也就是出票航空公司，出票航空公司以电子数据形式追踪旅客运输的全过程。

订座系统显示的电子客票的样式如图 2.4 所示。

在这张电子客票的样本中，我们可以找到目前使用的 TAT 票上的大部分信息。

提取旅客订座记录（PNR）

RT：R6003

①＊＊测试人 R6003

② HU3068Y　MO180CT XIYHAK HK1　2100 2340E

```
ISSUED BY: CHINA EASTERN AIRLINES   ORG/DST: PEK/SHA   ISI: SITI
TOUR CODE:
PASSENGER: CAAC/TEST
EXCH:                                   CONJ TKT:
O FM:1PEK CA        1501  Y 01JAN 0840 OK        20K OPEN FOR USE
              RL:JVR5B        /
 TO: SHA
FARE:                 CNY 1000.00|FOP:CASH(CNY)
TAX:  |OI:
TOTAL:                CNY 1000.00|TKTN: 999-1100000301
```

图 2.4　电子客票样本

③ HAK/T HAT/T 0898—66701769/HAI NAN KAI SHENG INDUSTRY CO. LTD. /ABCDEFG

④ OSI: HU CTC 13612345

⑤ T

⑥ SSR FOID HU HK1 NI110101700101001/P1

⑦ SSR TKNE HU HK1 XIYHAK 3068 Y180CT 8805440202032/1/P1

⑧ RMK CA/BQH5E

⑨ FN/FCNY1730. 00/SCNY1730. 00/C3. 00/XCNY50. 00/TCNY50. OOCN/ACNY 1780. 00

⑩ TN/880—5440202032/P1

⑪ FP/CASH，CNY

⑫ HAK128

【说明】电子客票量出票后系统在 PNR 中加入电子客票标识“ELECTRONIS TICKETPNR”，电子客票票号项（SSR TKNE）和票号项（TN）。

3. 国内客票的组成和用途

（1）完整客票由运输合同条件、通知事项、财务联、出票人联、乘机联和旅客联组成，如表 2-2 所示。

表 2-2　国内客票的组成

名　称	颜　色	用　　途
财务联	绿色	财务记账、审核、结算
出票人联	粉色	出票部门留存，备查
乘机联	米色	旅客乘机、承运人之间结算
旅客联	白色	旅客报销、退票凭证

财务联（会计联，Audit Coupon）：淡绿色，供财务部门审核入账使用，在完成出票后，出票人将此联撕下与销售报告一起上交财务部门。

出票人联（Agent Coupon）：淡粉色，由出票单位存档，出票人在填开客票后将此联撕下存档。

乘机联（Flight Coupon）：淡黄色或米色，指客票中标明“适用于运输”部分，为旅客在粗线划出的指定地点乘机使用，表示该乘机联适用于指定的两个地点之间的运输。填开客票后，将 VOID（无效）的乘机联撕下与销售报告一起上交财务部门。

旅客联（Passenger Coupon）：白色，印在票的封底上，为旅客收执做报销凭证。

（2）客票号码

国内客票的号码由 13 位数字组成。

①航空公司客票前三位是出票航空公司的票证代号，第 4 位号码是乘机联数，后 9 位是客票的序号，最后一位是检查号。

② BSP 客票的前三位为出票航空公司的票证代号（在旅客选择了实际承运人后确定），后 10 位为顺序号，最后一位为检查号，由电脑自动给出。

4. 国内客票的使用规定

（1）为方便票证和财务管理，填开客票时应按客票的顺序号使用。

（2）承运人及其销售代理人不得在我国的境外使用国内客票进行销售。旅客在我国的境外购买的用国际客票填开的纯国内航空运输客票，应换开成国内客票后才能使用。含有国内航段的国际联程客票，其国内航段的乘机联可在国内直接使用，并适用国际运输规则。

（3）每一旅客都应单独持有一本客票，包括成人、儿童、婴儿旅客。

（4）每一客票的乘机联必须列明舱位等级，并在航班上订妥座位和日期后方可由承运人接受运输。对未订妥座位的乘机联，承运人应根据旅客的申请，根据已经支付的适用票价和航班的座位可利用情况为旅客预订座位。

（5）客票为记名式，只限客票上所列姓名的旅客本人使用，不得转让和涂改，否则客票无效，票款不退。

（6）旅客未能出示根据承运人规定填开的包括所有未使用乘机联和旅客联的有效客票，无权要求乘机。

（7）客票的乘机联必须按照客票所列明的航程，从始发地点开始按顺序使用。如客票的第一乘机联未被使用，而旅客在中途分程地点开始旅行，该客票运输无效，承运人不予接受。

（8）旅客应在客票的有效期内完成客票上所列的全部航程。

5. 国内客票有效期

（1）客票有效期自旅行开始之日起，一年内运输有效；如果客票全部未被使用，则从填开客票之日起，一年内运输有效。

（2）特殊票价客票有效期，按照承运人规定的有效期计算。

（3）客票有效期的计算，从旅行开始或填开客票之日的次日零时起至有效期满之日的次日零时为止。

例如，客票内容如下：

		承运人	航班号	座位等级	日期	时间	订座情况
From	北京	CA	1501	Y	14JAN	0920	OK
To	上海	CA	1502	F	18JAN	1150	OK
To	北京						

该票的出票日期为 2007 年 1 月 12 日，乘机日期为 2007 年 1 月 14 日，若客票未使用，则有效期从 2007 年 1 月 13 日零时起，至 2008 年 1 月 13 日零时为止。若客票已使用，则有效期从 2007 年 1 月 15 日零时起，至 2008 年 1 月 15 日零时为止。

（4）客票有效期的延长

①由于承运人的下列原因之一，造成旅客未能在客票有效期内旅行，其客票有效期将延长到承运人能够提供座位的第一个航班为止。

——未能提供旅客事先已订妥的座位；

——未能在合理的时间内按照航班时刻进行飞行；

——造成旅客已订妥座位的航班衔接错失；

——取消的航班经停地点中含有旅客的始发地点、目的地点或中途分程地点；

——更换了旅客的舱位等级；

——取消了旅客已订妥座位的航班。

②旅客开始旅行以后，经医生证明因病不能继续旅行时，其客票有效期可以按照下列规定予以延长：

——客票可以延长到根据医生证明适宜旅行之日为止，或延长到该日以后承运人能够提供座位的第一个航班为止；

——如果客票未使用的乘机联包括一个或一个以上的中途分程地点时，客票有效期延长的时间，以及从医生诊断证明出具之日起 3 个月为限；

——患病旅客的陪伴人员，其客票有效期可与患病旅客的客票同等延长。

③旅客在旅途中死亡，陪伴人员的客票有效期可延长到办妥该旅客死亡手续为止。

6. 航空运输电子客票行程单

1）旅客订座销售行程单

旅客订座销售行程单是旅客购买电子客票的凭证之一，包含旅客姓名、航程、航班、旅行日期、起飞及到达时间、票号等内容。旅客通过行程单可了解所购电子客票信息，如图 2. 5 所示。

2）航空运输电子客票行程单（报销凭证）

航空运输电子客票暂使用“航空运输电子客票行程单”（以下简称“行程单”），作为旅客购买电子客票的付款凭证或报销凭证，同时具有提示旅客行程的作用。行程单采用一人一票制，不作为机场办理乘机手续和安全检查的必要凭证使用。

IATA

中国 BSP

电子客票行程单

航空公司记录编号:NXUD5H　　订座记录编号:SWPXH

旅客姓名：VANSANT/DIANE　　票号：012-2232646776

身份识别代码：　　联票：

出票航空公司：西北航空公司　　出票时间：

出票代理人：　　航协代码：

代理人地址：

电话：　　传真：

始发地/目的地	乘运人	航班号	座位等级	日期	时间	客票状态	行李
上海浦东	NW	26	J	18MAR	0925	OK	2PC
底特律	NW	11	J	26MAR	1235	OK	2PC
东京	NW	25	J	27MAR	1750	OK	2PC
上海浦东							

票价计算：

18MAR06SHA NW DTT Q65.00 3181.49NW X/TYO NW SHA
M3181.49Q DTTSHA65.0 0NUC6492.98END ROE8.07796051XT
41YC21AY234US 41XA37XF

付款方式：CASH　　税款：90 57 374

机票款：CNY52450

总 额：CNY52971

限制条件：NW ONLY/NONEND

须知：

请您在航班起飞前 3 小时到达机场，或请根据所乘航空公司规定提前到达机场，凭购票时使用的有效身份证件到值机柜台按时办理乘机手续；

请您持有效身份证件、登机牌及报销凭证办理安全检查手续；

如果需要提供帮助，请联系购票代理人或所乘航空公司。

图 2.5　电子客票行程单

行程单自 2006 年 6 月起试行（其样式见图 2.6），试行期为两年。试行期间，行程单纳入税务机关发票管理，由国家税务总局监制。

行程单为单机打发票，票面内容包括：航空运输电子客票行程单、国家税务总局监制、印刷序号、旅客姓名、有效身份证件号码、签注、航程、承运人、航班号、座位等级、日期、时间、客票生效日期、有效截止日期、免费行李、备注、票价、机场建设费、燃油附加费、其他税费、合计、电子客票号码、验证码、连续客票、保险费、销售单位代号、填开单位（盖章）、填开日期、查询网址等等。

旅客发生退票或其他客票变更导致票价余额与原客票不符时，若已打印行程单，要将原行程单退回，方能为其办理有关手续。

国家税务总局监制
PRINTED UNDER THE SUPERVISION OF SAT
航空运输电子客票行程单
ITINERARY/RECEIPT OF E-TICKET FOR AIR TRANSPORTATION
印刷序号：NO 7106342454 1
SERIAL NUMBER

旅客姓名 PASSENGER NAME	有效身份证件号码 ID.NO.	签注 ENDORSEMENTS/RESTRICTIONS(CARBON)
张玉伟	110103194711071816	不得签转

RFFL5		承运人 CARRIER	航班号 FLIGHT	座位等级 CLASS	日期 DATE	时间 TIME	客票级别/客票类别 FARE BASIS	客票生效日期 NOT VALID BEFORE	有效截止日期 NOT VALID AFTER	免费行李 ALLOW
自 FROM 杭州	HGH	MU	5457	H	07MAY	1910	Y80			20K
至 TO 北京	PEK		VOID							
至 TO VOID										
至 TO										
至 TO		票价 FARE CNY 920.00		机场建设费 AIRPORT TAX CN 50.00			燃油附加费 FUEL SURCHARGE YQ 80.00	其他税费 OTHER TAXES	合计 TOTAL CNY 1050.00	

电子客票号码 E-TICKET NO 7814942727115　验证码 CK 2484　连续客票 CONJUNCTION TKT　保险费 INSURANCE XXX
销售单位代号 AGENT CODE BJS988 08309243　填开单位 ISSUED BY 北京××航空服务　填开日期 ISSUED DATE 2007-05-05
查询网址：WWW.TRAVELSKY.COM
付款凭证 RECEIPT　手写无效 INVALID IN HAND WRITING

图 2.6　航空运输电子客票行程单（报销凭证）的样式

二、BSP（BILLING SETTLEMENT PLAN）开账与结算计划

BSP 中性客票，即开账与结算计划，一般由代理人出票。

BSP 中性客票是根据航空运输销售代理业发展的需要，由国际航空运输协会（IATA）建立的一套高效、可靠、统一、规范的专业化销售结算系统。其基本含义是使用统一规格的运输凭证和承运人识别标牌进行销售。按照统一标准的计算机程序填制销售报告。通过清算银行，以“直接借记”的方式集中转账付款，这是一套完全不同于传统的航空公司与销售代理人之间一对一进行管理、结算的系统。1971 年 IATA 会员航空公司在日本建立第一个 BSP 系统，到 1998 年已有 60 多个 BSP 系统，结算的销售额已达 1170 亿美元，占全世界航空客运销售收入的 80%，中国 BSP 于 1995 年 6 月建立，1995 年 7 月正式运行。

BSP 中性客票是一种既无地域差别的划分，又无公司个性的张显，统一格式，统一填开方法的客票，一般由航空公司销售代理出票。这种客票只有出票之后才能从票面的内容上将承运人体现出来，且票据一旦开出，即被 BSP 的会员们接受，成为会员企业之间进行票证结算的统一凭证。例如，在开账结算计划（BSP）中使用的标准运输凭证（Standard Traffic Documents，STD），在此类客票上，没有预先印刷的航空公司名称和数字代码，当手工填开客票时，由销售代理在出票时使用刷卡机将指定承运人标识牌上的航空公司名称和数字代码压印在客票上，该航空公司即为出票承运人（Issuing Carrier）。机打票则由计算机自动打印上其内容。

BSP 为代理人和航空公司带来很多显而易见的好处，主要体现在：

• 提供一个标准运输凭证（STDs）的来源，简化了以往领取多种票证的过程，亦便于存放和管理；

• 使用统一的标准运输凭证，以所授权的国内 BSP 航空公司的名义手工或自动开票，运作程序从简；

• 简明统一的标准管理表格（SAFs）适用于所有国内 BSP 航空公司，操作程序简单化且成本降低；

• 在规定时间内向同一指定地点提交销售报告；

• 通过直接借记的方式简化汇款手续；

• 努力使用自动出票系统，省时省钱，票面整洁清楚；

• 经常举办 BSP 培训班，提高代理人服务质量。

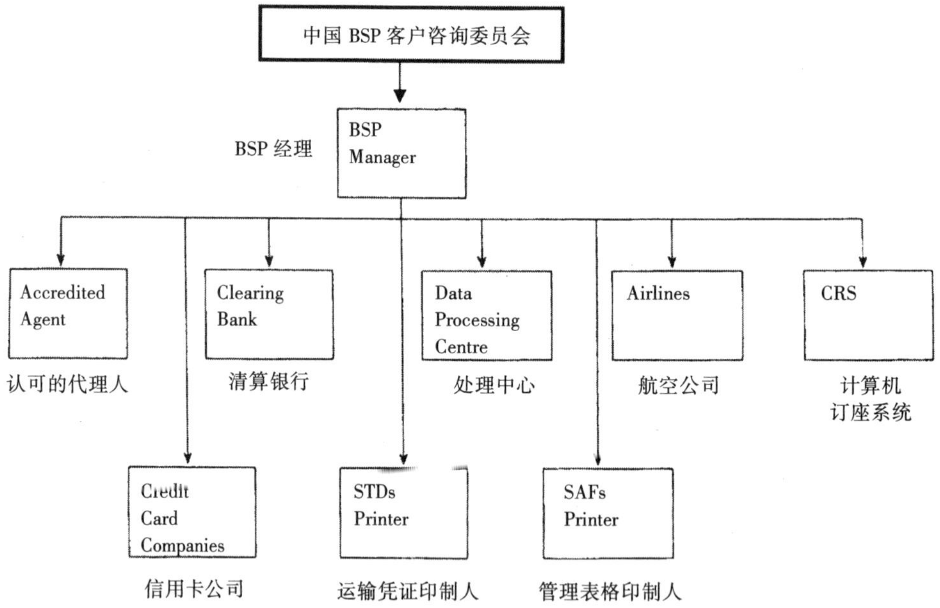

图 2.7　国内 BSP 管理结构示意图

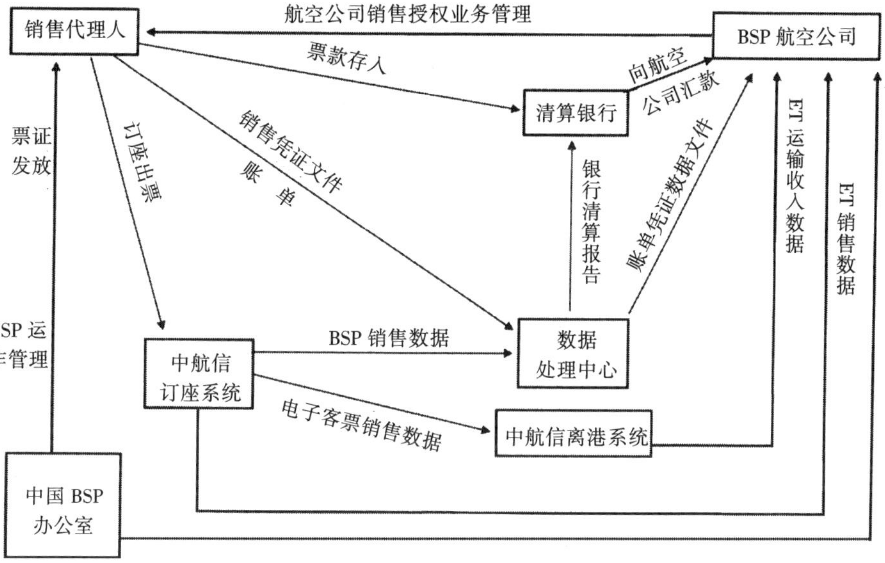

图 2.8　国内 BSP 工作流程图

手工填开的 BSP 客票样式如图 2.9 所示。

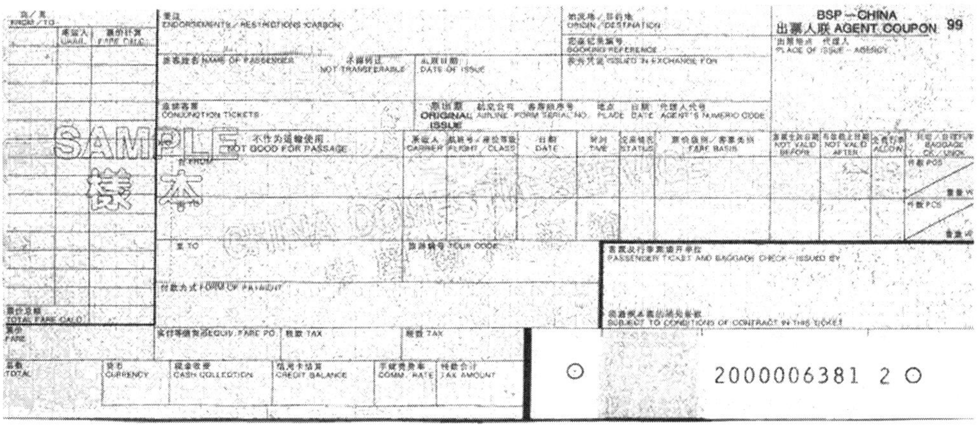

图 2.9　手工填开的 BSP 客票样式

三、国内旅客运价

1. 国内旅客运价的定义

民航运价就是民航运输产品的价格，是单位旅客或单位货物由始发地机场运至目的地机场的航空运输价格，不包括机场与市区之间的地面运输费用。

2. 制定国内运价的原则

在市场经济条件下，如何制定商品的价格取决于这种商品所处的市场结构。我国现阶段民航旅客市场既存在一定程度的垄断，也存在普遍的竞争。不仅航空运输企业之间存在竞争，航空运输与其他运输方式之间也存在激烈的竞争。这种状况就决定了当前民航旅客运输价格的制定要考虑以下两方面因素：

1）以运输价值为基础，以运输成本为依据

民航运价是民航运输产品价值的货币表现，民航运价必须以民航运输产品价值为基础。民航运输产品价值主要由两部分组成：一是已消耗的生产资料价值，也叫转移价值；二是运输工作人员活劳动创造的价值，即新创造的价值。活劳动创造的价值又可分为两部分：一是运输工作者为自己劳动所创造的价值；二是为社会劳动所创造的价值。因此，从民航运输价值的角度看，可以划分为以下三个组成部分：

①已消耗的生产资料价值，如消耗运输工具、技术设备、燃料等生产资料，即转移价值（C）；

②自己的劳动所创造的价值（V）；

③社会的劳动所创造的价值（M）。

运价以运输产品价值为基础，应当是运输产品价值三个组成部分的表现。所以运价也可分为三个组成部分：

①物化劳动消耗支出；

②劳动报酬（工资）支出；

③盈利。

前两部分构成民航运输企业的运营成本，第三部分为民航运输企业的利润。

2）充分考虑民航旅客的消费需求特征，有利于运量在各种运输方式之间的合理分配

旅客在旅行时可以选择乘坐飞机或者乘坐火车、汽车，在决定乘坐飞机出行后还可以选择不同的航空公司。对于收入不同、运输要求不同、旅行目的不同的旅客来说，同样的运输产品给他们带来的旅行感受，满意程度也是不同的。充分了解旅客的消费需求特征才能为旅客提供满意的服务，提高产品的竞争力。因此，在我国目前的国内旅客运输市场中，航空公司必须认真研究旅客的需求特征，以此作为制定价格的另一个重要依据。

不同运输企业生产的是同一种位移产品，由此决定了在一定条件下各种运输方式的相互替代性，民航运价制定时要充分考虑旅客的需求和替代品的状况，价格制定要有利于运量在各种运输方式中的合理分配，从而促进各种运输方式的合理分工。

3. 民航旅客运价的特点

民航运价的特点是由航空运输行业的技术经济特性决定的，主要特点如下：

1）运价与运输距离有密切关系

运价的制定是以运输成本为主要依据的，运输成本是随着运输距离的远近而发生变化，因此，运价与运输距离有密切关系。

2）运价只有销售价格一种形式

工业产品有出厂价格、批发价格、零售价格等，由于运输产品的生产与消费具有同时性，产品生产的过程即是其消费过程，所以，运价只有销售价格一种形式，没有其他的中间价格。

3）运输价格高

相对于其他运输方式，航空运输生产的耗费大，运输产品成本高，因此运输价格也高。这主要是因为飞机本身的价值高，其在运输生产过程中的价值转移（磨损、折旧）等也较高，同时，航空运输工具的燃料消耗也比其他运输方式高几倍甚至几十倍，另外服务设备及维修成本也较高。

4）运价有比较复杂的差别票价体系

运价随运输对象的类别不同，运输方式和运输距离的不同而变化。根据客舱布局、餐食以及服务标准的等级差别，在大型客机上分为头等舱、公务舱、普通舱票价。每个舱位等级下面附设若干种子舱位，分别代表不同的折扣，形成了多等级舱位运价体系。国内航线客运价还根据不同情况制定了一系列特种票价，如儿童票价、婴儿票价、教师票价、学生票价、军残票价等，还有其他各种各样的优惠促销票价，每一种票价都规定有严格的价格使用条件。航空运输客运价种类之多是其他交通运输方式所没有的，这就决定了航空运价较其他运价具有更大的灵活性。

4. 国内旅客运价的种类

1）按照服务等级划分

服务等级是指为旅客提供服务的等级，按照提供服务的等级不同收取不同的票价。国内航线的客运价一般分为三个服务等级：头等舱票价，公务舱票价，经济舱票价。

①头等舱票价（F）

空运企业在有头等舱布局的飞机内向旅客提供头等舱座位。头等舱的座位宽敞而舒适，每人免费交运行李的限额为40公斤。国内航线头等舱的票价是经济舱正常票价的150%。

例：广州—北京的Y舱票价为人民币1700元，则头等舱票价为：$1700 \times 150\% = 2550$元。

②公务舱票价（C）

空运企业在有公务舱布局的飞机上向旅客提供公务舱座位。公务舱座位较头等舱窄，但仍然比较宽敞舒适，每人免费行李额为30公斤。国内航线公务舱的票价为经济舱正常票价的130%。

例：广州—北京的Y舱票价为人民币1700元，则广州—北京的公务舱票价为：$1700 \times 130\% = 2210$元。

③经济舱票价（Y）

空运企业在所有的国内航班上向旅客提供经济舱座位，每人免费交付的行李的限额为20公斤。其正常票价以国家对外公布的直达票价为基础。

2）按照旅程方式划分

国内航线客票价按旅客不同的旅程方式分为单程票价、来回程票价和联程票价。

①单程票价

单程票价也称为直达票价。它适用于规定航线上的由甲地到乙地的航班运输，现行对外公布的国内航线客票价均为航空运输的单程直达票价。

例：广州—北京，现行Y舱单程票价为人民币1700元。

②来回程票价

来回程票价是指从出发地至目的地并按原航程返回原出发地的客票票价。来回程票价由两个单程票价组成，一个是使用直达票价的去程运输；一个是使用直达票价的回程运输。某些航空公司来回程票价在两个单程票价的基础上可享受一定的折扣。

例：广州—北京，Y舱来回程票价原价是1700×2=3400元，但有些航空公司就规定如一次性购买来回程机票可减少5%的全票价，即旅客只需要支付去程1700×95%=1615元，进位后为1620元；回程1700×95%=1615元，进位后为1620元；总票款为3240元。

③联程票价

联程客票指列明有两个（含）以上的航班的客票。联程票价是将旅客所乘坐航段的票价相加，作全程票价。

例：旅客购下列联程机票旅行：

700　1190　1180

海口—广州—宁波—北京

则旅客需要支付700+1190+1180=3070元的联程票价。

3）儿童/婴儿票价

凡旅客购买儿童/婴儿票时，均应按以下规定办理：

①年满12周岁的儿童购全票。

②年满2周岁、未满12周岁的儿童应按适用成人全票价50%收费，单独占用一个座位。

例：广州—北京的Y舱成人票价为1700元，则相应航段的Y舱儿童票价为1700×50%=850元。

③未满2周岁的婴儿，按适用成人全票价10%收费，不单独占用一个座位，无免费行李额，仅可免费携带一摇篮或可折叠式婴儿车；如需要单独座位，应购买儿童票。

④每位成人旅客所带未满2周岁的婴儿超过一个，其中只有一个可按成人全票价的10%付费，其余按成人全票价的50%付费。

例：广州—北京的Y舱成人票价为1700元，则相应航段的Y舱婴儿票价为1700×10%=170元，Y舱儿童票价为1700×50%=850元。

如一个旅客携带两个婴儿从广州飞北京，只有一个婴儿可以购买10%票价，另外一个按儿童票价付费。则该旅客需要支付1700+170+850=2720元。

⑤5周岁以下的儿童乘机，须有成人陪伴而行，如无成人陪伴，不予接收。

5周岁（含）以上、12周岁以下无成人陪伴儿童乘机时，应在购票前提出申请，经承运人同意后方可购票乘机。

⑥儿童和婴儿的年龄指开始旅行时的实际年龄，如其在开始旅行时未满规定的年龄，而在旅行途中超过规定的年龄，不另补收票价。

4）特种票价

承运人向部分个人和团体提供特种票价，其适用范围是：

①团体旅客票价

旅客人数在 10 人（含）以上，航程、乘机日期、航班和舱位等级相同并按同一类团体票价支付票款的旅客称为团体旅客。购买儿童、婴儿票价客票的旅客不计入团体人数内。

团体旅客可以在开放的航班上申请订座，订妥座位后，应在规定或预先约定的时限内购票，否则，所订座位不予保留。

航空公司可以按有关规定向国内、外团体旅客提供优惠的特种票价。该票价附有不得签转、出票时限等限制运输条件。

②军残票价

凡因公致残的现役军人或人民警察在乘坐国内航班时，凭《革命伤残军人证》或《人民警察伤残抚恤证》，在规定的购票时限前，按适用正常票价的 50% 计收。

例：广州—海口的 Y 舱全票价是 700 元，则符合军残规定的旅客购票只需要支付 $700 \times 50\% = 350$ 元就可以了。

③教师/学生票价

教师和学生在寒暑假期间乘坐国内航班时，凭教师证和学生证，按适用正常票价的 60% 和 50% 计收。具体请参见各航空公司的相关业务规定。

例：广州—大连的 Y 舱全票价是 2050 元，则寒暑假期间教师凭教师证购票只需要支付 $2050 \times 60\% = 1230$ 元，学生凭学生证购票只需要支付 $2050 \times 50\% = 1025$ 元，进位后为 1030 元。

④季节票价

航空公司在旅游淡季向旅客提供的优惠票价，属于促销票价。

5）免票、优惠票价

①由承运人特殊批准的旅客，凭乘机优待证可以填开由该承运人承运的免票、优惠票。

②货运包机押运人员凭包机货运单和包机单位介绍信可填开免费客票。在客票的票价计算栏内写明包机运输协议书号码。

③航空公司常旅客可凭里程积分换取免票。

6）占用客舱座位的自理行李、商业信袋、外交信袋的运价

根据自理行李、商业信袋、外交信袋的全部实际重量，按逾重行李计收的运费，与实际占用舱位的座位数的正常客票价计收的费用相比，取高者为其运费。

7）额外占用座位的票价

旅客因为舒适或其他理由，希望额外占用座位，可根据实际占用舱位的座位数计

收。如一个经济舱的旅客由于体形较大，经济舱的座位无法满足该旅客的需要，旅客需要在旁边额外占用一个座位，则旅客需支付两个经济舱座位的客票价。飞行途中旅客临时因病需多占座位，如当时有空余座位，应予照顾解决，不另补票。

四、国内客票销售

1. 旅客购票所需证件

1）旅客购票凭本人有效身份证件或公安机关出具的其他身份证件，并填写《旅客订座单》

2）其他情况下有关购票证件的规定

①外国人、华侨、港澳同胞、台湾同胞、外籍华人购票，须出示有效护照、回乡证、台胞证、居留证、旅行证或公安机关出具的其他有效身份证件，并填写《旅客订座单》。

②法定不予颁发或尚未领取居民身份证的：人民解放军、人民武装警察官兵及其文职干部、离退休干部，分别使用军官证、警官证、士兵证、文职干部或离退休干部证明。

③ 16 周岁以下未成年人购票乘机，可使用学生证、户口簿或暂住证，12 周岁以下儿童凭户口簿、暂住证或出生证，可予售半票或十分之一票。

④尚未领取居民身份证或士兵证的，可使用当地公安机关或所在部队出具的临时身份证明。临时身份证明要贴有本人近期相片，写明姓名、性别、年龄、工作单位、有效日期并加盖公章。

⑤凡出席全国或省、市、自治区的党代会，人代会，政协会，工、青、妇代表会和劳模会的代表，无身份证件者，凭所属县团级（含）以上党政军主管部门出具的临时身份证明，予以售票、旅行。

⑥急病、伤患者和陪同的医护人员及家属，急需乘机转赴外地治疗，但又不能出具居民身份证，可凭医院证明，经当地航空公司最高值班领导批准，予以购票，办理乘机手续。

⑦中央部、局级、地方省、直辖市级负责同志因紧急事务，未带身份证件乘坐其他交通工具外出等返回需要乘坐飞机者，可凭有关接待单位出具证明，予以售票，经过安全检查放行乘机。

⑧为了方便一些年龄已高的老人乘坐飞机外出旅行、探亲，凡无身份证件者，可凭接待单位，本人原工作单位或子女配偶工作单位（上述单位必须是县团级以上）出具证明，予以售票，经过安全检查放行乘机。

⑨国家机关工作人员因故外出不在单位所在地，而其单位急需为其预购机票，可凭司厅级（含）以上国家机关出具的证明信和乘机人员身份证件予以购票。

⑩凡经国家批准的有突出贡献的中、青年科学、技术管理专家，外出工作参加学术会议等，可凭中华人民共和国人事部颁发的《有突出贡献中青年科学家证书》，在全国各地的民航售票处优先购买机票。

⑪省、部级（含副职）以上的要客，如无居民身份证，可凭购票介绍信和省部级（含）以上单位出具的身份证明信予以购票，办理乘机手续。

⑫持民航系统出具的免票、购买四分之一票乘机介绍信的（应写明姓名、单位、职务、乘机航程、事由等项内容），购票时须持本人居民身份证。

⑬全国人民代表大会代表、全国政协委员，凭本届全国人民代表大会代表证，全国政协委员证予以售票、旅行。

⑭持有中华人民共和国护照的公民，在护照签证有效期内或回国入境后 30 天可凭护照予以售票。

⑮旅客的居民身份证在户籍所在地被盗或丢失的，凭报失地公安机关出具的临时身份证明，予以售票和办理乘机手续。

2. 国内旅客客票填开

客票如图 2.10 所示。

中國東方航空公司 CHINA EASTERN AIRLINES
客票及行李票 PASSENGER TICKET AND BAGGAGE CHECK 乘机联 FLIGHT COUPON NO. 1
SHA/SHA
0000000 18JAN01 CHINA EASTERN AIRLINE SHA003 DEV-13 2453
MU ONLY AUTHBY0055696
王静芳
不得转让 NOT TRANSFERABLE

		承运人 CARRIER	航班号 FLIGHT	座位等级 CLASS	日期 DATE	时间 TIME	订座情况 STATUS	票价级别/客票类别 FARE BASIS/TKT DESIGNATOR	客票生效日期 NOT VALID BEFORE	有效截止日期 NOT VALID AFTER	免费行李额 ALLOW
自 FROM 上海	SHA	MU	OPEN	Z	OPEN			YADOO			20K
至 TO 南昌	KHN	MU	OPEN	Z	OPEN			YADOO			20K
至 TO 上海	SHA										

票价 FARE CNY 0.00
票价计算 FARE CALCULATION M 18JAN01SHA MU KHN MU SHA TOT0.00END
须遵照旅客乘机联背面的须知条款 SUBJECT TO CONDITIONS OF CONTRACT ON THE FRONT OF FLIGHT COUPON 含燃油加价
总数 TOTAL CNY 0.00
付款方式 FORM OF PAYMENT 7698
1 781 2216557698 2 ㅁ

图 2.10 国内旅客客票实例票样

1）客票栏目说明

①旅客姓名（Name of Passenger）

②航程（From/To）；

③承运人（Carrier）；

④航班号/等级（Flight/Class）；

⑤出发日期（Date）；

⑥出发时间（Time）；

⑦订座情况（Status）；

⑧运价类别（Fare Basis）；

⑨在……之前无效（Not Valid Before）；

⑩在……之后无效（Not Valid After）；

⑪免费行李限额（Allow）；

⑫旅游代号（Tour Code）；
⑬运价计算区（Fare Calculation Area）；
⑭运价（Fare）；
⑮实付等值货币运价（Equivalent Fare Paid）；
⑯税费（Tax/Fee/Charge）；
⑰总金额（Total）；
⑱付款方式（Form Of Payment）；
⑲始发地/目的地（Origin/Destination）；
⑳航空公司记录/订座记录编号（Airline Data/Booking Reffrence）；
㉑签注/限制（Endorsements/Restrictions）；
㉒换开凭证（Issued In Exchange For）；
㉓原出票栏（Original Issue）；
㉔连续客票（Conjunction Tickets）；
㉕出票日期、地点和出票人（Date And Place Of Issue - Agent）；

2）客票的填开

①手工客票的填开

“旅客姓名”：按旅客身份证和“旅客订座单”上的全名填写。如果是外国旅客，应先写姓，然后划上一“/”线，之后写名或名的字首及适当的称呼。儿童旅客的姓名后应加上代码“CHD”，婴儿旅客的姓名后应加上代码“INF”。

“航程”：将航程的始发地地名填入“自”（FROM）栏内，然后按照旅客旅程顺序，把到达地点填入以下各“至”（TO）栏内。

如果客票的乘机联多于需要的联数，则在多于的“FROM/TO”栏目中填入“-VOLD-”（无效）字样。并撕下“VOLD”乘机联，与财务联一同上交财务部门。

“承运人”：填写各航段已经申请或订妥座位的承运人的两字代码。

“航班号”：填写已订妥或已申请座位的航班号。

“座位等级”：填写按旅客要求已订妥或已申请座位的等级代号，如头等舱 F、公务舱 C、经济舱 Y 等。

“日期”：填写乘机日期和月份，日期以两个阿拉伯数字表示，月份以英文三字代码表示，如 15JUL、02JAN。

“离港时间”：采用 24 小时制填写，如 1520、0810。

“订座情况”：用代号填写出售客票时的相关航段的订座情况。订座情况代号为：

OK：已订妥座位；
RQ：已申请或候补；
NS：不占座；
SA：等候空余座位；
OPEN：不定期。

“票价级别/客票类别”：填写旅客所付的票价类别的限定代号。填开折扣票或免票时，应在此栏内填写相应的折扣代码及折扣率，如 YID00、YCH50、YIN90、Y60S 等。

“免费行李额”：根据旅客所持客票的票价类别和座位等级分别填写规定的免费行李额，以公斤（KG）计算。如头等舱（F）免费行李额 40KG、公务舱（C）免费行李额 30KG、经济舱（Y）免费行李额 20KG。

“票价计算”：填写票价的计算过程。

机打票应输入例如 FC：CAN CZ 1360. 00Y80 CNY1360. 00 END。

“票价”：填写货币代号（CNY）及票价总额。免费客票的本栏填写“FOC”。

“总额”：填写货币代号及票价总额。

机打票应输入例如 FN：FCNY1360. 00/SCNY1360. 00/C3. 00/TCNY50. 00CN-/TC-NY60. 00YQ。

“付款方式”：填入旅客的付款方式，如现金 CASH、支票 CHECK、信用卡代码及号码。

机打票应输入例如 FC: CASH，CNY 或 FC: CHECK，CNY。

“连续客票”：在全航程连续使用几本客票时，应在每本客票的本栏内填写各本客票的客票号码。连续客票必须用相同的票证代号，并且按序号顺序衔接使用。客票应按航程顺序钉在一起使用。不能使用不同联数客票组成连续客票。具体填写方法是列明第一本客票的全部客票号码，然后加列其他各本续后客票号码中序号的最后两个数字，中间用“/”隔开。“换开凭证”：填写据以换开客票的原客票的号码。

“签注”：填写航班的订座情况或特别注意事项。如不得签转等。

“订座记录编号”：将旅客的订座记录编号（PNR）填入本栏，如 TC7CT。

“旅客编号”：填写使用特殊运价的票价代号。

“出票日期和地点”：注明开票地点、日期及开票员的全名，并另盖业务章。

②计算机自动打印客票的填开

打印客票与手工客票的内容和格式基本一样，机票上的内容是自动出票机根据电脑中的 PNR 内容，按照事先规定好的格式打印出来，在客票的右上方，系统自动打印出票日期、出票地点和营业员的工作号。

五、国内客票的变更

1. 自愿变更和非自愿变更

1）自愿变更和非自愿变更的定义

由于旅客原因需要改变航程、航班、乘机日期、时间、座位等级或乘机人，均属自愿变更（经医疗单位证明旅客因病要求变更的除外）。

由于航班取消、提前、延误、航程改变或承运人未能向旅客提供已经订妥的座位（包括舱位等级），或未能在旅客的中途分程地点或目的地停留，或造成旅客已经订妥座位的航班衔接错失，旅客要求变更客票，均属于非自愿变更。

2）客票变更的一般规定

①旅客购票后要求变更航班、乘机日期、航程，必须在原定航班离站时间前提出，承运人可按有关规定给予办理。

②如旅客要求改变舱位等级，可在航班有可利用座位和时间允许的条件下予以积极办理，并换开新客票。根据更改舱位后的票价填开客票，票款的差额多退少补。

③旅客要求改变航程或乘机人，均应按退票办理，重新购票。

④旅客要求改变承运人，在符合有关运价使用条件下，承运人可予以签转。如不符合条件，按自愿退票的规定办理。

⑤革命残废军人优惠客票不得办理自愿变更。

3）客票变更的处理及收费

①自愿变更舱位等级

旅客要求自愿变更舱位等级，承运人在航班有可利用座位和时间的条件下予以积极办理，票款的差额多退少补。

②非自愿变更舱位等级

为旅客安排可利用座位的承运人的后续航班，票价的差额多退少不补。

③自愿变更航班、乘机日期

旅客要求改变航班、乘机日期，承运人应根据实际情况积极办理。

④非自愿变更航班、乘机日期

在非自愿变更情况下，承运人应积极为旅客安排有可利用座位的后续航班，如果本公司没有可乘后续航班，应在征得旅客及有关承运人的同意后，为旅客办理航班签转手续。

⑤非自愿变更航程

由于承运人的原因，要求旅客变更航程，称为非自愿变更航程，非自愿变更航程时应为旅客重开新票，票价差额多退少不补。

2. 国内客票签转

1）旅客客票签转的定义

旅客购票后，如要求改变原客票的指定承运人，称为客票签转。

2）客票签转的一般规定

旅客自愿要求改变承运人，在符合下列全部条件下，承运人可以予以签转：

①旅客的客票价无签转限制；

②旅客未在航班规定的离站时间前 72 小时以内改变过航班、日期；

③旅客应在航班规定离站时间 24 小时以前提出；

④新承运人与原承运人有票证结算关系且新承运人的航班有可利用座位。

上述签转未经承运人特别授权，承运人的销售代理不得为旅客办理签转。

3. 国内客票遗失

1）遗失客票处理的一般规定

①旅客遗失未使用的客票、乘机联或其他运输凭证，航空公司根据情况，按规定手续分别补开票证、退还票款或者不予办理补偿。旅客无权要求航空公司对遗失票证必须

退还票款或补开票证。

②旅客不能提供足够的证明而旅客又需要继续旅行，承运人无法调查实际情况时，旅客应重新买票。

③已经办理挂失手续的客票又重新找到，该票证不能重新使用，应连同遗失票证电报抄件立即交财务部门注销。

④若旅客遗失客票中的某张乘机联，有关承运人应向其查明原因。如果旅客声明是被前一航站误撕，则承运人应发电查询，经证实后，应要求对方迅速将乘机联寄回。在该乘机联未寄到前，旅客可以凭旅客联旅行。如果不能证明被前一站误撕，则按遗失票证处理。

⑤接到旅客遗失票证的报告后，有关承运人在 PNR 中作相应的注明，并立即通知财务部门以及可能发生冒用、冒退的其他公司或部门。

⑥旅客遗失不定期客票只能办理退款，不能申请办理补开。

⑦电子客票不存在客票遗失。电子客票存在于航空公司电子客票数据库中。

2）遗失客票的挂失程序

①旅客的客票全部或部分遗失或残损，或旅客出示的客票未能包括旅客联和所有未使用过的乘机联，旅客应以书面形式向航空公司或其销售代理人申请挂失。

②旅客申请挂失，须出示其有效身份证件。如申请挂失者不是旅客本人，需出示本人和挂失人的有效身份证件，并提供遗失地公安部门的证明以及足以令承运人满意的其他证明。

③旅客申请挂失前，客票已被他人冒用或冒退，承运人不负责任。

4. 自愿退票和非自愿退票

1）定义

由于旅客原因，未能按照运输合同完成航空运输，在客票有效期内要求退票，称为自愿退票。

由于下列原因，旅客不能在客票有效期内完成部分或全部航程而要求退票，称为非自愿退票：

——承运人取消航班；

——承运人未按班期时刻表飞行；

——班机未在旅客所持客票上列明的目的地或分程地点降停；

——航班衔接错失；

——承运人要求旅客中途下机或拒绝旅客乘机（因旅客证件不符合规定或违反有关国家政府或承运人要求、规定者除外）。

2）退票的一般规定

①旅客要求退票，应在其客票有效期内向承运人提出。除遗失客票的情形外，旅客必须凭客票未使用的全部乘机联和旅客联申请退票。缺少其中的任何一联，不能办理退票。

②票款只能退给客票上列明的旅客本人或客票的付款人。

③当客票上列明的旅客不是该客票的付款人，并且客票上已列明了退票限制条件，

应按列明的退票限制条件将票款退给付款人或其指定人。

④旅客退票应出示本人有效身份证件；如退票收款人不是客票上列明的旅客本人，应出示旅客及退票收款人的有效身份证件。

⑤由于承运人未能按照运输合同提供运输，对旅客未能使用的全部或部分客票，承运人应办理非自愿退票。

⑥旅客健康情况经医生证明不适宜乘机时，如要求办理退票，可按非自愿退票的规定办理。

⑦退款方式以机票上列明的方式为准。

⑧退票费计算到元为止，元以下四舍五入进整。

⑨ BSP 客票退票应填开 BSP 退款申请授权书。

3）退票的时限

旅客要求退票，应在其客票有效期内向承运人提出，否则承运人有权拒绝办理。

4）退票的地点

①旅客自愿退票，应在下列地点办理：

在出票地要求退票，只限在原购票的售票处办理。

在出票地以外的航班始发地或终止旅行地要求退票，可在当地的承运人售票处办理；如当地无承运人售票处，可在经承运人特别授权的当地承运人销售代理人售票处办理。受理退票的售票处必须获得旅客原购票的售票处和承运人财务部门的书面授权后方可办理。

②持不定期客票的旅客要求退票，只限在原购票的售票处办理。

③旅客非自愿退票，可在原购票地、航班始发地、经停地、终止旅行地的承运人售票处或引起非自愿退票事件发生地的承运人地面服务代理人售票处办理。

5）退票费的收取

①非自愿退票

——由于承运人原因，旅客要求退票，在航班始发地应退还全部票款；在航班经停地应退还未使用航段的全部票款，但不得超过原付票款金额。均不收取退票费。

——如班机在非规定的航站降落，取消当日飞行，旅客要求退票，应退还由降落站至到达站的全部票款，但不得超过原付票款金额。均不收取退票费。

——旅客因病要求退票，须提供县级（含）以上医疗单位出具的医生诊断证明，在航班始发地提出，退还全部票款；在航班经停地提出，退还未使用航段的全部票款。均不收取退票费。

患病旅客的陪伴人员要求退票，应与患病旅客按同等规则、同时办理退票手续。

②自愿退票

——客票未经使用

退票费的收取以各航空公司业务文件为准。

例如，东方航空公司全价票的退票规定，在航班规定离站时间 24 小时（含）以前，收取客票价 5% 的退票费（不定期客票的退票也按此标准计收退票费）；

在航班规定离站时间前 24 小时以内至 2 小时(含)以前,收取客票价 10% 的退票费;

在航班规定离站时间前 2 小时以内，收取客票价 20% 的退票费。

——客票已使用一部分

旅客在航班的经停地自愿终止旅行，该航班未使用航段的票款不退。

旅客持联程、中途分程或回程票，在去程航班经停地自愿终止旅行时，客票失效部分只算到联程、分程或回程站，续程或回程部分仍属有效。

旅客在联程站、分程站停止旅行，要求退续程或回程航段客票，按自愿退票的规定收取各航段的退票费。

——儿童、婴儿的退票

持儿童客票的旅客要求退票，按成人客票的规定办理，以票面价计收退票费。

持婴儿客票的旅客要求退票，免收退票费。

例：旅客刘红于 8 月 2 日在北京购买了东方航空公司客票，详情如下：

	承运人	航班号	等级	日期	时间	订座情况	票价级别/客票类别
北京 PEK	MU	5124	Y	20SEP	0735	OK	Y
上海 SHA	MU	5123	Y	21SEP	0820	OK	F
北京 PEK							

全程票价：CNY2830.00，其中北京—上海 Y 舱 CNY1130.00

上海—北京 F 舱 CNY1700.00

旅客于 9 月 19 日 16:00 在北京自愿要求退票，应按下列程序办理：

- 分段计算退票费：

PEK—SHA 航段：CNY1130.00 × 10%　=　CNY113.00

SHA—PEK 航段：CNY1700.00 × 5%　=　CNY85.00

退票费总计为：CNY113.00　+　CNY85.00　=　CNY198.00

- 填写退票单，见表 2-3。

表 2-3　××航空公司退票、误机、变更收费单

编号：

<table>
<tr><td colspan="2">航空承运变更情况</td><td colspan="3">应收应退款</td></tr>
<tr><td>原承运航空公司</td><td>MU</td><td rowspan="3">退票使用栏</td><td>客票价款</td><td>2830.00 元</td></tr>
<tr><td>原客票号</td><td>7812223456783</td><td>应收退票费</td><td>198.00 元</td></tr>
<tr><td>原承运日期</td><td>20SEP/21SEP</td><td>实际退款</td><td>CNY2632.00 元</td></tr>
<tr><td>原航班号</td><td>MU5124/MU5123</td><td colspan="2">应收误机费</td><td>—— 元</td></tr>
<tr><td>变更后承运航空公司</td><td></td><td colspan="2">应收变更费</td><td>—— 元</td></tr>
<tr><td>变更后承运日期</td><td></td><td colspan="3" rowspan="3">制单地点:PEK
加盖公章
制单单位:CAXIDAN
PEK001</td></tr>
<tr><td>变更后航班号</td><td></td></tr>
<tr><td colspan="2">备注:付款方式 CASH,自愿退票。</td></tr>
</table>

旅客联　报销联

制单日期：06.9.19.　　旅客姓名：刘红　　经办人：李方

第三节 国际客票销售

一、国际航班时刻表的使用

航班订座是国际客运的第一个重要环节。当处理旅客订座和咨询业务时，航空公司客票销售人员和地面服务人员需要利用计算机订座系统（例如 CRS）或航班信息手册（例如 OAG）查阅有关航班时刻、班次、班期、机型、舱位等级、座位布局、航班路线、承运人、出发和到达机场、旅客出入境手续等各种信息资料，以便为旅客制定旅行计划。

虽然每个航空公司都发行各自的航班时刻表，并且这些时刻表包含有最为详尽的本航空公司的航班时刻和其他资料，但是作为一种综合性的国际航班信息手册，OAG 具有更广泛的通用性。因此，本节将着重介绍 OAG 航班指南的主要内容和使用方法。

1. OAG 的主要内容

OAG 的英文全称为 Official Airline Guide。目前出版的 OAG 手册分为两卷。

1）航班指南（Flight Guide）

OAG 航班指南每月出版一期，列有 800 多个航空公司的航班信息。其主要内容包括：

①航班时刻表
②航空公司指定代码
③联营航班代码（代码共享）
④航空公司数字代码
⑤机型代码
⑥城市/机场代码
⑦州/省的两字代码
⑧航班资料说明
⑨最短衔接时间
⑩航线表
⑪机场候机厅
⑫国际时间换算表
⑬ OAG 办事处和销售总代理

2）航班指南附录（Flight Guide Supplement）

该附录每季出版一期。其主要内容包括：

①国家代码
②货币代码

③机场/城市代码

④免费行李限额

⑤航空公司常飞旅客优惠

⑥旅馆业常住旅客优惠

⑦汽车租用业常租旅客优惠

⑧卫生保健信息

⑨世界疫情图

⑩各国使馆和旅游办事处网址

⑪国际组织及其定义

⑫世界各国旅行信息（包括各国有关护照、签证、海关和卫生检疫的规定以及主要机场和各国基本概况）

⑬世界地图

⑭世界时区图

⑮机场示意图

⑯飞机座位布局

2. OAG 航班时刻表及其相关信息

航班时刻表

世界各城市间的航班时刻表是 OAG 航班指南的主要内容，包括以下栏目（参见表 2-4）：

①出发城市（From）和到达城市（To）：航班时刻表按城市英文名称的字母顺序排列。

出发城市用加黑框的大号字体表示，后接所属国名称（对一些较大的国家，例如美国、加拿大、巴西、阿根廷、澳大利亚等，还将列出州或省的两字代码）、城市三字代码和当地标准时（SCT）或夏令时（DST）与格林威治标准时（GMT）的时差。

当从该城市出发的航班时刻表不止一页时，在后续各页的左上角或右上角将重复印刷该出发城市名称。

到达城市用小号黑体字表示，后接城市三字代码以及出发地与到达地间的航行里程；当到达城市代码和到达机场代码不同时，或到达城市有多个机场时，在到达城市栏的右边列有机场名称和机场代码。

选择航班时，应先查找出发城市，然后在其下方顺序查找到达城市。

②航班班期（Days of Service）：表明该航班在星期几营运。其中：

M 表示 Monday（星期一）；

T 表示 Tuesday（星期二）；

W 表示 Wednesday（星期三）；

T 表示 Thursday（星期四）；

F 表示 Friday（星期五）；

S 表示 Saturday（星期六）；

表 2-4　航班时刻表示例

days validity	depart		arrive		flight	stops	equip	cabin
From Shanghai, China SHA GMT+8								
Abu Dhabi AUH 4058mls/6529km GMT+4								
connections	depart		arrive		flight			
•T•••••	**2340**	PVG	0435+1	DOH	**QR1889**	-	332	CY
	0815+1	DOH	**1010**+1		**QR124**	-	320	FCY
•••TF•S Until 25Jun	**2340**	PVG	0435+1	DOH	**QR889**	-	332	CY
	0815+1	DOH	**1010**+1		**QR124**	-	320	FCY
M••TF•S From 26Jun	**2340**	PVG	0435+1	DOH	**QR889**	-	332	CY
	0815+1	DOH	**1010**+1		**QR124**	-	320	FCY
Adelaide ADL 4695mls/7554km GMT+9 30								
ADL-Adelaide								
connections	depart		arrive		flight			
••W••••	**1800**	PVG	0635+1	MEL2	**CA177**	-	767	FY
	0810+1	MEL1	**0900**+1	ADLD	**QF675**	-	73H	CY
••••F•S	**1800**	PVG	0635+1	MEL2	**CA177**	-	777	FCY
	0810+1	MEL1	**0900**+1	ADLD	**QF675**	-	73H	CY
M••T•S• Until 1Jun	**1820**	PVG	0930+1	SYD1	**MU565**	1	340	FCY
	1020+1	SYD3	**1200**+1	ADLD	**QF747**	-	73H	CY
M••T•S• From 3Jun	**1820**	PVG	0930+1	SYD1	**MU565**	1	340	FCY
	1020+1	SYD3	**1205**+1	ADLD	**QF747**	-	73H	CY
MT•T•S• Until 1Jun	**2120**	PVG	0955+1	SYD1	**CA175**	-	767	CY
	1225+1	SYD3	**1405**+1	ADLD	**QF751**	-	73H	CY
MT•T•S• From 3Jun	**2120**	PVG	0955+1	SYD1	**CA175**	-	767	CY
	1225+1	SYD3	**1410**+1	ADLD	**QF751**	-	73H	CY
•TW•F•S Until 19May	**2140**	PVG	0930+1	SYD1	**MU561**	-	340	FCY
	1225+1	SYD3	**1405**+1	ADLD	**QF751**	-	73H	CY
•TW•F•S 23May-2Jun	**2140**	PVG	0930+1	SYD1	**MU561**	-	340	FCY
	1225+1	SYD3	**1405**+1	ADLD	**QF751**	-	73H	CY
•TW•F•S From 4Jun	**2140**	PVG	0930+1	SYD1	**MU561**	-	340	FCY
	1225+1	SYD3	**1410**+1	ADLD	**QF751**	-	73H	CY
••••••S 21May Only	**2140**	PVG	0930+1	SYD1	**MU561**	-	340	FCY
	1230+1	SYD3	**1410**+1	ADLD	**QF751**	-	73H	CY
Albury ABX 4925mls/7924km GMT+10								
connections	depart		arrive		flight			
••W••••	**1800**	PVG	0955+1	SYD1	**CA177**	1	767	FY
	1200+1	SYD2	**1320**+1		***QF2209**	-	DH3	Y
••••F•S	**1800**	PVG	0955+1	SYD1	**CA177**	1	777	FCY
	1200+1	SYD2	**1320**+1		***QF2209**	-	DH3	Y
MT•T•S•	**2120**	PVG	0066+1	CYD1	**CA173**	-	767	CY
	1200+1	SYD2	**1320**+1		***QF2209**	-	DH3	Y
Amman AMM 4876mls/7845km GMT+3								
AMM-Queen Alia								
connections	depart		arrive		flight			
MT••FS• Until 16May	**1720**	PVG	2115	BKK1	***RJ9665**	-	333	CY
	2315	BKK1	**0400**+1	AMMS	**RJ181**	-	340	CY
M•••F•• From 19May	**1720**	PVG	2115	BKK1	***RJ9665**	-	333	CY
	2315	BKK1	**0400**+1	AMMS	**RJ181**	-	340	CY
Amsterdam AMS 5522mls/8884km GMT+2								
MTWTFSS	**1035**	PVG	**1555**		**KL0896**	-	74M	CY
MTWTFSS	**1035**	PVG	**1555**		***CZ769**	-	74M	CY
connections	depart		arrive		flight			
MTW•F•S Until 24May	**1010**	PVG	1450	HEL2	**AY058**	-	M11	CY
	1640	HEL2	**1810**		**AY845**	-	320	CY
M•W•F•S From 7Jun	**1010**	PVG	1450	HEL2	**AY058**	-	M11	CY
	1640	HEL2	**1810**		**AY845**	-	320	CY
MTW•F•S 28May-5Jun	**1010**	PVG	1450	HEL2	**AY058**	-	M11	CY
	1640	HEL2	**1810**		**AY845**	-	320	CY
MTWTFSS	**1830**	PVG	2110	HKG	**KA891**	-	330	FCY

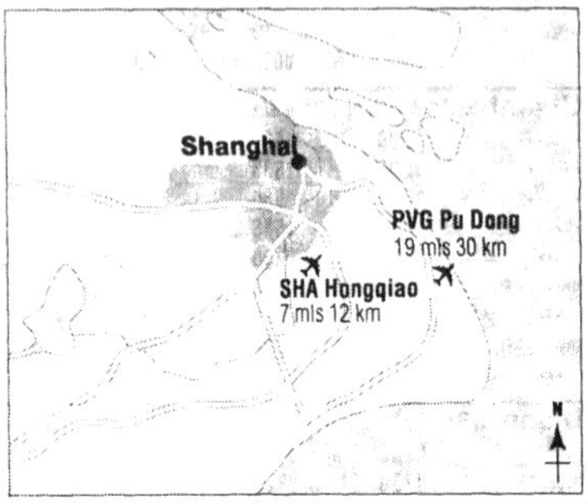

S 表示 Sunday（星期日）。

例如，• • W • • SS 表示该航班在星期三、星期六、星期日营运。

③有效期（Validity）：是指航班的营运期间。例如：

空白，表示该航班在本期手册整个有效期间内营运；

From 26 JUN，表示该航班自 6 月 26 日起开始营运；

Until 6 JUL，表示该航班至 7 月 6 日后停止营运；

13 JUN 10 JUL，表示该航班在 6 月 13 日到 7 月 10 日的期间内营运；

20 JUN only，表示该航班仅在 6 月 20 日营运。

④出发时间（Dep.）和到达时间（Arr.）：均按 24 小时制，以当地时间（当地标准时或夏令时）公布。对于较大的城市或有多个机场的城市，在出发和到达时间后接机场三字代码；当某一机场有多个候机楼时，在该城市代码之后标有候机楼代号；当出发和到达时间不在同一天时，在到达时间后用 +1、+2、-1 等符号表示。例如：+1 表示第二天到达，-1 表示前一天到达。

注意：航班时刻表中既公布直达航班，也公布中转衔接航班。直达航班的出发时间和到达时间均用黑体字标出。中转衔接航班（connections）的最初的出发时间和最终的到达时间用黑体字表示，转机点的到达和出发时间用普通字体表示。并且，在转机点的到达和出发时间后面标有到达和出发机场的三字代码。

⑤航班号（Flight No.）：由航空公司两字代码和 1～4 位数字组成。对于联营（代码共享）航班，在航空公司两字代码前加 * 标识，它表明该航班的实际承运人可能不同于航班号中的航空公司两字代码表示的航空公司（具体情况可查阅航班指南中的“联营航班代码表”）。

⑥经停点（Stops）：本栏目给出该航班的经

停次数，例如 -、1、2 等，分别表示该航班没有经停、一次经停或两次经停。具体的经停地点可查阅航班指南中的“航线表”。

⑦机型（Equipment）：本栏目给出预订执行该航班的机型代码。如需了解上述代码所表示的飞机名称和类型，可查阅航班指南中的“机型代码表”。

⑧舱位等级（Class），主要包括三种类型：头等舱（First Class）、公务舱（Business Class）和经济舱（Economy/Coach）。但同一等级又分为若干种代码，其含义可查阅航班指南中的“如何使用全球城市间航班时刻表”部分。在航班订座中使用的舱位等级代码的含义可查阅 OAG 航班指南“如何使用城市间航班时刻表”部分。例如：P、F、A 均为头等舱等级代码。其中，P 是豪华头等舱，F 是一般头等舱，A 是有折扣的头等舱；J、C、D、I、Z 均为公务舱等级代码。其中，J 是豪华公务舱，C 是一般公务舱，其他是有折扣的公务舱；W、S、Y、B、H、K、L、M、Q、T、V 等均为经济舱等级代码，其中，W 是豪华经济舱，S 和 Y 是一般经济舱，其他是有折扣的经济舱。

注意：某些航空公司在航班时刻表中有时为地面运输段指定一个航班号，并可以订座和出票，它们也有特定的“机型代码”。例如，BUS 表示公共汽车或大客车，TRN 表示火车。

3. 时差的概念及应用

1）时差的概念

①格林威治标准时（GMT）

由于地球自转的影响，在地球经度不同的地区，人们看见日出日落的时间可能有很大的差异。为便于计时，在 1884 年，世界一些主要国家通过协议，将全球划分为 24 个时区。每隔经度 15°为一个时区，相邻两个时区相差一个小时。并且，将穿过英国格林威治的本初子午线（经度 0°）为中线的西经 7° 30′和东经 7° 30′之间的区域称为中时区，并将该时区的时间称为格林威治标准时（Greenwich Means Time，缩写为 GMT）。以中时区为基准，向西每隔经度 15° 减 1 小时，向东每隔经度 15° 加 1 小时。

②当地标准时（SCT）和夏令时（DST）

按照上述方法得出的当地时间称为理论区时。但实际上并非各国都使用理论区时，有些国家跨越多个时区，为方便计时，他们根据需要，制定自己的计时标准。例如，中国跨越 5 个时区，但都以地处东 8 区的北京时间作为计时标准。上述计时标准称为当地标准时（Standard Clock Time，缩写为 SCT）。

另外，有些国家规定，在夏季将时钟拨快一个小时。在此期间临时使用的计时标准称为夏令时（Daylight Saving Time， 缩写为 DST）。

世界各地的当地时间可以用格林威治标准时表示，例如：

GMT + 1，表明当地时间（标准时/夏令时）比格林威治标准时快 1 小时；

GMT - 1，表明当地时间（标准时/夏令时）比格林威治标准时慢 1 小时；

直到 GMT + 12 和 GMT - 12。

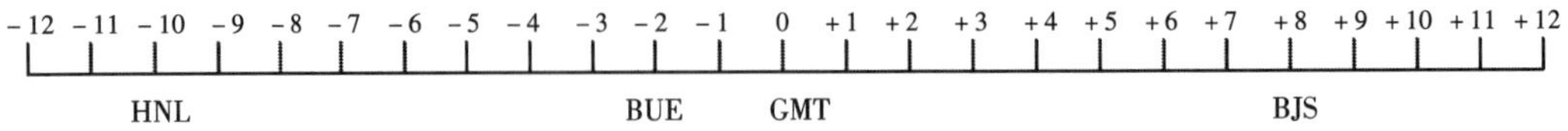

图 2.11　格林威治标准时

注意：有些国家/地区与格林威治标准时的时差不是整数。例如，阿富汗的当地标准时为 GMT +4.5，即比格林威治标准时快 4 小时 30 分；尼泊尔的当地标准时为 GMT + 5.45，即比格林威治标准时快 5 小时 45 分。

③国际日期变更线

如上所述，以中时区为基准，向西每隔经度 15° 减 1 小时，向东每隔 15° 加 1 小时，但对于以经度 180° 为中线的时区，经度 180°两端有不同的时差。西经 172° 30′ 到经度 180° 的地区（称为西 12 区）当地时间为 GMT － 12，东经 172° 30′ 到经度 180° 的地区（称为东 12 区）当地时间为 GMT ＋ 12。因此，当 GMT 为 1 月 1 日上午 8 点时，西 12 区为 12 月 31 日晚上 8 点，东 12 区为 1 月 1 日晚上 8 点，虽一线之隔，日期相差一天。

为解决上述问题，国际社会将 180° 经线定为日期分界线，也称为国际日期变更线。该分界线是一条穿越太平洋的南北向假想线。它有一些偏折，以便避开有人居住的区域。当从西向东穿越日期变更线时，日期减少一天；反之，日期增加一天。

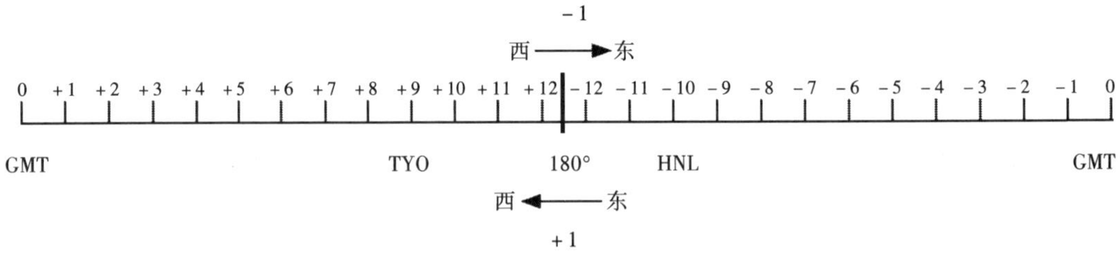

图 2.12　国际日期变更线

2）国际时间换算表

在航班时刻表中公布的出发和到达时间均为出发地和到达地的当地时间，因此，在为旅客制定旅行计划时经常需要进行时间换算。

OAG 航班指南列有国际时间换算表，该表按国家名称的英文字母顺序排列，包括以下各栏（参见表 2-5）：

①国家/地区：对于有多于一个时区的国家/地区，在其名称后面标有“＊＊”标志。例如，美国、加拿大、俄罗斯、澳大利亚等。

②当地标准时：在该栏目中给出当地标准时和格林威治标准时的时差。例如，+10 表示当地标准时为 GMT ＋ 10。

③夏令时：在该栏目中给出夏令时和格林威治标准时的时差。如本栏为空白，表示

该国不实行夏令时。

④夏令时的有效期：在该栏目中给出夏令时实行的期间。注意：南半球和北半球的夏季所在的期间不同。

除了使用国际时间换算表外，还可在 OAG 航班时刻表出发城市栏查找各城市当地时间和格林威治标准时的时差。

3）应用举例

例 1：当格林威治标准时为 1 月 1 日 20: 30 时，北京时间是几点？

解：查国际时间换算表，北京当地标准时间为 GMT + 8，比格林威治标准时快 8 个小时。

表 2-5　国际时差换算表

Tuvalu	+12		
U	Hours ±GMT	DST ±GMT	Daylight saving time DST (period)
Uganda	+3		
Ukraine	+2	+3	26 Mar 06 - 29 Oct 06
United Arab Emirates	+4		
United Kingdom	GMT	+1	26 Mar 06 - 29 Oct 06
United States Minor Outlying Islands**			
Johnston Atoll	-10		
Midway Island	-11		
Wake Island	+12		
USA**			
Eastern Time except Indiana	-5	-4	02 Apr 06 - 29 Oct 06
Central Time	-6	-5	02 Apr 06 - 29 Oct 06
Mountain Time except Arizona	-7	-6	02 Apr 06 - 29 Oct 06
Mountain Time, Arizona	-7		
Pacific Time	-8	-7	02 Apr 06 - 29 Oct 06
Alaska	-9	-8	02 Apr 06 - 29 Oct 06
Aleutian Islands	-10	-9	02 Apr 06 - 29 Oct 06
Hawaiian Islands	-10		
Uruguay	-3		
Uzbekistan	+5		

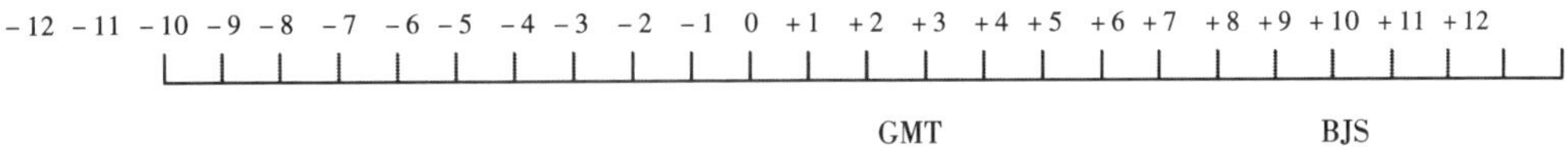

列式计算如下（时间使用 24 小时制表示）：

	2030/01JAN	（GMT）
+	0800	（时差）
	2830/01JAN	
⇨	0430/02JAN	（北京时间）

即北京时间是 1 月 2 日凌晨 4 点 30 分。

例 2：北京—洛杉矶的 CA983 航班，13: 00 出发，当日 13: 30 到达。如果旅客 9 月 20 日从北京出发，预计在北京时间几点到达洛杉矶？

解：查国际时间换算表，北京当地时间为 GMT + 8，洛杉矶（美国太平洋时区）在 9 月 20 日实行夏令时，当地时间为 GMT － 7。因此，北京时间比洛杉矶时间快 15 个小时，也就是将洛杉矶当地时间加 15 个小时，，即为北京当地时间。列式计算如下：

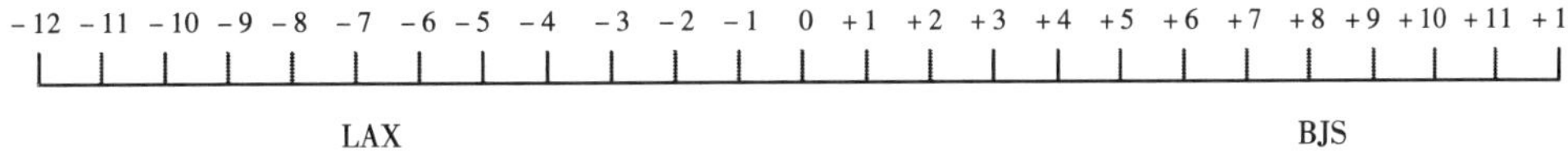

	1330/20SEP	（洛杉矶当地时间）
+	1500	（时差）
	2830/21SEP	
⇨	0430/22SEP	（北京时间）

即旅客预计在北京时间 9 月 22 日凌晨 4 点 30 到达洛杉矶。

例 3：旅客 9 月 20 日 13:00 从北京出发，次日 8:25 到达蒙得维的亚（乌拉圭），该行程的旅行时间是多少小时？

解决上述问题应先将出发和到达时间转化为同一地区的时间。

解法 1（将到达时间换算成北京时间）：

查国际时间换算表，北京当地时间为 GMT + 8，蒙得维的亚当地时间为 GMT - 3，即北京当地时间比蒙得维的亚当地时间快 11 个小时。列式计算如下：

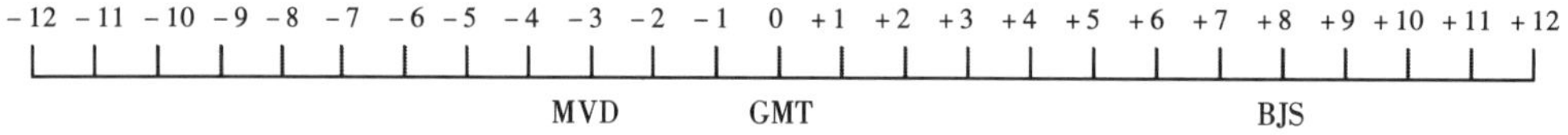

	0825/21SEP	（蒙得维的亚当地时间）
+	1100	（时差）
	1925/21SEP	（到达，北京时间）
⇨	4325/20SEP	（转换为同一天的时间）
-	1300/20SEP	（出发，北京时间）
	3025	（旅行时间）

解法 2（将出发和到达时间均换算成格林威治标准时）：

查国际时间换算表，蒙得维的亚的当地时间为 GMT - 3，北京当地时间为 GMT + 8；即格林威治标准时比蒙得维的亚当地时间快 3 个小时，比北京当地时间慢 8 个小时。计算过程如下：

第一步（将到达时间换算成格林威治标准时）

	0825/21SEP	（到达时蒙得维的亚当地时间）
+	0300	（时差）
	1125/21SEP	（到达时 GMT）

第二步（将出发时间换算成格林威治标准时）

	1300/20SEP	（出发时北京当地时间）
-	0800	（时差）
	0500/20SEP	（出发时 GMT）

第三步（到达时间减出发时间）

1125/21SEP　（到达时 GMT）
3525/20SEP　（转换为同一天的时间）
－ 0500/20SEP　（出发时 GMT）

（旅行时间）

即该行程的旅行时间是 30 小时 25 分。

二、国际旅客运价

1. 国际旅客航程的种类

旅客航程（Journey）是指在客票中表明的旅客从始发点到终点的整个航行旅程。

由于相同的两点间经由不同的航程可能会有不同的运价或不同的运价计算方法，因此，在计算运价时必须考虑航程的种类、经由点、方向等基本特征。

1）直达航程和非直达航程

按照航程中有无中间转机点，旅客航程可分为直达航程和非直达航程。

①直达航程

直达航程（Direct Route）：是指两点间（单向或双向）的直达航班所经过的最短路程。

例如：北京—伦敦
　　　北京—伦敦—北京

在直达航程中可能有经停点，也可能没有经停点。例如：CA937 航班，其航程为北京—伦敦，没有经停点。而 CA175 航班，其航程为北京—上海（经停）—墨尔本（经停）—悉尼，有两个经停点。旅客在经停点只作短暂停留，但无须改换航班。

不论航班是否有经停点，对于直达航程，旅客从始发点到终点（或折返点）通常仅需一张客票乘机联。

②非直达航程

非直达航程（Indirect Route）：也称联程运输，是指在航程中有中间转机点的情况。

对于非直达航程，旅客从始发点到终点（或到折返点）需要多于一张的客票乘机联。

2）航程的种类

①单程

定义：单程（One Way Trips，缩写为 OW），是指不构成完全的来回程、环程或其他使用 1/2RT 运价的缺口程的航程。单程航程一般使用 OW 运价，按实际旅行方向计算运价，但对于终点在始发国的运价区间应按从始发国出发方向计算运价。

注意：上述定义和规定对使用特殊运价的航程可能不适用（参见本节有关使用特殊运价的缺口程的定义）。

使用普通运价的单程具有以下特征：

（A）是从一点出发，但不回到原始发国的航程。

例 1：北京—卡拉奇—伊斯坦布尔，图示如下：

BJS
KHI　M
IST　1785.69（BJS-IST OW NUC）

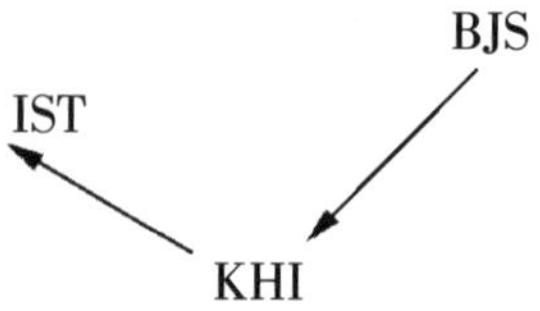

在本例中，可使用北京—伊斯坦布尔的单程直达运价。

例 2：北京—伦敦—卡拉奇

BJS
LON　2300.37（BJS-LON OW NUC）
KHI　2042.68（LON-KHI OW NUC）

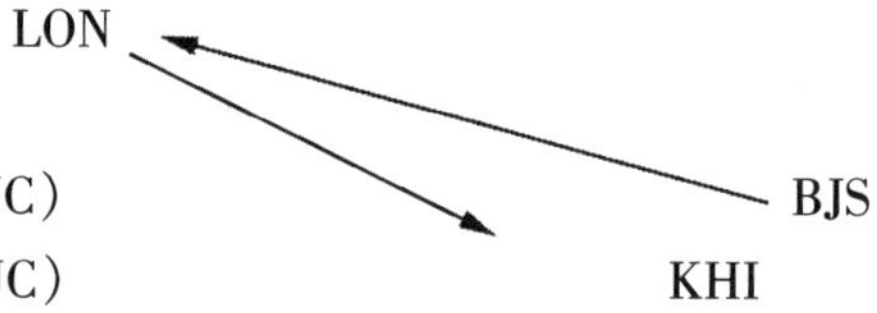

在本例中，应使用北京—伦敦和伦敦—卡拉奇的单程运价相加构成全程运价。

（B）不是全程使用定期航班运输的航程（即航程中的某一段可能使用汽车、火车、轮船、包机等其他运输方式）。

上述使用非定期航班的航段称为地面运输段（Surface Sector）。

例 3：北京—悉尼（地面运输）吉隆坡—北京

BJS
SYD　1484.85（BJS-SYD OW NUC）
　（Surface）
KUL
BJS　671.74（BJS-KUL OW NUC）

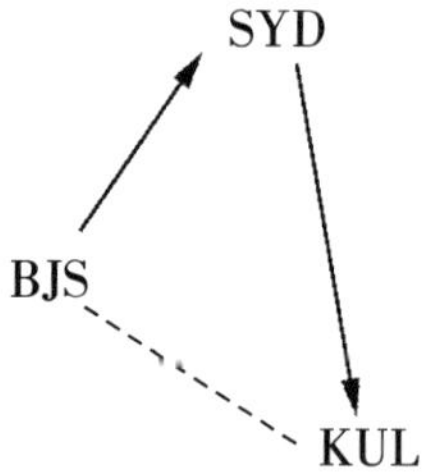

在本例中，因为回程的终点在始发国，应使用北京—曼谷和北京—吉隆坡的单程运价相加构成全程运价。

地面运输段的两端在同一国内，但不能分为去程和回程两个运价区间的航程；

例 4：北京—卡拉奇—悉尼（地面运输）墨尔本—广州

BJS
KHI 1061.99 （BJS-KHI OW NUC）
SYD 1149.04 （KHI-SYD OW NUC）
(Surface)

MEL
CAN 326.58 （CAN-MEL OW NUC）

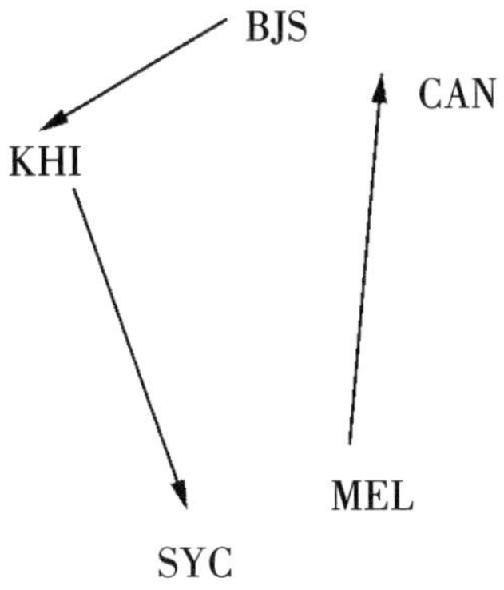

②来回程

定义：来回程（Round Trips，缩写为 RT），是指旅行从一点始发，经某一折返点（Point of Turnaround）再回到原出发点，并且全程使用航空运输的航程。

在运价计算中，来回程具有两个主要特征：

（A）全程仅由去程和回程两个运价区间组成；并且

（B）去程和回程均具有相同的从始发点到折返点方向的同等级普通 1/2RT 运价。

来回程的去程和回程均应使用按照从始发点到折返点方向计算的 1/2RT 运价。

注意：上述定义不包括环球程的情况。

由上述定义可知，来回程可分为两种情况：

去程和回程经由相同的路线，并且去程和回程均可使用相同的从始发点到折返点方向的普通 1/2RT 运价。

例 5：北京—东京—北京

BJS
TYO 642.75（BJS-TYO 1/2RT NUC）
BJS 642.75（BJS-TYO 1/2RT NUC）

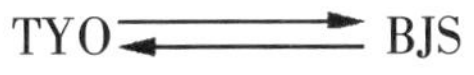

例 6：北京—卡拉奇（中转）—开罗—卡拉奇（中转）—北京

BJS
X/KHI M
CAI 1531.37（BJS-CAI 1/2RT NUC）
X/KHI M
BJS 1531.37（BJS-CAI 1/2RT NUC）

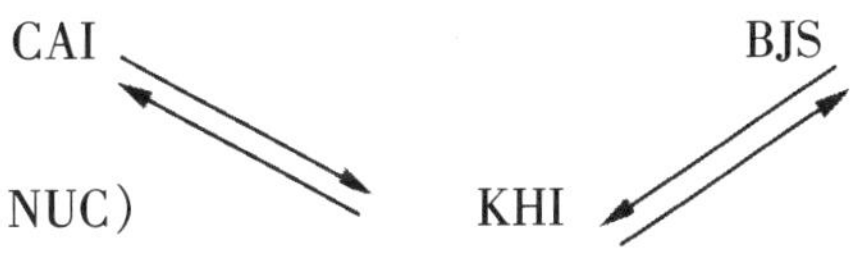

去程和回程经由不同的路线，但去程和回程均可使用相同的从始发点到折返点的普

通 1/2RT 运价。

例 7：北京—吉隆坡（中转）—雅加达—马尼拉（中转）—北京

BJS
X/KUL M
JKT 817.33（BJS-JKT 1/2RT NUC）

X/MNL M
BJS 817.33（BJS-JKT 1/2RT NUC）

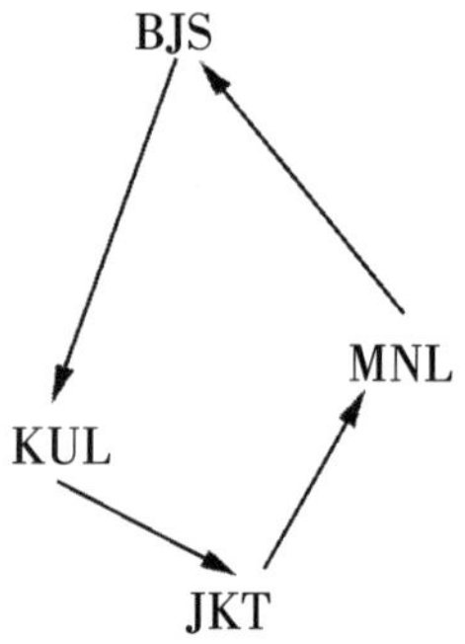

本例中，应使用去程的北京—雅加达的 1/2RT 运价和回程的北京—雅加达的 1/2RT 运价相加构成全程运价。

注意：如果由两个运价区间组成的封闭航程的去程和回程使用不同的舱位等级运价或不同的季节性运价、不同的平日/周末运价、不同的承运人运价，上述计价单元仍可被视为来回程。条件是适用于去程的 1/2RT 运价在相同条件下也适用于回程区间，反之亦然。上述情况称为来回程的局部组合。

例 8：下列航程可被视为来回程：

BJS
LON 2781.23（BJS-LON C 舱 1/2RT NUC）
BJS 2300.37（BJS-LON Y 舱 1/2RT NUC）

③环程

定义：环程（Circle Trips，缩写为 CT），是指旅行从一点始发，经一条连续、环形的空中路线，最后又回到原出发点的航程。使用普通运价的环程可以由两个或两个以上的运价区间组成，但不包括来回程所定义的航程。

环程的全程运价应使用 1/2RT 运价构成，一般按实际旅行方向计算运价，但对于终点在始发国的运价区间，应按从始发国出发方向计算运价。

环程和来回程的主要区别在于：

- 使用普通运价的环程可以由两个以上的运价区间组成。

例 9：北京—悉尼—卡拉奇—北京

BJS
SYD ↓ 1414.17（BJS-SYD 1/2RT NUC）
KHI ↓ 1592.94（SYD-KHI 1/2RT NUC）
BJS ↑ 1010.03（BJS-KHI 1/2RT NUC）

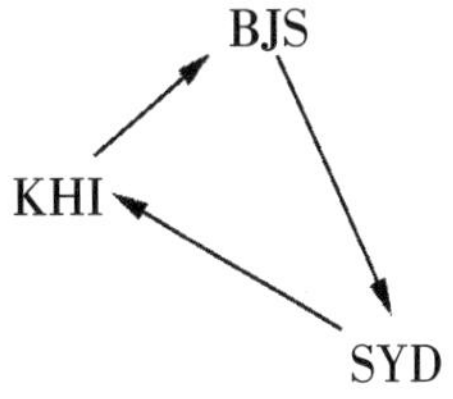

本例全程由三个运价区间组成；应使用北京—悉尼的 1/2RT 运价、悉尼—卡拉奇的 1/2RT 运价和北京—卡拉奇的 1/2RT 运价相加构成全程运价。

- 当全程由两个运价区间组成时，去程和回程区间有不同的从始发点到折返点方向的同等级普通运价。

例 10：北京—伦敦—里斯本—马尼拉—北京

BJS
LON　M
/// ↓ BJSLON

LIS ↑ 2169.89（BJS-LON 1/2RT NUC）
MNL　M
BJS　1847.30（BJS-LIS 1/2RT NUC）

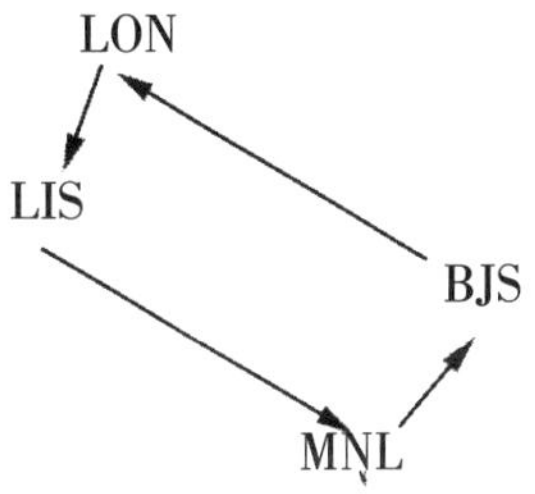

本例以里斯本为运价分界点，由于去程部分有中间较高点，去程和回程有不同的从始发点到折返点方向的普通运价，所以该航程为环程。

环程和来回程往往只有在运价计算过程中才能加以区分。

另外，当航程中两点间没有合理的定期航班衔接时，只要满足从一点出发最后又回到原出发点的条件，该航程仍被认为是一个环程，称为不能合理衔接的环程。上述没有合理的定期航班衔接的城市对被公布在 PAT 一般规则手册 2.6.3.3 节。

④环球程

定义：环球程（Round The World，缩写为 RTW），是指从一点始发，穿越（且仅一次穿越）大西洋和太平洋，最后又回到原出发点的航程。

由上述定义可知，环球程具有如下几个基本特征：

- 环球程是环程的特例；
- 它是既经大西洋，又经太平洋，并且仅有一次经过上述两大洋的航程；
- 航程中应包括一区、二区和三区的点。

例 11：北京—巴黎—纽约—北京（连续向西航行）

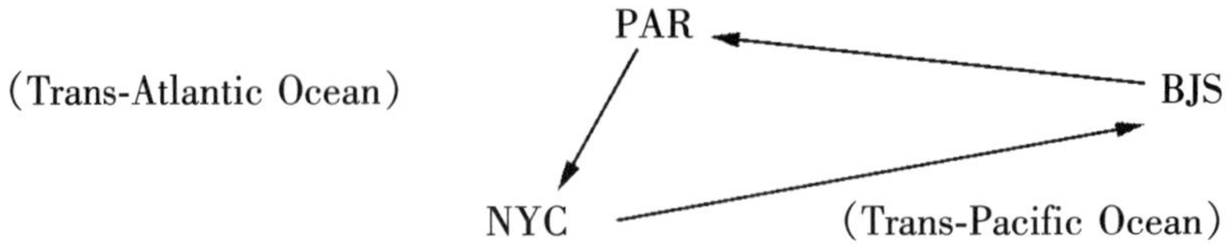

例 12：北京—安卡雷奇—巴黎—北京（连续向东航行）

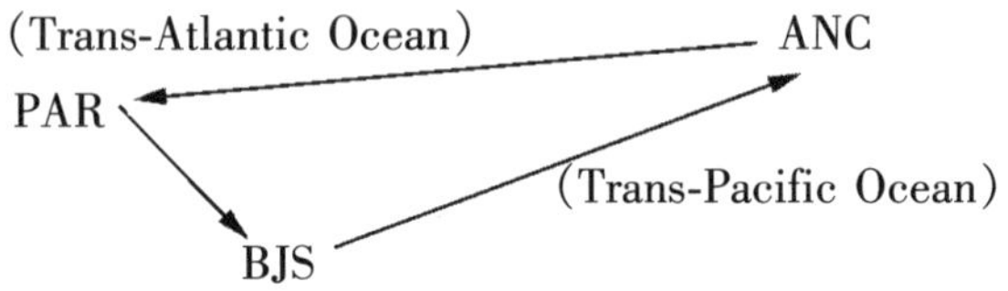

环球程的运价计算规则与环程类似。

思考题：判断下列航程是否是环球程：

北京—巴黎—悉尼—洛杉矶—北京；

北京—纽约—巴黎—洛杉矶—北京。

⑤缺口程

有两种有区别的缺口程（Open Jaw Trip，缩写为 OJ）：普通运价缺口程和特殊运价缺口程。

定义：普通运价缺口程（Normal Fare Open Jaw，缩写为 NOJ），是指旅行从一国始发，最后又回到该始发国的使用普通运价的航程。全程仅由去程和回程两个国际运价区间构成，但在始发地和/或折返地存在一个国内缺口。

普通运价缺口程的全程运价应使用 1/2RT 运价构成，并且去程和回程都使用从始发地到折返地方向的运价。

普通运价缺口程有下列三种形式：

始发地缺口程（Origin Normal Fare Open Jaw，缩写为 ONOJ）：是指去程的出发点和回程的到达点不同，但都在始发国内的航程，即缺口两端都在始发国内。

例 13：北京—东京—上海

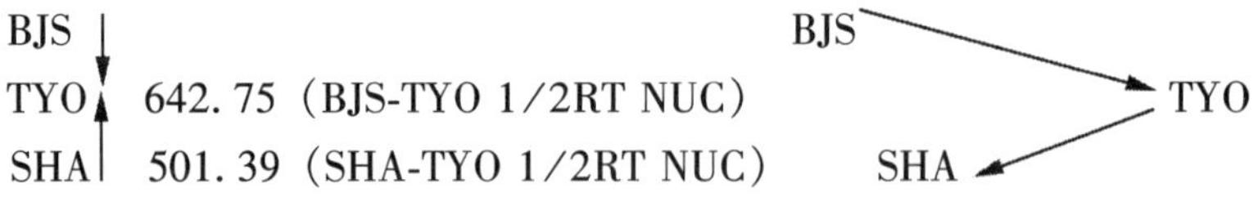

折返地缺口程（Turnaround Normal Fare Open Jaw，缩写为 TNOJ）：是指去程的到达点和回程的出发点不同，但都在同一国内的航程，即缺口两端都在折返国内。

例 14：北京—东京（地面运输）大阪—北京

BJS
TYO 642.75（BJS-TYO 1/2RT NUC）
OSA
BJS 564.22（BJS-OSA 1/2RT NUC）

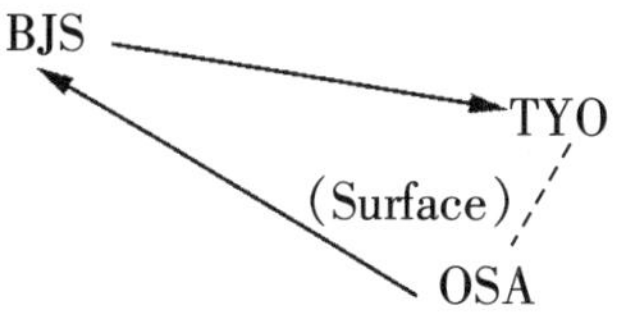

上面两种情况统称为单缺口程（Single Open Jaw）。

双缺口程（Double Normal Fare Open Jaw，缩写为 DNOJ）：是指去程的出发点和回程的到达点不同，但都在始发国内；并且去程的到达点和回程的出发点也不同，但都在折返国内的航程。

例 15：北京—东京（地面运输）大阪—上海

BJS
TYO 642.75（BJS-TYO 1/2RT NUC）
OSA
SHA 389.03（SHA-OSA 1/2RT NUC）

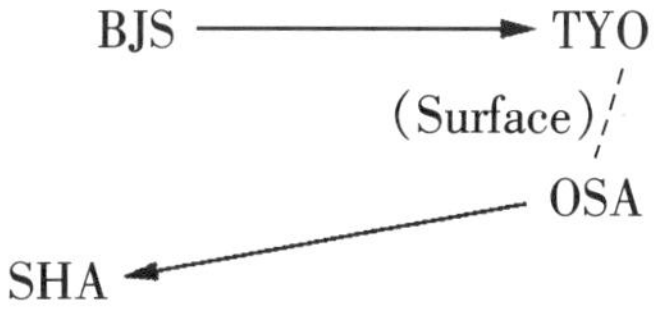

由上述定义可知，普通运价缺口程具有来回程的特征，但又不构成完整的来回程。另外，缺口两端必须在同一国内，即必须在始发地和/或折返地所在国内。

注意：除非运价适用规则中另有说明，使用普通运价的航程如由多于两个运价区间构成，或缺口两端在不同国家，该航程应使用单程运价。

例外（同一国原则）：

- 加拿大和美国被视为同一国，即缺口段可以在上述两国之间。
- 丹麦、挪威和瑞典被视为同一国，即缺口段可以在上述三国之间。
- 从加拿大或美国到欧洲的航程，如果去程和回程均经由大西洋，则缺口两端可以在不同的欧洲国家。
- 从中国始发，折返地在欧洲的航程，缺口两端可以在不同的欧洲国家。

思考题：判断下列航程是否是普通运价缺口程：

北京—温哥华（地面运输）西雅图—上海

多伦多—伦敦（地面运输）巴黎—芝加哥

定义：特殊运价缺口程（Special Fare Open Jaw），是指仅由去程和回程两个国际运价区间构成的使用特殊运价的航程，并且该航程在始发地和/或折返地存在一个缺口，缺口两端可以是特殊运价适用条件规定的区域内的任意两点。

除非运价规则中另有规定，特殊运价缺口程的全程运价应使用 1/2RT 运价构成，并且去程和回程区间的运价均按实际旅行方向计算，但对于终点在始发国的回程区间，应使用从始发国出发方向的运价。

特殊运价缺口程同样具有来回程的特征，但又不构成完整的来回程。另外，始发地和/或折返地缺口的两端必须都在特殊运价适用条件规定的区域内（可以不在同一国内）。

在特殊运价缺口程中，同一国原则仍适用。

注意：对于始发点和终点都在欧洲，并且回程终点在不同于始发点的另一个欧洲国家内的情况，回程区间应使用从该欧洲国家出发方向的运价。但对于整个航程均在欧洲内的情况除外，在此情况下，回程区间的运价应按实际旅行方向计算。

特殊运价缺口程仍具有下列三种形式：

- 始发地单缺口程（Origin Single Open Jaw，缩写为 OSOJ）：是指去程的出发点和回程的到达点不同，但都在特殊运价适用条件规定的区域内的航程。

例 16：台北—洛杉矶—马尼拉

TPE ↓
LAX ↓ (TPE-LAX 1/2 RT NUC)
MNL ↓ (LAX-MNL 1/2 RT NUC)

例 17：维也纳—新加坡—雅加达—阿姆斯特丹（始发地缺口程，缺口两端在不同的欧洲国家内）

VIE ↓
SIN ↓
JKT ↑ (VIE-JKT 1/2 RT NUC)
AMS | (AMS-JKT 1/2 RT NUC)

例 18：布鲁塞尔—基辅—阿姆斯特丹（始发地缺口程，缺口两端在不同的欧洲国家内，并且整个航程均在欧洲内）

BRU ↓
IEV ↑ (BRU-IEV 1/2 RT NUC)
AMS | (IEV-AMS 1/2 RT NUC)

折返地单缺口程（Turnaround Single Open Jaw，缩写为 TSOJ）：是指去程的到达点和回程的出发点不同，但都在特殊运价的适用条件规定的区域内的航程。

例 19：法兰克福—香港 （地面运输）北京—法兰克福

FRA ↓
HKG　　(FRA-HKG 1/2 RT NUC)
　　(Surface)
BJS ↑
FRA　　(FRA-BJS 1/2 RT NUC)

双缺口程（Double Open Jaw，缩写为 DOJ）：是指去程的出发点和回程的到达点不同（始发地缺口），并且去程的到达点和回程的出发点也不同（折返地缺口），但都在特殊运价适用条件规定的区域内的航程。

例 20：里斯本—纽约（地面运输）多伦多—法兰克福

LIS ↓
NYC　　(LIS-NYC 1/2 RT NUC)
　　(Surface)
YTO ↑
FRA　　(FRA-TYO 1/2 RT NUC)

另外，为便于叙述，本书将可以使用 1/2RT 运价的来回程、环程、环球程、缺口程统称为往返程。

2. 航程方向代码

在国际运价手册中，两点间可能公布有多个同等级运价。这是因为地球是一个球体，从一点到另一点可以经由不同的方向和不同的路线，因此，也会有不同的航行距离和不同的运价。

例如，从东京到哥本哈根，可以经由如下航程：

- 向西北：东京（经西伯利亚）莫斯科—哥本哈根；或
- 向西南：东京—曼谷—哥本哈根；或
- 向东：东京（经太平洋）洛杉矶（经大西洋）哥本哈根；或
- 向北：东京—安克雷奇（经北极圈）哥本哈根；等等。

上面的几种航程都可以使用东京到哥本哈根的直达运价，但同等级、同类别的运价可能不同。因此，使用运价时还需考虑航程方向。

在运价手册中，不同航程方向的运价对应着不同的指定代码。该指定代码称为两字方向代码（Two-Letter Direction Codes），或称全球方向指示代码（Global Indicator，缩写为 GI）。

常用的方向代码有：

① WH（Western Hemisphere）——西半球航线

适用于整个在西半球（一区）内的航程；

例 1：里约热内卢—迈阿密—多伦多

② AT（Atlantic）——大西洋航线

适用于以下两种情况：

- 一区和二区间经大西洋的航程；

例 2：罗马—巴黎—纽约

- 一区和三区间经大西洋的航程（通常经由 2 区）；

例 3：北京—伦敦—迈阿密

③ SA（South Atlantic）——南大西洋航线

适用于南大西洋次区和东南亚次区之间经大西洋的航程，但需满足下列条件：

- 南大西洋和东南亚之间乘坐经大西洋的直达航班（即只用一张乘机联）；或
- 经中非、南非或印度洋岛屿的点，但不经过除中非、南非或印度洋岛屿以外的二区的点；
- 不经过日本。

例 4：北京—曼谷—约翰内斯堡—里约热内卢

④ PA（Pacific）——太平洋航线

适用于一区和三区间经太平洋的航程；

例 5：北京—洛杉矶—迈阿密

⑤ PN（Pacific Via North America）——太平洋经北美航线

适用于中、南美和西南太平洋次区之间经太平洋、并经北美次区的航程；

例 6：悉尼—洛杉矶—里约热内卢

注意：上述 AT、SA、PA、PN 航线仅适用于东、西半球之间的跨大洋航程。

思考题：下列航程是否为跨大洋航程：

悉尼—东京—北京

⑥ EH（Eastern Hemisphere）——东半球航线

适用于整个在东半球内的航程（RU，TS，FE 等航线除外），包括：

二区内的航程；

例 7：莫斯科—伊斯坦布尔—开罗—内罗毕

三区内的航程；

例 8：悉尼—曼谷—德里

二区和三区间的航程；

例 9：北京—卡拉奇—开罗—拉各斯

注意：俄罗斯和三区间的 EH 运价仅适用于经欧洲和/或中东的航程，否则应使用 FE 或 RU 运价。

⑦ TS（Trans Siberia）——跨西伯利亚航线

适用于二、三区之间，经西伯利亚（经欧洲和日本/韩国/朝鲜之间的直达航段）的航线，包括以下情况：

- 欧洲和日本/韩国/朝鲜之间经西伯利亚（飞过莫斯科）的直达航程；

例 10：首尔—巴黎—马德里

- 欧洲和三区（南亚次大陆除外）之间经西伯利亚（经欧洲和日本/韩国/朝鲜之间的直达航段）的航程；

例 11：香港—东京—哥本哈根

- 中东/非洲和日本/韩国/朝鲜之间经西伯利亚（经欧洲和日本/韩国/朝鲜之间的直达航段）的航程；

例 12：东京—布鲁塞尔—达喀尔

⑧ RU（Russia）——俄罗斯航线

适用于三区（南亚次大陆除外）和俄罗斯（乌拉尔山以西）之间，经日本/韩国/朝鲜和俄罗斯（乌拉尔山以西）之间的直达航段，该航线不得经由欧洲的其他点；

例 13：悉尼—东京—莫斯科

注意：下列航程不能使用 RU 运价，而应使用 TS 运价：TYO—HEL—MOW ；因为赫尔辛基是不在俄罗斯的欧洲的点。

⑨ FE（Far East）——远东航线

适用于俄罗斯（乌拉尔山以西）/乌克兰和三区之间不经西伯利亚的航程；

注意：当使用远东航线运价时，俄罗斯（乌拉尔山以西）/乌克兰和三区之间不可经由中东和欧洲除俄罗斯/乌克兰以外的二区中的点。

例 14：悉尼—北京—莫斯科—基辅

思考题：判断下列航程是否可以使用 FE 运价：

北京—沙迦—莫斯科

⑩ AP（Atlantic & Pacific）——大西洋和太平洋航线

适用于二区和三区间，既经大西洋，又经太平洋（经一区）的航程；

例 15：北京—旧金山—迈阿密—里斯本

⑪ SP（South Polar）——南极航线

仅仅作为信息，目前没有具体的定义。

3. 国际航空旅客运价的种类

国际航空旅客运价（以下简称国际运价或运价），是指在国际航空旅客运输中，承运人对其载运的旅客及其限额内的行李所收取的从始发站机场到目的地机场的运输费用或价格以及这些费用或价格的适用条件，它也包括支付给代理人和其他辅助服务的费用或价格，但不包括机场与市区间的地面运输费用。从不同的角度出发，国际运价可划分为各种不同类别：

1）普通运价和非普通运价

按照运价水平划分，国际运价可分为普通运价和非普通运价。

①普通运价（Normal Fares）：是指适用于头等舱（例如 F、P）、公务舱（或称中间等级，例如 C、J）、经济舱（例如 Y、S）的全额票价。它也包括在上述运价的百分比基础上建立的儿童或婴儿折扣运价。

普通运价又可分为：

- 不受限制的普通运价。使用此类运价时，通常没有附加的适用条件。

● 受限制的普通运价，例如 F2、Y2、Y3 等。使用此类运价时，通常对航程中的中途分程的次数有严格的限制。

②非普通运价（Unnormal Fares）：是指除普通运价之外的任何其他运价。

非普通运价又可分为：

● 促销运价（Promotional Fares），是航空公司为扩大需求、刺激销售、提高客座利用率而制定的各种优惠运价。促销运价也被称为特殊运价（Special Fares）。

例如：个人旅游运价（Excursion Fares）、预购旅游运价（APEX Fares）、现购旅游运价（PEX Fares）、综合旅游运价（Inclusive Tour Fares）、团体旅游运价（Group Travel Fares）等。

上述各种运价在使用时有严格的限制条件。

● 折扣运价（Discounted Fares），是在普通运价或特殊运价的基础上，根据旅客的不同年龄、身份而给予一定的百分比折扣构成的运价。

例如：青年折扣运价（Youth Fares），代号 YZZ，YEE4MZZ 等。

2）IATA 运价、协议运价和承运人运价

按照运价制定方式划分，国际运价可分为 IATA 运价、协议运价和承运人运价。

① IATA 运价：是指在 IATA 运价协调会议上通过多边协商制定的国际运价。此类运价主要用于不同航空公司间的联程运输。

②协议运价：是指根据国家间的双边协议制定的国际运价。通常指定航程的经由点和承运人，其运价水平一般低于 IATA 运价。

③承运人运价：是指航空公司自行制定的仅适用于本公司或两国间对飞航空公司的国际运价。

3）单程运价和来回程运价

按照航程种类划分，国际运价可分为单程运价和来回程运价。

①单程运价（OW Fares）：是适用于单程航程的运价。

②来回程运价（RT Fares）：是适用于来回程、环程、环球程和缺口程的运价。

4）直达公布运价、比例运价和组合运价

按照运价构成方式划分，国际运价可分为直达公布运价、比例运价和组合运价。

①直达公布运价（Published Through Fares）：是指运价手册中公布的城市对间的直达运价，包括普通运价和特殊运价。它不仅适用于两点间的直达航程，而且在一定条件下也适用于非直达航程。

直达公布运价可分为指定航程运价和里程制运价两种形式：

● 指定航程运价（Specified Routings）：是一种协议运价。通常在公布的运价后面有一个给定的数字编号，可以在对应的航程表中查出指定的经由点（有时还包括指定的承运人）。当非直达航程满足给定的条件时，可以直接使用公布的从始发点到终点的直达运价。

● 里程制运价（Mileage System）：是同时公布有一个里程数（英里数）的运价，该里程数称为最大允许里程（Maximum Permitted Mileage，MPM）。当非直达航程使用

里程制运价时，应将航程中各段实际航行里程（也称客票点里程）之和与最大允许里程进行比较。

②比例运价（Proportional Fares 或 Add-on Fares）：是由直达公布运价和给定附加值相加构成的直达运价。它适用于两点间没有直达公布运价的情况。

③组合运价（Combination of Fares）：是由若干航段或次航程（Sub-Journey）运价组合而成的全程运价。

5）国内运输权运价

国内运输权运价（Cabotage Fares）：是指适用于一国领土及其海外领地间，或该国各个海外领地间的航空运价。该运价并不适用于所有的承运人。

上述国内运输的销售、出票和承运仅限于某些指定的承运人。其他承运人仅当得到被授权的承运人特许，才可以使用这些运价。否则，在运价手册中公布的国内运输权运价对于未被授权的承运人仅是一个信息。但如果不只是为了航班衔接，而是真正在另一国领土内的国内运输权点间中途分程，则任何承运人可以销售客票和参加承运。在这种情况下，全程运价必须超越该中途分程点计算。但如果全程运价低于该国内运输权段起点到终点的直达运价，则必须提高到国内运输权运价。

例如：加拉加斯—圣胡安—纽约

在此，圣胡安—纽约是美国的国内运输权航段，一般情况下，只有美国的指定承运人有权参与运输。但如果在圣胡安是一次真正的中途分程，则其他承运人也可以参与运输，但运价必须全程计算。除非圣胡安—纽约的运价较高，才可以使用该国内运输权运价。

4. 国际旅客运价计算的一般规定

计算旅客国际运价必须遵循下列原则：

（1）满足“运价规则”中规定的适用条件。

（2）按照运价计算方向使用运价，不得使用反向运价。

（3）仅当国际旅行确实是从客票上填开的始发点出发时，所付运价才能适用。如果旅行实际是从另一国出发时，运价应按从该国出发重新计算。

由于各国运价水平不同，并且在国际运输中，非直达航程可以使用直达运价，如果没有上述限制，则有可能出现运输条件相同而票价不同的情况。

例如，旅客从曼谷到伦敦，如果购买一张曼谷—北京（中转）—伦敦的客票，则按国际运价规则，可以使用曼谷—伦敦的运价，而曼谷—伦敦的运价低于北京—伦敦的运价，因此，如果旅客并非从曼谷始发，而是从北京始发时，必须按从北京始发重新计算运价。

（4）客票乘机联应按顺序使用。

例如，旅客客票中列明的航程为北京—巴黎—北京，该航程应使用北京—巴黎的来回程运价。如果旅客先使用第二张乘机联（即巴黎—北京的乘机联），再使用第一张乘机联（即北京—巴黎的乘机联），航程实际变为巴黎—北京—巴黎，该航程应使用巴黎—北京的来回程运价。由于北京—巴黎的来回程运价与巴黎—北京的来回程运价有很大的差别，因此，上述做法是不允许的。

5. 国际运价的有效期

1）客票的有效期

使用普通运价的国际客票自旅行开始之日起一年内有效。但如果客票完全没有使用，则上述客票自出票之日起一年内有效。由此可见，一本客票或连续客票的最长有效期可达两年。

例如，某一旅客于 2002 年 1 月 1 日购买一张不定期（OPEN）客票，则该客票必须在 2003 年 1 月 1 日午夜 12 点以前使用。

又假如另一旅客于 2002 年 1 月 1 日购买北京—卡拉奇—巴黎—达喀尔的联程客票，8 月 20 日从北京出发，则最后一张巴黎—达喀尔的乘机联必须在 2003 年 8 月 20 日以前使用。

上述情况如图 2. 13 所示：

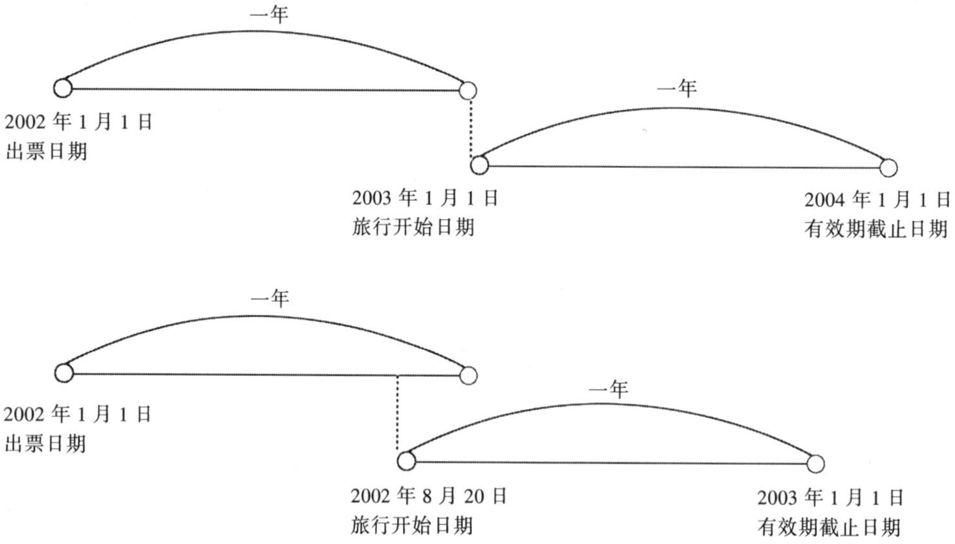

图 2. 13　客票有效期示意图

客票的最后一张乘机联必须在有效期截止前使用，即必须在截止之日当地时间午夜 12 点以前从指定机场出发。

注意：上述规定不适用于某些使用特殊运价的客票。

当客票涉及一个或多个有效期不到一年的使用特殊运价航段时，上述较短的有效期仅对使用特殊运价的航段有效（若该特殊运价的使用规则中另有规定时除外）。

一旦旅行开始，客票的有效期即可确定。上述有效期在换开客票或改变航程的情况下仍与原始客票的有效期相同。例如，一本一年有效的客票自 2002 年 3 月 4 日开始使用，如果旅客在 2002 年 10 月 1 日因改变航程换开新票，则新票的有效期仍到 2003 年 3 月 4 日。

2）国际运价的有效期

普通单程、来回程和环程运价在旅行开始后一年内完成运输有效。但对于有特殊折扣的普通运价，其有效期应按照有关规定执行。

当全程运价是由普通运价和一个有较短有效期的特殊运价组合构成时，这个较短的有效期仅对与该特殊运价对应的航段适用（若该特殊运价的组合规则限定上述较短的有效期适用于全航程时除外）。

除有最长有效期限制外，某些特殊运价对在某一区域或指定点的最短停留时间也有限制。

3）日、月、年的计算

①日期的计算

每一张乘机联必须在有效期截止前使用，即不迟于截止日当地时间午夜 12 点从最后一个登机机场开始旅行。

除非另有说明，填开客票之日和旅行开始之日，不计入有效期内。因此当计算有效期截止日期时，只需将有效期天数直接加在填开客票的日期或旅行开始的日期之上。

例如，如果旅客购买一张 45 天有效的短期旅游客票，旅行自 6 月 7 日开始，则最长有效期为：

```
    07JUN
+   45DAY
=   52JUN
-   30        （减 6 月的 30 天）
=   22JUL
```

即客票的最后一张乘机联必须在当地时间 7 月 22 日午夜 12:00 以前使用。

②月的计算

当有效期用“月”表示时，该期间是从某一月的给定日期到另一月的对应日期。

例如，一个月的有效期　01JAN—01FEB；

两个月的有效期　15JAN—15MAR；

三个月的有效期　30JAN—30APR。

注意下列例外情况：

当后面对应的月天数较短时，则从月底到月底。

例如，一个月的有效期　31JAN—28/29FEB。

当某一月的给定日期是这一月的最后一天时，则另一月的对应日期也是这一月的最后一天。

例如，两个月的有效期　28/29FEB—30APR；

三个月的有效期　30APR—31JUL。

③年的计算

当有效期用“年”表示时，该期间是从某一年的给定日期到另一年的对应日期。

例如，一年的有效期　01JAN05—01JAN06；

例外，一年的有效期　29FEB04—28FEB05。

6. 国际运价的信息来源

国际航空运价信息繁杂多变，多数从事国际运输的空运企业使用计算机运价系统作为主要信息来源，例如“国际航空电信协会运价计算系统（SITA Airfare）”。但有时也需要一些运价信息手册作为辅助工具，特别是一些规模较小的航空公司或代理公司。

《旅客航空运价》（PAT）是目前航空运输业普遍使用的国际旅客运价信息手册。该书是《航空公司旅客运价》（APT）和《航空运价》（AT）合并后的出版物，它结合了两本手册的优点。

《旅客航空运价》（英文全称为 Passenger Air Tariff，缩写为 PAT），由国际航空运输协会（IATA）和国际航空电信协会（SITA）合编并出版。

7. 国际运价的计算原则

在计算国际运价时，应按下列优先顺序使用运价：

①直达公布运价；指定航程运价；里程制运价；

②比例运价；

③最低组合运价。

上述要求被称为直达运价优先原则。

8. 里程制运价的计算方法

按照国际运价计算规则，非直达航程可以使用直达运价，但在多数情况下，当非直达航程使用直达运价（包括直达公布运价和比例运价）时，应考虑最大允许里程的限制。按上述方法计算的联程运价称为里程制（Mileage System）运价。

1）非直达航程运价计算的基本步骤

按照国际航协制定的运价计算规则，不同的航程有不同的运价计算方法，但对每一个运价区间或次航程都包含以下一些基本类似的计算步骤，可用缩语表示，见表 2-6。

表 2-6　运价计算规划中的缩语说明表

缩语	英文/中文含义	说明
① FCP	Fare Construction Points 运价构成点	确定运价区间及其端点（运价构成点）
② NUC	Neutral Unit of Construction 中间组合单位	确定上述运价构成点间用 NUC 表示的直达运价（直达公布运价或比例运价）
③ RULE	Rules or Conditions 运价适用规则/限制条件	检查上述直达运价是否满足适用条件或是否是指定航程运价
④ MPM	Maximum Permitted Mileage 最大允许里程	确定上述运价构成点间的最大允许里程
⑤ TPM	Ticketed Point Mileage 客票点里程	计算该运价区间各段实际航行里程之和
⑥ EMA	Excess Mileage Allowance 超里程优惠	检查该运价区间是否有里程优惠（如有，则应从 TPM 中减去 EMA）

续表

⑦ EMS	Excess Mileage Surcharge 超里程附加费	当 TPM(-EMA)大于 MPM 时,计算超里程附加收费的百分比
⑧ HIP	Higher Intermediate Points 中间较高点	按照运价规则指定的范围,检查该运价区间是否有较高点
⑨ RULE	Rules or Conditions 运价适用规则/条件	检查上述较高点运价是否满足其适用条件
⑩ AF	Applicable Fare 适用的运价	考虑里程和较高点,构成该运价区间的里程制运价
⑪ CHECK	Minimum Check 最低限额运价检查	对不同航程或次航程应进行各种最低限额运价检查(如 BHC、CTM、CPM、OSC、RSC 等)
⑫ TTL	Total Fare 运价总额	根据步骤①~⑪,计算全航程的 NUC 运价总额
⑬ ROE	Rates of Exchange IATA 兑换率	确定该航程的始发国货币的 IATA 兑换率
⑭ LCF	Local Currency Fare 当地货币运价	计算全航程的始发国货币运价(NUC × ROE)

2) 直达公布运价

在本书中，直达公布运价（Published Through Fare）是指在 PAT 全球范围运价手册的普通和特殊运价表中公布的适用于两点间的直达运价。在确定运价区间的运价构成点之后，可利用运价表查找上述运价构成点（城市对）间的直达公布运价和最大允许里程。以下将对运价表的使用方法加以说明：

表 2-7 国际旅客运价表

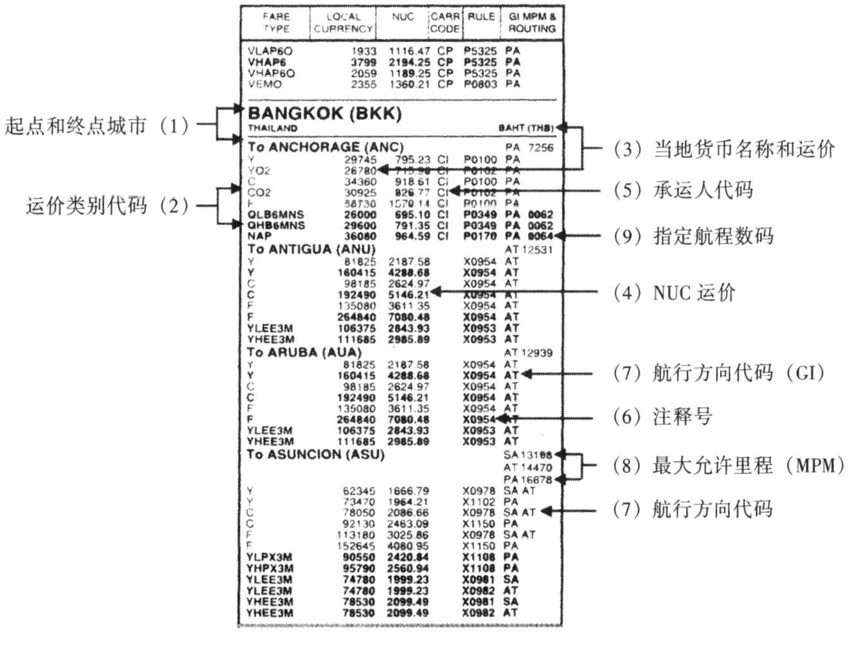

FARE TYPE	LOCAL CURRENCY	NUC	CARR CODE	RULE	GI MPM & ROUTING
VLAP6O	1933	1116.47	CP	P5325	PA
VHAP6	3799	2194.25	CP	P5325	PA
VHAP6O	2059	1189.25	CP	P5325	PA
VEMO	2355	1360.21	CP	P0803	PA
BANGKOK (BKK)					
THAILAND					BAHT (THB)
To ANCHORAGE (ANC)					PA 7256
Y	29745	795.23	CI	P0100	PA
YO2	26780	715.96	CI	P0102	PA
C	34360	918.61	CI	P0100	PA
CO2	30925	826.77	CI	P0102	PA
F	58730	1570.14	CI	P0100	PA
QLB6MNS	26000	695.10	CI	P0349	PA 0062
QHB6MNS	29600	791.35	CI	P0349	PA 0062
NAP	36080	964.59	CI	P0170	PA 0064
To ANTIGUA (ANU)					AT 12531
Y	81825	2187.58		X0954	AT
Y	160415	4288.68		X0954	AT
C	98185	2624.97		X0954	AT
C	192490	5146.21		X0954	AT
F	135080	3611.35		X0954	AT
F	264840	7080.48		X0954	AT
YLEE3M	106375	2843.93		X0953	AT
YHEE3M	111685	2985.89		X0953	AT
To ARUBA (AUA)					AT 12939
Y	81825	2187.58		X0954	AT
Y	160415	4288.68		X0954	AT
C	98185	2624.97		X0954	AT
C	192490	5146.21		X0954	AT
F	135080	3611.35		X0954	AT
F	264840	7080.48		X0954	AT
YLEE3M	106375	2843.93		X0953	AT
YHEE3M	111685	2985.89		X0953	AT
To ASUNCION (ASU)					SA 13188 AT 14470 PA 16678
Y	62345	1666.79		X0978	SA AT
Y	73470	1964.21		X1102	PA
C	78050	2086.66		X0978	SA AT
C	92130	2463.09		X1150	PA
F	113180	3025.86		X0978	SA AT
F	152645	4080.95		X1150	PA
YLPX3M	90550	2420.84		X1108	PA
YHPX3M	95790	2560.94		X1108	PA
YLEE3M	74780	1999.23		X0981	SA
YLEE3M	74780	1999.23		X0982	AT
YHEE3M	78530	2099.49		X0981	SA
YHEE3M	78530	2099.49		X0982	AT

直达公布运价公布在 PAT 全球范围运价手册的普通和特殊运价表中，按城市名称的英文字母顺序排列。

该表包括以下内容（参见表 2-7）：

①起点城市和终点城市：是指两点间运价的起始点和终止点，又被称为首标城市（Headline City）和副标城市（Sideline City）。起点城市和终点城市均以英文名称的字母顺序排列。在运价表中，起点城市用大号黑体字表示，后接城市三字代码，下标国家名称。终点城市用小号黑体字表示，后接城市三字代码。

查找运价时，应首先查找起点城市，然后在其后顺序查找终点城市。运价不得反向使用。

②运价类别（FARE TYPE）：包括普通运价和特殊运价。其中单程（OW）运价使用普通字体表示，来回程（RT）运价使用黑体字表示。每种运价均标明运价等级代码（例如 Y，C，F 等），还可能标明运价水平代码（例如 Y2，C2，F2 等）、季节代码（例如 L，K，H 等）、平日/周末代码（例如 X，W）、夜航班代码（例如 N）、特殊运价类型代码（例如 EE，PX，AP 等）。

表 2-8　国际旅客运价表示例 1

MUMBAI (BOM)						
INDIA				INDIAN RUPEE (INR)		
To ABADAN (ABD)					EH	2582
Y	17575	375.58		Y205	EH	
Y	**31930**	**682.35**		**Y205**	**EH**	
To BANGALORE (BLR)						
	(USD)					
YN1	105	105.00	AI		EH	0100
Y1	140	140.00	AI		EH	0100
JN1	150	150.00	AI		EH	0100
J1	200	200.00	AI		EH	0100
FN1	190	190.00	AI		EH	0100
F1	250	250.00	AI		EH	0100
Y	140	140.00	IC		EH	9998
JRT	**320**	**320.00**	**IC**		**EH**	**9998**
J	200	200.00	IC		EH	9998

③当地货币（LOCAL CURRENCY）：在 PAT 的普通和特殊运价表中，两点间的运价均以当地货币和 NUC 两种形式公布。在起点城市栏的右下角列出 该城市所在国家的当地货币名称和货币代码。

注意：

• 当地货币是指某国在国际空运中使用的计价货币，可能不同于该国实际流通货币。

• 另外，如果对应于某一终点城市的当地货币不同于起点城市栏中列出的当地货币，则在该终点城市下的当地货币栏中将标明适用的货币代码。例如，BOM（孟买）到 BLR（班加罗尔）使用美元（而不是印度卢比）计价。

④中间组合单位（NUC）：对于非直达航程（联程运输）应使用 NUC 计算运价。

⑤承运人代码（CARRIER CODE）：当本栏为空白时，表明对应的运价是行业运价（YY FARES），该运价适用于所有有关的承运人。如果在本栏中标明某一承运人的两字代码，则表明对应的运价是承运人运价。承运人运价的适用范围可参阅对应的运价规则。

⑥规则（RULE）：某些运价有其特定的适用条件，在此情况下，对应于该运价的规则栏中将标明一个注释号（例如 Y060），其特定的适用条件可在对应的运价规则手册中查找。

⑦航行方向代码（GI）：由于两点间的航程可经由不同的航行方向，应选取适用的航行方向的运价和最大允许里程。

⑧最大允许里程（MPM）：是指非直达航程使用直达运价时，给定的运价区间的起点和终点(运价构成点)间所允许经由的最大航行里程;当非直达航程使用直达运价时，一般应将从运价区间的起点到终点的各段实际航行里程之和与最大允许里程进行比较。

实际航行里程和最大允许里程均用英里数表示。

注意：

- 在相同的两点间可能有多个不同航行方向的最大允许里程，应选取适用的航行方向的运价和最大允许里程。
- 最大允许里程与运价类别无关。例如，F 舱和 Y 舱的最大允许里程是相同的。

⑨指定航程（ROUTING）：如果在本栏中标有一个四位数码，则表明该运价是指定航程运价。在 PAT 运价规则手册的指定航程表（Routings）中给出该航程的指定经由点和/或指定承运人。

3）选择运价的基本准则

在 PAT 的普通和特殊运价表中，相同两点间经常有多种不同的运价，应根据具体航程和运价规则选取适用的运价。

选择运价主要考虑以下因素：

①运价类别

可分为普通运价和特殊运价。普通运价通常高于特殊运价，但使用普通运价的限制条件较少。

如前所述，普通运价还可分为以下两种类别：

- 不受限制的普通运价，例如，F 或 F1，Y 或 Y1。
- 受限制的普通运价，例如，F2，Y2，Y11 等。

表 2-9　国际旅客运价表示例 2

TOKYO (TYO)
JAPAN　　YEN (JPY)

To AMSTERDAM (AMS)　　*EH 9645*　*TS 7208*　*AP 11366*

Y2	329100	2739.49	Y086	EH TS
Y2	**530000**	**4411.82**	**Y086**	**EH TS**
Y	397400	3308.03	Y094	EH TS
Y	**641300**	**5338.30**	**Y094**	**EH TS**
Y	409100	3405.42	Y094	AP
Y	**660000**	**5493.96**	**Y094**	**AP**
C	502100	4179.57	Y094	EH TS
C	**809600**	**6739.26**	**Y094**	**EH TS**
C	516400	4298.61	Y094	AP
C	**833400**	**6937.38**	**Y094**	**AP**
F	914400	7611.64	Y094	EH TS
F	**1475400**	**12281.51**	**Y094**	**EH TS**
F	949000	7899.65	Y094	AP
F	**1531300**	**12746.83**	**Y094**	**AP**

对普通运价可能有以下限制条件：

- 对中途分程和转机次数的限制；
- 对适用的季节性运价和平日/周末运价的限制；
- 对承运人的限制。

例 1：在表 2-9 中公布 TYO—AMS 的 EH 和 TS 航线的经济舱普通运价包括两种类别：Y 和 Y2；其中，对应 Y2 运价有注释号 Y086 ，表明该运价的使用有限制条件。

②航行方向代码

当两点间有多个不同航行方向的运价时，正确判断航行方向代码是正确选择运价的前提条件之一。

例 2：假定旅客航程为 TYO—WAS—AMS ，全程使用 C 舱票价；该航程应使用 TYO—AMS 的单程、C 舱、AP 航线的运价；由表 2-9 可知，该运价为 NUC 4298. 61，或 JPY 516400，MPM 为 AP 11366。

假定旅客航程为 TYO—SHA—AMS ，全程使用 C 舱票价；该航程应使用 TYO—AMS 的单程、C 舱、EH 航线的运价；由表 2-9 可知，该运价为 NUC 4179. 57，或 JPY 502100，MPM 为 EH 9645。

③单程（OW）运价和来回程（RT）运价

• OW 运价适用于单程航程；在 PAT 运价手册中，单程运价以普通字体印刷。

例如，在表 2-9 中，TYO—AMS 的 C 舱、OW、TS 航线的运价为 NUC 4179. 57，或 JPY 502100。

• RT 运价适用于来回程、环程、环球程和缺口程；在 PAT 运价手册中，RT 运价以黑体字印刷。

例如，在附表 2-9 中，TYO—AMS 的 C 舱、RT、TS 航线的运价为 NUC 6739. 26，或 JPY 809600。

仅当运价表中没有公布 RT 运价，可用 OW 运价乘以 2 代替 RT 运价。

④承运人运价的选择

在某些航线上，除了公布两点间的行业运价外，也公布承运人运价，见表 2-10。

表 2-10　国际旅客运价表示例 3

JEDDAH (JED)					
FARE TYPE	LOCAL CURRENCY	NUC	CARR CODE	RULE	GI MPM & ROUTING
To NEW YORK (NYC)					AT 7648
Y2	4286	1144.45		X0842	AT
Y1	5418	1446.72		X0842	AT
C	6600	1762.34		X0842	AT
F	9403	2510.81		X0842	AT
S	5418	1446.72	BA	N0234	AT
S2	4286	1144.45	BA	N0840	AT
J	6600	1762.34	BA	N0234	AT
F	9403	2510.81	BA	N0234	AT
S	5418	1446.72	KL	N0235	AT
S7	4286	1144.45	KL	N0569	AT
C	6600	1762.34	KL	N0306	AT
Y2	4286	1144.45	SV	N0816	AT
Y	5418	1446.72	SV	N0816	AT
J	6600	1762.34	SV	N0106	AT
F	9403	2510.81	SV	N0105	AT
Y22	4286	1144.45	TW	N0816	AT

按照国际运价规则，当两点间公布有承运人运价时，应优先使用承运人运价，并且

如运价区间有多个承运人，应按下列规定选择适用的承运人运价：

● 一般情况下，跨地区的航段承运人的运价及其规则适用于整个运价区间。上述承运人被称为支配性承运人（Predominent Carrier）。

● 对于东、西半球间的跨大西洋或跨太平洋的运价区间，跨大洋航段承运人的运价和运价规则适用于整个运价区间。

例 3：旅客航程为：JED（吉达）—SV—WAS（华盛顿）—TW—NYC（纽约）；横线中间为航空公司两字代码；全程使用 F 舱票价。

在本例中，跨大洋航段的承运人是 SV，因此，全程应使用 SV 的 F. OW. AT 运价：NUC 2510. 81；同时，该运价的适用规则（N0105）也适用于整个航程。

注意：上述运价表中不仅公布有承运人运价，也公布有行业运价（即在运价表中没有承运人两字代码的运价），当航程中的支配性承运人没有公布与其对应的承运人运价时，可以使用行业运价。

思考题：如果旅客航程为 BJS（北京）—CA—LON（伦敦）—BA—NYC（纽约）（横线中间为航空公司两字代码），判断该航程应使用哪一个承运人的运价？

● 对于整个在欧洲内的运价区间，选择下列承运人中运价较低者作为支配性承运人：

* 第一个国际航段的承运人；或

* 运输里程（TPM）最大的承运人。

表 2-11　国际旅客运价表示例 4

LONDON UK (LON)

FARE TYPE	LOCAL CURRENCY	NUC	CARR CODE	RULE	GI	MPM & ROUTING
To MILAN (MIL)					EH	714
Y	262	395.13		Z001	EH	
S	244	367.98	AZ		EH	
SLPX6M	**281**	**423.79**	**AZ**	**C744**	**EH**	**0200**
Y	179	269.95	BD	C701	EH	
LXSX2M	**199**	**300.12**	**BD**	**C067**	**EH**	
YOW	262	335.13	UK	C702	EH	
VPASS	99	149.30	UK	C712	EH	0200

例 4：旅客航程为：LON（伦敦）—UK—AMS（阿姆斯特丹）—KL—ZRH（苏黎世）—AZ—MIL（米兰）；使用 LON—MIL 的全程经济舱普通运价（Y 或 S）。各段运输里程（TPM）和全程运价如下：

TPM	航程	承运人
	LON	
217	AMS	UK
375	ZRH	KL
134	MIL	AZ

说明：

- 本例第一个国际航段的承运人是 UK，公布运价为：Y OW EH NUC335.13；
- 运输里程最大的承运人是 KL，公布运价为：Y OW EH NUC395.13（没有公布承运人运价，应使用行业运价）；
- 比较上述两个运价，应选择较低的 UK 运价，LON—MIL 的全程运价为 NUC335.13；同时，与其对应的运价规则 C702 适用于整个航程。

注意：根据上述规则选择承运人运价时，斯堪的纳维亚三国之间的航段被视为国际航段。

4）运价的适用规则

除上述因素外，选择运价时还需考虑该运价的适用规则，主要应关注有关中途分程、转机的限制，以及适用的承运人、指定航程、经由点、季节性运价、平日/周末运价、儿童和婴儿折扣等。

运价的适用规则包括以下几种形式：

①标准条件：包括标准条件 A、B、C 和标准条件 SC。其中，

- 标准条件 A 适用于除团体运价和综合旅游运价外的所有承运人运价；
- 标准条件 B 适用于除综合旅游运价外的所有承运人的团体运价；
- 标准条件 C 适用于承运人的综合旅游运价。
- 标准条件 SC 适用于行业性运价（注释号起始字母为 T，Y，ZA，ZE，ZI，ZG，ZP，ZX 和 X）、欧洲内的承运人运价（注释号起始字母为 C）、环球程运价（注释号起始字母为 R）等。

注意：标准条件 SC 分为适用于普通运价的 SC101 和适用于特殊运价的 SC100 两种形式，并且每个表中的左右两部分（Part 1 和 Part 2）应结合使用，其中 Part 2 是对 Part 1 的进一步解释。

以表 2-12 和表 2-13 分别给出标准条件 A 和标准条件 SC101 的中文解释。

表 2-12　国际旅客运价标准条件 A（Standard Condition A）

1. **适用性** 与该运价表明的舱位等级相对应的单程、来回程、环程和缺口程 2. **适用的期间** 运价全年适用 3. **最少团体人数** 不适用 4. **运价** A. 普通运价 1. 跨大西洋/跨太平洋季节性和平日/周末运价：每一个跨大西洋/跨太平洋航段的出发日期决定适用的运价 2. 其他季节性和平日/周末运价	a. OW：从始发点出发的日期决定适用的运价 b. RT：从始发点出发的日期决定去程适用的运价；从折返点（运价构成点）出发的日期决定回程适用的运价 3. 全年运价：应使用从始发点出发之日有效的运价 B. 特殊运价 1. 跨大西洋/跨太平洋的特殊运价：去程跨大西洋/跨太平洋航段的出发日期决定整个航程适用的运价

续表

2. 跨大西洋/跨太平洋的平日/周末运价：每一个跨大西洋/跨太平洋航段的出发日期决定适用的运价
3. 其他季节性运价：第一个国际航段的出发日期决定整个航程适用的运价
4. 西半球内的平日/周末运价：每一个运价区间第一个国际航段出发日期决定适用的运价
5. 其他平日/周末运价：从始发点出发的日期决定去程适用的运价；从折返点（运价构成点）出发的日期决定回程适用的运价
6. 非季节性运价：应使用从始发点出发之日有效的运价

C.（仅当在特定的运价规则中另有说明时适用）：当运价被表述为某一普通运价的百分比，并且有多于一个水平的普通运价存在时，该百分比将适用于最高水平的普通运价

5. **儿童和婴儿运价**

A. 对于跨太平洋和西半球内的航程：一般规则 6.2 适用

B. 加拿大/墨西哥/美国和欧洲之间
1. 儿童：75%
2. 婴儿：10%

C. 所有其他航程：
1. 儿童：67%
2. 婴儿：10%

6. **最短停留期限**

不要求

7. **最短停留期限的豁免**

仅当发生一般规则 15.6 定义的死亡情况时被许可

8. **最长停留期限**

一年

9. **客票有效期的延长**

A. 西半球内的航程：在一般规则 15.5.1 和 15.5.2 规定的条件下，可以延长

B. 所有其他航程
1. 普通运价：在一般规则 15.5.1 和 15.5.2 规定的条件下，可以延长
2. 特殊运价：以健康原因，不允许。其他情况，一般规则 15.5.1 和 15.5.2 适用

C.（仅当在特定运价规则中另有说明时适用）：当在客票截止日期，客票返回部分第一个续程航段没有未使用乘机联的“承运人”栏中列明的承运人营运的定期航班时，客票有效期可以被扩展到不迟于该承运人下一个定期航班。上述便利不得以任何方式进行广告、促销和公布。此规定适用于在相同两点间营运的任何其他承运人

10. **许可的中途分程**

A. 普通运价：不限制

B. 特殊运价：不允许

11. **航线**

除承运人在条目 1 中另有说明外，没有限制

12. **允许的运价组合**

没有限制

13. **广告和销售**

没有限制

14. **订座**

没有特殊要求

15. **付款**

没有特殊要求

16. **出票**

没有特殊要求

17. **客票填开**

运价类别代码：参见该运价专页

18. **自愿改变航程**

A. 普通运价：允许

B. 特殊运价：不允许

19. **非自愿改变航程**

允许

20. **取消和退款**

没有限制

21. **资格**

没有限制

22. **身份证明**

没有要求

23. **旅客费用**

A. 普通运价：一般规则 8.4 适用

B. 特殊运价：不允许

24. **导游折扣**

A. 普通运价：
1. 在西半球内：允许（（服从一般规则 6.6）
2. 所有其他航程（所有其他旅行）：允许（服从一般规则 6.6）

B. 特殊运价：不允许

25. **代理折扣**

A. 普通运价：允许

B. 特殊运价：不允许

表 2-13　国际旅客运价标准条件 B

第一部分—标准条件	第二部分—除非特定运价条件另有支配性说明，下列限定条件和一般规则适用
0)适用性 A) 1)适用性 参见运价规则 2)运价 表明在该运价专页 3)旅客费用 允许	B) 1)旅行种类 一般规则 2.7 2)旅客费用 一般规则 8.4
1)资格 A)没有要求	
2)日期/时间 A)没有限制	B)平日/周末运价适用性 每一个运价区间的第一个国际航段的出发日期决定适用的运价
3)季节性 A)没有限制	B)季节性运价适用性 每一个运价区间的第一个国际航段的出发日期决定适用的运价
4)航班适用性 A)没有限制	B)一般规则 2.4
5)订座和出票 A)没有限制	
6)最短停留期限 A)没有要求	
7)最长停留期限 A)没有要求	
8)中途分程 A)无限许可	B)一般规则 2.1.9
9)转机 A)无限许可	B) 1)一般规则 2.1.10 2)如果存在对中途分程和转机次数的限制：每一次中途分程应计为一次允许的转机
10)构成和组合 A) 1)构成 可以和适用的附加值构成非指定联程运价 2)组合 允许	B) 1)构成 一般规则 2.5.6.1
11)锁定日期 A)没有限制	
12)附加收费 A)没有要求	
13)陪伴旅行 A)没有要求	
14)旅行限制 A)没有限制	

续表

15)销售限制 A) 1)广告和销售 没有限制 2)有效期的延长 服从一般规则的条件	B) 1)广告和销售 a)销售包括发售客票、旅费证(MCOs)、多用途票证(MPDs)和预付票款通知(PTAs) b)广告:有关广告的任何限制不妨碍在公司运价表、系统时刻表和航空指南中公布该运价 2)有效期的延长 一般规则 15.5.1 和 15.5.2
16)罚金 A)没有限制	B) 1)取消、误机、升舱 一般规则 9.3 2)改变订座和改变航程 a)自愿:一般规则 2.14.1,以及在患病的情况下改变订座和改变航程的条款适用 b)非自愿:一般规则 2.14.2
17)中间较高点和里程例外 A)特定的例外情况将在该运价规则中说明	B)一般规则 2.9 和 2.4.2
18)客票签转 A)没有限制	
19)儿童和婴儿折扣 A) 1)儿童 收取适用的成人运价的 67% 2)婴儿 收取适用的成人运价的 10%	B)一般规则 6.6
20)导游折扣 A)允许	B)一般规则 6.4
21)代理折扣 A)允许	
22)其他折扣和第二水平运价的适用性 A) 1)运价 特定要求将在该运价规则中说明 2)资格 特定要求将在该运价规则中说明 3)身份证明 特定要求将在该运价规则中说明 4)陪伴旅行 特定要求将在该运价规则中说明	
26)团体 A)没有要求	
27)旅游 A)没有要求	
28)保证金 A)没有要求	

②特定运价的适用条件。多数运价有其特定的适用条件，在此情况下，对应于该运价的规则栏（RULE）中将标明一个注释号，其特定的适用条件可在对应的运价规则手册中查找。

表 2-14　国际旅客运价使用条件示例

```
Y086   RESTRICTED ECONOMY CLASS FARES                    ⇒SC101
       FROM JAPAN TO EUROPE VIA EH, FE, RU, TS
0)   APPLICATION
     A) 1) Application
           restricted economy class normal fares
           from Japan to Europe via EH, FE, RU, TS
8)   STOPOVERS
     A) not permitted
9)   TRANSFERS
     A  1) one way fare: 2 permitted per pricing unit
        2) round trip fare: 2 permitted in each direction
```

例如，在表 2-9 中，有两种 TYO—AMS 的 EH 和 TS 航线的经济舱单程普通运价：Y 和 Y2，其中 Y2 伴随有适用规则代号 Y086。按照适用规则 Y086（参照表 2-14），该运价是有限制的普通经济舱运价；使用该运价时，航程中不允许中途分程，单程每个计价单元仅可以有两次转机（中转），来回程每个方向仅可以有两次转机（中转）。

下列情况可以使用 TYO—AMS 的 Y2 运价：

- TYO—AMS（直达航程）；
- TYO—X/SHA（中转）—AMS；下列情况不可以使用 Y2 运价：

TYO—SHA（中途分程）—AMS（该运价不允许中途分程）。

当使用普通运价时，特定的运价规则应配合标准条件使用。例如，在表 2-14 右上角标有 SC101，它表示如果在特定的运价规则中没有给出相关的条目（例如 2 ~ 7 条和 10 ~ 29 条等），则标准条件 SC101（参照表 2-13）中的对应条目适用。

例 5. 旅客航程为：NYC（纽约）—AA—CCS（加拉加斯）—AR—SCL（圣地亚哥）；全程使用 J 舱票价。各段出发日期如下：

NYC—CCS　12NOV（MON），

CCS—SCL　17NOV（SAT）；选择适用的运价。

说明：

- 本例可使用承运人代码为 AA（来自美国的第一个国际航段的承运人）的 NYC—SCL 的全程运价。
- 查运价手册，NYC—SCL 有两种 J 舱票价：JX 和 JW，并列有适用规则代号 W0100。
- W0100 规定：对于美国和智利之间的航程，星期日至星期三使用平日运价（Midweek—X），星期四至星期六使用周末运价（Weekend—W）。此外，W0100 应与标准条件 A 配合使用。
- 参见表 2-12，在标准条件 A 中规定，对于使用普通运价的航程，如果公布有平日/周末运价，则

a）对于跨大洋的航程，每一个跨大西洋/跨太平洋航段的出发日期决定适用的平

日/周末运价。

b） 对于其他单程航程，始发点的出发日期决定适用的平日/周末运价。

● 综上所述，由于上述航程的出发日期是星期一，所以，应选择承运人代码为 AA 的 JX 运价。

5）里程制运价的基本概念

①最大允许里程（MPM）和客票点里程（TPM）

● 最大允许里程（Maximum Permitted Mileage，缩写为 MPM），是指非直达航程使用直达运价时，给定的运价区间的起点和终点（运价构成点）间所允许经由的最大航行里程；该里程用英里数表示。

除非某一运价区间是点到点的直达航段，或者可以使用指定航程运价的情况外，对于其他所有非直达的运价区间均应考虑最大允许里程的限制。

● 客票点里程（Ticketed Point Mileage，缩写为 TPM），是指在客票的航程栏中填列的所有连续的两个客票点（始发点、终点、中途分程点、非中途分程点）间的实际航行里程；该里程用英里数表示。

客票点里程可以在 PAT 的一般规则手册（General Rules）的"客票点里程表"中查找。该表列出所有有直达航班连接的城市对间的实际航行里程。

客票点里程表按城市英文名称的字母顺序排列。其中，起点城市（首标城市）用黑体字印刷，后接国家两字代码；终点城市（副标城市）用普通字体印刷，后接国家两字代码、客票点里程和航行方向代码。

由于两点间往返方向的客票点里程相同，为方便起见，可选择两点中任一点作为起点城市。

注意：在同一城市对间有时也会公布有不同航行方向的客票点里程，应根据实际情况选用。例如，BJS—MOW（或 MOW—BJS）的 FE 航线的 TPM 为 3600 英里。

②不超里程的航程

当非直达航程使用直达运价时，通常应将航程内各段实际航行里程（TPM）相加，并将所得结果与该航程的起点和终点（FCP）间的最大允许里程（MPM）比较。如果各段实际里程之和小于对应的最大允许里程，则称该航程为不超里程的航程。

按照 IATA 运价计算规则，当航程不超里程，并且没有中间较高点时，可以使用从该航程的起点到终点（或运价构成点间）的直达运价。

例：旅客航程为：MOW（莫斯科）—CA—X/BJS（北京）—CA—MNL（马尼拉）；全程使用 C 舱运价；在 MOW 付款、出票。

运价计算过程说明如下：

● 本例运输始发国为俄罗斯。

● 计算从始发点到终点的全程运价，运价构成点为 MOW—MNL，航行方向代码为 FE。

● MOW—MNL 的 OW，C 舱，FE 航线的直达运价为 NUC 2110.00（参见表 2-15）。

表 2-15　国际旅客运价表示例 5

MOSCOW(MOW)					
FARE TYPE	LOCAL CURRENCY	NUC	CARR CODE	RULE	GI MPM & ROUTING
To MANILA (MNL)					EH 9087 FE 6166 TS 7851 AP 14250
Y	2802	2802.00		Y146	EH
Y	5100	5100.00		Y146	EH
Y	1835	1835.00		Y146	FE
Y	3595	3595.00		Y146	FE
Y	2729	2729.00		Y146	TS
Y	5459	5459.00		Y146	TS
Y	4317	4317.00		Y146	AP
C	3222	3222.00		Y146	EH
C	5864	5864.00		Y146	EH
C	2110	2110.00		Y146	FE
C	4135	4135.00		Y146	FE
C	3206	3206.00		Y146	TS
C	6413	6413.00		Y146	TS
C	4965	4965.00		Y146	AP
F	5316	5316.00		Y146	EH
F	9675	9675.00		Y146	EH
F	2415	2415.00		Y146	FE
F	4735	4735.00		Y146	FE
F	4488	4488.00		Y146	TS
F	8975	8975.00		Y146	TS
F	7212	7212.00		Y146	AP
YPX3M	2028	2028.00		Y148	EH
YEE6M	2802	2802.00		Y151	EH
YEE6M	2149	2149.00		Y151	FE
YEE6M	3439	3439.00		Y154	TS

- 上述运价有适用规则代号 Y146；查运价规则手册，Y146 表明从斯堪的纳维亚始发的航程在某一期间需附加收费；该规定不适合本例情况。
- MOW—MNL 的 FE 航线的 MPM 为 6166 英里。
- MOW—BJS 的 FE 航线的 TPM 为 3600，BJS—MNL 的 EH 航线的 TPM 为 1797；因此，该运价构成点（MOW—MNL）间各段 TPM 之和为 5397 英里。
- 上述航程没有超里程优惠（EMA）。
- 将运价构成点间各段的 TPM 之和与相同运价构成点间的 MPM 比较；本例不超里程。不超里程的情况用 M 表示，即表明该航程使用里程制运价，不超里程。
- 上述航程中没有中间较高点（HIP）。
- 本例可使用始发点到终点的直达运价：NUC 2110.00。
- 本例不需要进行最低限额运价检查；因此，运价总额为 NUC 2110.00。
- 在 PAT 运价手册的货币兑换表中查找 NUC 与始发国当地货币的 IATA 兑换率（ROE）。本例始发国为俄罗斯，该国国际运输使用美元计价，ROE 为 1.00；始发国货币运价总额为 USD 2110.00。

以上运价计算过程可列表如下：

Ⅰ. TPM 计算如下：

	MOW	
3600	X/BJS	CA
1797	MNL	CA
5397		

TAT ENTRY（自动打印客票的运价计算栏）

```
NOW    CA    X/BJS    CA    MNL
M2110.00NUC1835 .00
END ROE1.00
```

手工填开客票的运价计算栏

FROM/TO	CARR.	FARE CALC.
MOW		
X/BJS	CA	M
MNL	CA	1835.00
	ROE	1.00
TOTAL FARE CALC.	MUC 2110.0	
FARE	USD 2110.00	

Ⅱ. 运价构成如下：

FCP MOWMNL
NUC C OW （FE）2110.00
RULE Y146
MPM FE 6166
TPM 5397
EMA NIL（表示 0 或没有）
EMS M
HIP NIL
RULE NIL
AF NUC 2110.00
CHECK NA（NOT APPLICABLE，表示不需要或不适用）
TOTAL NUC 2110.00
IROE x 1.00 （N 1）2
LCF USD 2110.00

③超里程航程

当非直达航程的运价构成点间的各段实际里程之和超过对应的最大允许里程时，则称该航程为超里程航程。

按照 IATA 运价计算规则，当航程超里程时，应在直达运价的基础上按一定的百分比加收超里程附加费。超里程附加收费的百分比按下列步骤计算：

计算超里程百分比，其定义式如下：

$$\frac{TPM - MPM}{MPM} \times 100\% \qquad 公式（1）$$

为方便计算，上式也可简化为下列形式：

$$TPM/MPM \qquad 公式（2）$$

公式（1）的计算结果保留到小数点后三位，公式（2）的计算结果保留到小数点后五位，其后部分舍去。

例如，当 MPM 为 4638，TPM 为 5362 时，

- 由公式（1）可得：

$$\frac{5362 - 4638}{4648} \times 100\% = 0.15610 \times 100\% = 15.610\%$$

- 由公式（2）可得：

$$5362/4638 = 1.15610$$

确定超里程附加收费的百分比，按表 2-16 的规定计收。

表 2-16　超里程附加收费计收规定

TPM/MPM 大于	TPM/MPM 小于或等于	超里程附加收费(EMS)
1.00000	1.05000	5%（5M）
1.05000	1.10000	10%（10M）
1.10000	1.15000	15%（15M）
1.15000	1.20000	20%（20M）
1.20000	1.25000	25%（25M）
1.25000	—	使用最低组合运价

注意：表中 5M、10M、……，表示超里程附加收费的百分比为 5%、10%、……。当超里程大于 25%（TPM/MPM > 1.25000）时，不能按超里程附加收费的方法计算运价，只能使用组合运价。

例：旅客航程为：BJS（北京）—CA—BKK（曼谷）—TG—CAI（开罗）；全程使用 Y 舱运价；在 BJS 付款，出票。计算全程运价。

说明（两点间运价及 MPM 参见下表）：

- 本例运价构成点为 BJSCAI；运输始发国为中国。
- 超里程附加 20%（20M）。
- 本例没有较高点，可使用 BJS—CAI 的直达运价。
- 在直达运价的基础上附加 20%（×1.20）；NUC 计算到小数点后两位，两位后舍去。
- 本例始发国为中国，ROE 为 8.2774；始发国货币运价总额为 CNY 13620。其中（H10）0 表示余额进位，尾数保留到十位，小数单位（Decimal Units）为 0。
- 注意：由于本例是超里程航程，也可使用最低组合运价计算。

运价计算过程列表如下：

Ⅰ. TPM 计算如下：

BJS
2053 BKK　CA
4500 CAI　TG
6553

运价表		
	Y OW EH NUC	MPM
BJS-CAI	1371.15	EH 5619

Ⅱ. 运价构成如下：

FCP	BJSCAI
NUC	Y OW （EH） 1371. 15
RULE	NIL
MPM	EH 5619
TPM	6553
EMA	NIL
EMS	6553/5619 = 1. 16622 20 M
HIP	NIL
RULE	NIL
AF	1371. 15 × 1. 20 = NUC 1645. 38
CHECK	NA
TOTAL	NUC 1645. 38
IROE	× 8. 277400 （H 10） 0
LCF	CNY 13620

FROM/TO		
BJS	CARR.	FARE CALC.
BKK	CA	20 M
CAI	TG	1645. 38
————		
	ROE	8. 2774
TOTAL FARE CALC.	MUC 1645. 38	
FARE	CNY 13620	

TAT ENTRY：

BJS	CA	BKK	TG
CA120M1645. 38NUC1645 . 38			
END ROE8. 2774			

④超里程优惠（EMA）

为市场竞争或旅客分流的需要，在运价手册中规定，当非直达航程经由某一特定路线，或某一特定区域，或某些特定地点，或某个特定承运人的航班，可以在其 TPM 的总和中减去一个给定的英里数，这种情况称为超里程优惠（Excess Mileage Allowance，缩写为 EMA），或称为 TPM 附减（TPM Deduction）。

• 超里程优惠表

在 PAT 一般规则手册中列有“超里程优惠”表。该表按 IATA 区域分类，即按运价区间的起讫点所在区域查找。例如，旅客航程为 BJS（北京）—TYO（东京）—HNL（火奴鲁鲁）—MIA（迈阿密），应查阅该表一区和三区间经太平洋（Between Area 1 and Area 3 via Pacific）部分。

该表包括以下各栏（参见表 2-17）：

（1）~（2）起讫点（或区域）（Between/And）：即运价区间的起点和终点（运价构成点），或其所在区域；该表仅公布一个方向的情况，但对相反方向也适用。

（3）经由点（Via）：即运价区间必须经过的地点/区域/路线，有时还包括指定的承运人两字代码；当公布有多个指定经由点时，对其顺序一般没有限制。

（4）里程附减(Mileage Deduction)：即可以在该区间的 TPM 总和中减去的英里数。

表 2-17　超里程优惠表

(1)　(2)　(3)　(4)

2.4.3.5. Area 23 EMA

Between	And	Via	TPM Deduction
Europe	Australia	Harare-Johannesburg	518
Europe	South Asian Subcontinent	via both Mumbai and Delhi	700
Europe	Mumbai	Delhi	700
Europe	Delhi	Mumbai	700
Middle East	Australia	Harare-Johannesburg	588
Middle East	TC3 (except South West Pacific)	via both Mumbai and Delhi, or via both Islamabad and Karachi	700
Middle East	Mumbai	Delhi	700
Middle East	Delhi	Mumbai	700
Middle East	Karachi	Islamabad	700
Middle East	Islamabad	Karachi	700

- 有关超里程优惠表的几点说明：

* 表 2-17 中的第（1）和第（2）栏表明该运价区间的起点和终点，第③栏表明在该航程中必须出现的指定经由点（或区域和/或承运人）。该表也可以反向使用。

* 当航程的运价构成点满足里程优惠表中对起讫点的要求，并且满足指定经由点的要求时，可以从该航程的 TPM 总和中减去上表第④栏中给定的英里数。

* 超里程优惠表中给定的区域均以 IATA 运价区域的定义为准。

* 当两个或两个以上的城市（或区域）被一条斜线分开时，可以经由其中的一个城市（或区域），即斜线表示“or”。

* 当两个城市被一条短横线分开时，表明该航程可以经由上述两个城市，或其中一个城市，即横线表示“and/or”。

* 当两个城市用“both/and”连接时，表明航程必须同时经由上述两个城市。航程中可以增加其他的点，但不能省略任何指定经由点。

* 在同一航程（或运价区间）中，仅有一次里程附减被允许。

* 对于跨大洋或西半球内（一、二区间/一、三区间/一区内）的航程，有大量承运人的特殊情况，因此，在使用 EMA 时，不仅要考虑航程的起讫地点和经由路线，还要考虑对指定承运人的要求。

* 有时超里程优惠表中规定，在指定经由点不允许中途分程（no stopover），如果航程不能满足上述条件，则不能给予里程优惠。

* 查表时，还应注意脚注中对使用里程优惠的限制。

EMA 应用举例

例 1：判断下列航程是否有里程优惠（参见表 2-17）：

- 旅客航程为 NBO（内罗毕）—KHI（卡拉奇）—ISB（伊斯兰堡）—BJS（北京），运价构成点为 NBOBJS；

说明：因为 NBO 属于非洲次区，不符合里程优惠起讫点的条件，所以该航程没有里程优惠。

- 旅客航程为 DXB（迪拜）—ISB（伊斯兰堡）—KHI（卡拉奇）—BKK（曼谷）—SYD（悉尼），运价构成点为 DXBSYD；

说明：因为 SYD 属于西南太平洋次区，不符合里程优惠对指定经由点的条件（西南太平洋除外），所以该航程没有里程优惠。

- 旅客航程为 BJS（北京）—ISB（伊斯兰堡）—KHI（卡拉奇）—CAI（开罗），运价构成点为 BJSCAI；

说明：因为 CAI 属于中东次区，本例符合里程优惠的条件，所以该航程有 700 英里里程优惠。

注意：超里程优惠表可以反向使用，并且，一般无须考虑经由点的顺序。

- 旅客航程为 BJS（北京）—KHI（卡拉奇）—CAI（开罗），运价构成点为 BJS-CAI；

说明：虽然运价构成点符合里程优惠的条件，但“both/and”表明航程必须同时经由给定的两个点，本例不符合指定经由点的要求（未经 ISB），所以该航程没有里程优惠。

- 旅客航程为 SYD（悉尼）—JNB（约翰内斯堡）—NBO（内罗毕）—ALG（阿尔及尔），运价构成点为 SYDALG；

说明：因为 ALG 属于 IATA 欧洲次区，“-”表示“and/or”，表明航程可以经由给定的两个点，或其中的一个点，本例符合里程优惠的条件，所以该航程有 518 英里里程优惠。

例 2：旅客航程为：BJS（北京）—CA—BKK（曼谷）—TG—BOM（孟买）—AI—DEL（德里）—SV—JED（吉达）；

全程使用 C 舱运价；在 BJS 付款、出票。参见表 2-17，计算全程运价。

说明：

- 本例运价构成点为 BJSJED，运输始发国为中国。
- 航程即经德里，又经孟买，有 700 英里里程优惠（参见表 2-17）。
- 在 TPM 总和中减去 700 英里后仍超里程，超里程附加收费 15%（15M）。
- 本例没有较高点，可使用 BJS—JED 的直达运价。
- 在直达运价的基础上附加 15%（x 1.15）；NUC 计算到小数点后两位，两位后舍去。
- 在客票中，里程优惠用字母“E”表示，在一个斜线后接指定经由点的城市代码；具体填开方式可参见以下示例（注意手工填开格式和机器打印格式的区别）。

运价计算过程列表如下：

运价表		
	C OW EH NUC	MPM
BJS-JED	1850.93	EH 5580

I. TPM 计算如下：

	BJS	
2054	BKK	CA
1871	BOM	TG

708 DEL AI
2414 JED SV
7046

Ⅱ. 运价构成如下：

FCP	BJSJED
NUC	C OW （EH）1850. 93
RULE	Y146
MPM	EH 5580
TPM	7046
EMA	− 700 = 6346 E/BOMDEL
EMS	6346/5580 = 1. 13727 15 M
HIP	NIL
RULE	NIL
AF	1850. 93 x 1. 15 = NUC 2128. 56
CHECK	NA
TOTAL	NUC 2128. 56
IROE	× 8. 277400 （H 10）0
LCF	CNY 17620

FROM/TO		
BJS	CARR.	FARE CALC.
BKK	CA	
BOM	TG	
DEL	AI	15 M
JED	SV	2128. 56
	ROE	8. 2774
TOTAL FARE CALC.	MUC 2128. 56	
FARE	CNY 17620	

TAT ENTRE：

BJS CA BKK TG E/BP，AO E/DEL SV
JED
15M2128. 56NUC2128 . 56END
ROE82774

EMS	M
HIP	NIL
RULE	NIL
AF	NUC 653. 73
CHECK	NA
TOTAL	NUC 653. 73
IROE	× 7. 862541 （H 5）0
LCF	NOK 5140

TAT ENTRY：

BGO BU X/OSL SK AMS E/XXX
M653. 73
NUC653. 73END ROE7. 863541

注意：如果在 EMA 的指定经由点不允许中途分程，航程必须满足上述条件才可以给予里程优惠。

例如：BCN—X/BSL（中转）—GVA ，可以有 15 英里的里程优惠；而 BCN—BSL（中途分程）—GVA ，没有里程优惠。

⑤普通运价的中间较高点检查（HIP）

在前面所举的例子中，均使用起点到终点的直达运价作为非直达航程运价计算的基础。但在实际情况中，有时从始发点到某一中间点，或某一中间点到终点，或两个中间点间的运价高于从始发点到终点（运价构成点）间的运价，上述有较高运价的两个点称为中间较高点（Higher Intermediate Point，缩写为 HIP），这个较高的运价称为中间较高点运价（Higher Intermediate Fare，缩写为 HIF）。

例如，旅客航程为 BKK（曼谷）—BJS（北京）—ROM（罗马），从运价表中可以查到 BKK—ROM 的单程、Y 舱、EH 航线的直达公布运价为 NUC1045.28，而 BJS—ROM 的单程、Y 舱、EH 航线的直达公布运价为 NUC 1709.47。如果都使用始发点到终点的直达运价，则 BKK—BJS—ROM 的运价低于 BJS—ROM 的运价，显然不合理。因此，计算非直达航程全程运价时不仅需要考虑里程，也要考虑所谓中间较高点。上述运价计算过程称为中间较高点检查（HIP）。

普通运价的中间较高点检查的一般规则（2005 年 1 月 15 日生效）

一般情况下，如果下列两点间的运价，即

* 从航程的始发点到航程中任一中途分程点的直达运价；和/或
* 从航程中任一中途分程点到航程的终点的直达运价；和/或
* 航程中任意两个中途分程点间的直达运价。

高于从航程的始发点到航程的终点的同等级直达运价，则该航程应使用上述最高的中间较高点运价。

例 1：运价计算过程列表如下：

TPM 计算如下：

	KHI	
3024	BJS	PK
1313	TYO	CA
5493	AKL	JL
9830		

运价表：

	C OW EH NUC	MPM
KHI-AKL	1567.11	EH 9849
KHI-BJS	785.10	
KHI-TYO	1107.92	
KHI-TYO	792.51	
KHI-AKL	1807.33 √ (HIP)	
KHI-AKL	2988.92 √ (HIP)	

运价构成如下：

FCP　KHIAKL
NUC　C OW （EH）1567.11
RULE　Y277
MPM　EH　9849
TPM　9830
EMA　NIL
EMS　M
HIP　TYOAKL C OW （EH）NUC 2988.92
RULE　Y277
AF　NUC 2988.92

FROM/TO		
KHI	CARR.	FARE CALC.
BJS	PK	M
TYO	CA	TYOAKL
AKL	JL	2988.92
	ROE	51.700089
TOTAL FARE CALC.	MUC 2988.92	
FARE	PKR 154530	

CHECK BHC NIL
TOTAL NUC 2988. 92
IROE ×51. 700089 （H 10）0
LCF PKR 154530

TAT ENTRY：

KHI PK BJS CA TYO JL AKL M TYOAKL2988. 92 NUC2988. 92END ROE51. 700089

例 2：旅客仅在 BJS 中途分程，在 TYO 中转
说明（参见上面的运价表）：

• 本例其他情况与上例相同，但由于在 TYO 不作中途分程，HIP 检查仅对 BJS 进行。本例应对下列运价进行检查：

（a）始发点到任一中途分程点：KHI—BJS；
（b）任一中途分程点到终点：BJS—AKL；
（c）任意两个中途分程点间：无。

本例有一个中间较高点：BJS—AKL；应使用 BJS-AKL 的直达运价。

• 在客票中，应在 TYO 前面标明“X/”，表示在该点不允许中途分程。

运价计算过程列表如下：

Ⅰ. TPM 计算同上（略）；

Ⅱ. 运价构成如下：

FCP KHIAKL
NUC C OW （EH）1567. 11
RULE Y277
MPM EH 9849
TPM 9830
EMA NIL
EMS M
HIP BJSAKL C OW （EH）NUC 1807. 33

RULE Y277
AF NUC 1807. 33
CHECK BHC NIL
TOTAL NUC 1807. 33
IROE × 51. 700089 （H 10）0
LCF PKR 93440

FROM/TO	CARR.	FARE CALC.
KHI		
BJS	PK	M
X/TYO	CA	BJSAKL
AKL	JL	1807. 33
——		
	ROE	51. 700089
TOTAL FARE CALC.	MUC 1807. 33	
FARE	PKR 93440	

TAT ENTRY:

KHI PK BJS CA X/TYO JL AKL M BJSAKL1807. 33 NUC1807. 33END ROE51. 700089

由上例可知，当计算非直达航程运价时，是否在某些点中途分程可能对全程运价产生很大影响。

此外，虽然运价计算规则规定，应对所有中途分程点进行 HIP 检查，但为方便起见，有时可以忽略某些不可能出现 HIF 的点。中间较高点通常出现在航程中相距较远的航段，或起点在币值较高的国家的航段。

例如，上例中可以仅对 BJS—AKL 和 TYO—AKL 的运价进行检查，而忽略 KHI—BJS、KHI—TYO 和 BJS—TYO 的运价。

例 3：旅客航程：上海—东京—奥克兰；全程使用 Y 舱运价；在 SHA 付款、出票；旅客在 TYO 中途分程。根据附表所列运价，计算全程运价。

说明：

- 本例运输始发国为中国；运价构成点为 SHAAKL。
- 该航程不超里程。
- HIP 检查应对所有的中途分程点进行。TYO—AKL 有 Y2 运价，注释号为 Y365；该注释规定不允许中途分程。本例中 TYO—AKL 间没有中途分程点，符合使用 Y2 运价的条件。本例有中间较高点：TYO—AKL（Y2）。

运价计算过程列表如下：

TPM 计算如下：

	SHA	
1123	TYO	CA
5493	AKL	JL
6616		

FROM/TO	CARR.	FARE CALC.
SHA		
TYO	CA	M
///	//	TYOAKL
AKL	JL	1957. 23
——		
	ROE	8. 2774
TOTAL FARE CALC.	MUC 1057. 23	
FARE	CNY 16210	

运价构成如下：

FCP	SHAAKL
NUC	Y OW （EH）1603. 25
RULE	Y277
MPM	EH 7492
TPM	6616
EMA	NIL
EMS	M
HIP	Y2 OW （EH）NUC 1957. 23 TYOAKL
RULE	Y365
AF	NUC 1957. 23
CHECK	BHC NIL
TOTAL	NUC 1957. 23
IROE	× 8. 277400 （H 10）0
LCF	CNY 16210

TAT ENTRY：

```
SHA    CA    TYO    JL    AKL    MNL
TYOAKL1957. 23
NUC1957. 23END ROE8. 2774
```

⑥单程回拽最低限额检查

单程回拽（OW Backhaul），是指在非直达航程中，某一使用OW运价的运价区间的起点到该区间内的任一中途分程点的运价，高于该区间的起点到终点的运价的情况。

单程回拽检查的基本规则

如果某一运价区间存在单程回拽，则该区间应使用下列两种方法计算的运价中的较高者：

- 使用按照里程制运价规则计算的运价；或
- 使用回拽最低限额运价（Backhaul Minimum，缩写为BHM），或简称为回拽运价。回拽运价也称为单程最低限额运价（OW Minimum，缩写为OWM）。

上述运价计算过程包括以下步骤：

- 按照非直达航程运价计算步骤计算里程制运价；
- 如该运价区间存在HIP，应对始发点到所有中途分程点的运价进行单程回拽检查（BHC）；
- 如该运价区间存在回拽，应计算回拽运价；回拽运价是从运价区间的起点到任一中途分程点的最高的HIP运价，加上上述从运价区间的起点到任一中途分程点的最高的HIP运价与该区间的起点到终点的运价的差额构成的运价。

回拽运价的计算步骤可用公式表示如下：

	O — S/O HI	（始发点到中途分程点的最高的HIP运价）
-	O — D LO	（始发点到终点的直达运价）
=	BHD	（单程回拽的运价差额）
+	O — S/O HI	（始发点到中途分程点的最高的HIP运价）
=	BHM	（回拽最低限额运价）

- 将回拽运价（BHM）与里程运价（AF）比较：

  * 如果回拽运价高于里程运价，应将里程运价提高到回拽运价；用回拽运价减去里程运价，算出回拽附加值（Plus，缩写为P）。

  * 如果里程运价高于回拽运价，应使用里程运价。

总之，在任何使用单程运价的运价区间内，其运价不得低于回拽运价。

对于使用最低组合运价的单程航程，应对每一个运价区间按上述规定进行单程回拽检查。

回拽检查的适用范围

- 当使用OW运价的航程（或运价区间）存在HIP时，必须进行回拽检查，并且仅对始发点到中途分程点的运价进行检查。
- 使用1/2RT运价的航程（或运价区间）不需要进行回拽检查。
- 可以免除HIP检查的点或区域（参见PAT一般规则手册的有关章节），回拽检查也可免除。

● 对于下列情况，回拽检查不适用：

* 整个在一区内的航程；
* 整个在阿根廷/巴西/智利/乌拉圭/巴拉圭和二区间的航程；
* 整个在欧洲内的计价单元。

回拽检查应用举例

例 1：旅客航程为：BJS（北京）—CA—IST（伊斯坦布尔）—TK—CAI（开罗）；全程使用 C 舱运价；在 BJS 付款、出票。根据附表所列运价，计算该航程的全程运价。

说明：

● 本例运输始发国为中国；运价构成点为 BJSCAI。

● 本例 BJS—IST 是较高点，同时也是回拽。

● 计算回拽运价；回拽运价（BHM）高于里程运价（AF），回拽附加（P）为 NUC 308.09 。

运价计算过程列表如下（参见右侧运价表）：

Ⅰ. TPM 计算如下：

	BJS	
4396	IST	CA
767	CAI	TK
5163		

运价表：

	C	OW	NUC	MPM
BJS-CAI			1850.93	EH 5619
BJS-IST			2159.02	EH

Ⅱ. 运价构成如下：

FCP	BJSCAI
NUC	C OW （EH）1850.93
RULE	Y 205
MPM	EH 5619
TPM	5163
EMA	NIL
EMS	M
HIP	BJSIST C OW （EH）NUC 2159.02
RULE	Y 146
AF	NUC 2159.02

FROM/TO	CARR.	FARE CALC.
BJS		
IST	CA	M
///	//	BJSIST
CAI	TK	2159.02
		BJSIST
		BJSCAI
	P	308.09
	ROE	8.2769
TOTAL FARE CALC.	MUC 2467.11	
FARE	CNY 20420.00	

CHECK	BHC	BJS—IST HI	2159.02
		− BJS—CAI LO	1850.93
		= BHD	308.09
		+ BJSIST HI	2159.02

=	BHM	2467.11
-	AF	2159.02
	P	308.09

TAT ENTRY:

```
BJS CA IST TK CAIM BJSIST
2159.02P              BJSIST
BJSCA1308.09
NUC2467.11END
```

TOTAL　NUC 2467.11（BHM）
IROE　× 8.2769
LCF　CNY 20420.00（H 10）

例 2：旅客航程为：BJS（北京）—CA—KHI（卡拉奇）—TK—IST（伊斯坦布尔）—TK—CAI（开罗）；全程使用 C 舱运价；在 BJS 付款、出票。根据附表所列运价，计算该航程的全程运价。

说明：

- 本例运输始发国为中国；运价构成点为 BJSCAI。
- 本例 BJS—IST 是较高点，同时也是回拽。
- 本例超里程，应在 BJS—IST 的较高点运价上加收 15%（x 1.15）的超里程附加费。
- 计算回拽运价；回拽运价低于里程运价，应使用里程运价，没有回拽附加。

运价计算过程列表如下（参见右侧运价表）：

Ⅰ. TPM 计算如下：

	BJS	
3024	KHI	CA
2459	IST	TK
767	CAI	TK
6250		

运价表：

	C	OW	NUC	MPM
BJS-CAI		1850.93	EH	5619
BJS-IST		2159.02	EH	

Ⅱ. 运价构成如下：

FCP　BJSCAI
NUC　C OW （EH）1850.93

RULE　Y 205
MPM　EH 5619
TPM　6250
EMA　NIL
EMS　6250/5619 = 1.1122　15M
HIP　C OW （EH）NUC 2159.02 BJSIST

FROM/TO	CARR.	FARE CALC.
BJS		
KHI	CA	15 M
IST	TK	BJSIST
CAI	TK	2482.98
	ROE	8.2769
TOTAL FARE CALC.	MUC 2482.98	
FARE	CNY 20560	

```
RULE     Y 146
AF       2159.02 x 1.15 = NUC 2482.98
CHECK    BHC   BJS—IST HI     2159.02
             - BJS—CAI LO     1850.93
             = BHD            308.09
             + BJSIST HI      2159.02
             =        BHM  2467.11 < AF
                       (NO BHC PLUS)

TOTAL    NUC 2482.98 (AF)
IROE     × 8.2769 (H 10)
LCF      CNY 20560
```

TAT ENTRY：

```
BJS CA KHI PK IST TK CAI15M
BJSIST
2482.98NUC2482.98END
ROE8.2769
```

比较以上例题可知：回拽运价与里程无关。

例 3：旅客航程为：MNL（马尼拉）—MH—KUL（吉隆坡）—MH—ZRH（苏黎世）—BA—LON（伦敦）—AZ—MIL（米兰）；全程使用 Y 舱运价；在 MNL 付款、出票。根据附表所列运价，计算该航程的全程运价。

说明：

- 本例运输始发国为菲律宾；运价构成点为 MNLMIL。
- 本例 MNL—ZRH、MNL—LON、KUL—ZRH、KUL—LON 和 KUL—MIL 均为 HIP，里程运价应使用最高的 HIP 运价，即 KUL—LON 的运价。
- 本例超里程，应在 KUL—LON 的 HIP 运价上加收 10% 的超里程附加费。
- 本例中，MNL—ZRH 和 MNL—LON 是回拽；应使用最高的从始发点到中途分程点的运价计算回拽运价。
- 本例回拽运价高于里程运价，回拽附加（P）为 NUC 20.56。

运价计算过程列表如下（参见右侧运价表）：

Ⅰ. TPM 计算如下：

```
      MNL
1546  KUL  MH
6213  ZRH  MH
 483  LON  BA
 595  MIL  AZ
8837
```

运价表：

	Y OW (EH) NUC		MPM
MNL-MIL	1516.00		8338
MNL-ZRH	1615.00	(HIP & BHC)	
MNL-LON	1726.00	(HIP & BHC)	
KUL-ZRH	1641.84	(HIP)	
KUL-LON	1741.31	(HIP)	
KUL-MIL	1582.03	(HIP)	

Ⅱ. 运价构成如下：

FCP MNLMIL
NUC Y OW （EH） 1516.00
RULE Y 146
MPM EH 8338
TPM 8837
EMA NIL
EMS 8837/8338 = 1.0598 10M
HIP Y OW （EH） NUC 1741.31 KULLON
RULE Y 146
AF 1741.31 × 1.1 = NUC 1915.44

FROM/TO		
MNL	CARR.	FARE CALC.
KUL	MH	
ZRH	MH	10 M
LON	BA	KULLON
MIL	AZ	1915.44
————		MNLLON
		MNLMIL
	P	20.56
	ROE	1.00
TOTAL FARE CALC.	MUC 1936.00	
FARE	CNY 1936.00	

CHECK BHC MNL—LON HI 1726.00
－ MNL—MIL LO 1516.00
＝ BHD 210.00
＋ MNL—LON HI 1726.00
＝ BHM 1936.00
－ AF 1915.44
P 20.56

TOTAL NUC 1936.00 (BHM)
IROE × 1.00 (N 1)
LCF USD 1936.00

TAT ENTRY：

MNL MH KUL MH ZRH BA LON AZ
MIL 10M KULLON
1915.44P
MNLMIL20.56NUC1936.0END
ROE1.00

三、国际客票

1. 国际客票的基本知识

1）国际客票的种类

国际客票可分为以下几种类型：

①航空公司专用客票，是在客票上预先印有航空公司名称和数字代码的客票，可由航空公司售票部门及其指定代理出票。

②中性客票（Neutral Ticket），一般由航空公司销售代理出票。例如，在开账结算

计划（BSP）中使用的标准运输凭证（Standard Traffic Documents，缩写为 STDs）。在这一类客票上，没有预先印刷的航空公司名称和数字代码，而是由销售代理在出票时使用刷卡机将指定承运人标识牌上的航空公司名称和数字代码压印在客票上。该航空公司即为出票承运人（Issuing Carrier）。

③手工客票，是用手工填开的多票联可复写的客票。它也分为航空公司专用客票和中性客票。在国外，一些小型航空公司及其代理仍大量使用手工客票。

④自动打印客票，是通过传输计算机生成的数据，利用打票机自动打印的客票。自动打印客票又分为以下几种类型：

• 传输式自动打印客票（Transitional Automated Tickets，缩写为 TAT），是由航空公司售票部门或销售代理出票的计算机自动打印的多票联可复写客票。

• 场外传输式自动打印客票（Off Premise Transitional Automated Tickets，缩写为 OPTAT）：通常是由航空公司销售代理出票的计算机自动打印的多票联可复写客票。

• 自动打印客票/登机牌（Automated Ticket/Boarding Pass，缩写为 ATB），是某些航空公司采用的可自动打印的旅客机票和登机牌的合并票证。其左边是乘机联，右边是登机牌，背面设有可解读信息的磁条。

⑤电子客票（Electronic Ticket，缩写为 ETKT），也称虚拟客票。它与纸质客票不同，可以直接用电话或因特网购买，无须取票或送票。所有纸制客票包含的栏目或信息均以电子文档的形式存放在确认订座的航空公司数据库里。目前电子客票主要适用于乘坐出票航空公司航班的情况。

2）国际客票的构成

手工客票和自动打印客票一般由下列部分组成：

①会计联（Audit Coupon）。销售人员填开客票后，应将本联撕下，附在销售日报上，交由财务部门处理。

②出票人联（Agent Coupon）。销售人员在填开客票后，应将本联撕下，由销售部门存档备查。

③乘机联（Flight Coupon）。销售人员在填开客票后，应将本联交给旅客作为乘机凭证。手工客票有 1 到 4 张乘机联。TAT 和 OPTAT 通常有 4 张乘机联。ATB 是逐联打印的客票，每个票号下最多有 4 张乘机联。

④旅客联（Passenger Coupon）。销售人员在填开客票后，应将本联交给旅客作为付款收据。注意，乘机联不能单独使用，没有旅客联的客票将被视为无效客票，因此，在整个旅行期间，旅客应始终持有旅客联。

⑤根据华沙条约和政府的有关法规，客票中还应包含合同条件、国际旅客责任限额通告以及行李赔偿限额通告等内容。

另外，电子客票也并非完全是“无纸化”的。例如，多数航空公司需要为旅客发出纸质登机牌、付款凭证等票据，以及纸质印刷的政府法规、通告、合同条件、赔偿责任等内容。

3）客票的选用

①客票销售人员应根据旅客实际航程和订座情况按下列原则确定需要的乘机联张数：

- 每一个不同航班号的航段需要一张乘机联；
- 每一个不同承运人的航段需要一张乘机联；
- 每一个中途分程的航段需要一张乘机联；
- 每一个不同舱位等级的航段需要一张乘机联；
- 每一个有不同订座情况的航段需要一张乘机联。

为防止机场地面服务人员操作困难，必须认真考虑在航程中可能出现不同航班号的情况。上述要求也适用于有不定期（Open）航段的客票。

②当旅客全航程需要多于 4 张乘机联时，可使用连续客票。

连续客票（Conjunction Tickets），是由同一承运人的乘机联张数相同、票号连续的几本客票组成的一套客票。各本客票按行程顺序被装订在一起。

例如，当全航程需要 6 张乘机联时，可使用同一承运人的票号连续的两本四联客票组成连续客票，但不能使用一本二联客票和一本四联客票。

③如果客票中包含有超过需要的多余的乘机联，应在客票的航程栏（From/To）和订座部分（从 Flight/Class 到 Status）的空行中标注“VOID”（无效）字样，并将对应的无效乘机联撕下，和会计联一起，附在销售日报中上交财务部门。但对于自动打印客票/登机牌（ATB），没有无效的票联被打印。

④如果航程中包含地面运输航段，应在客票的订座部分（从 Flight/Class 到 Status）的空行中标注“VOID（无效）”字样，并将对应的无效乘机联撕下，和会计联一起，附在销售日报中上交财务部门。

2. 国际客票的式样（见图 2.14、图 2.15）

各类客票虽有不同的版式，但都具有基本相同的构成成分。以下是几种客票的样本：

1）手工填开客票

a）航空公司专用客票

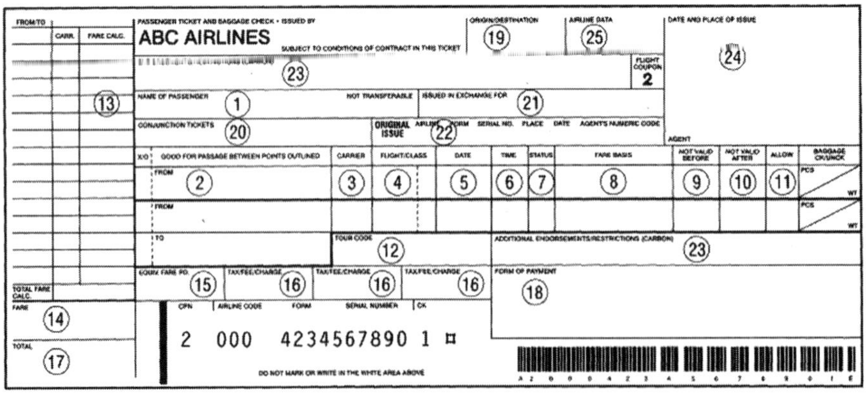

图 2.14 航空公司专用国际客票

b）BSP 客票

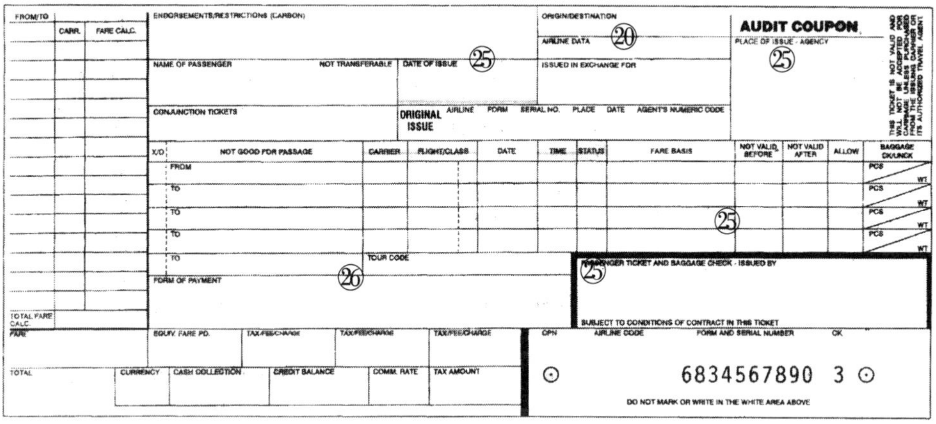

图 2.15 BSP 国际客票

上述手工客票主要包括以下各栏：

①旅客姓名（Name of Passenger）；

②航程（From/To）；

③承运人（Carrier）；

④航班号/等级（Flight/Class）；

⑤出发日期（Date）；

⑥出发时间（Time）；

⑦订座情况（Status）；

⑧运价类别（Fare Basis）；

⑨在 … 之前无效（Not Valid Before）；

⑩在 … 之后无效（Not Valid After）；

⑪免费行李限额（Allow）；

⑫旅游代号（Tour Code）；

⑬运价计算区（Fare Calculation Area），手工客票的运价计算区由四个栏目组成：

- 航程栏（From/To），
- 承运人栏（Carrier），
- 运价计算栏（Fare Calculation），
- 总运价栏（Total Fare Calculation）；

⑭运价（Fare）；

⑮实付等值货币运价（Equivalent Fare Paid）；

⑯税费（Tax/Fee/Charge）；

⑰总金额（Total）；

⑱付款方式（Form Of Payment）；
⑲始发地/目的地（Origin/Destination）；
⑳航空公司记录/订座记录编号（Airline Data/Booking Reference）；
㉑签注/限制（Endorsements/Restrictions）；
㉒换开凭证（Issued In Exchange For）；
㉓原出票栏（Original Issue）；
㉔连续客票（Conjunction Tickets）；
㉕出票日期、地点和出票人（Date And Place Of Issue-Agent）；
㉖付款区（Remittance Area），仅用于 BSP 客票。该区由 5 个栏目组成：

- 货币代码（Currency），
- 实收现金（Cash Collection），
- 信用卡结算（Credit Ballence），
- 手续费费率（Commission Rate），
- 税费（Tax Amount）。

2）自动打印客票

a）航空公司专用客票

b）BSP 客票

c）自动打印客票/登机牌

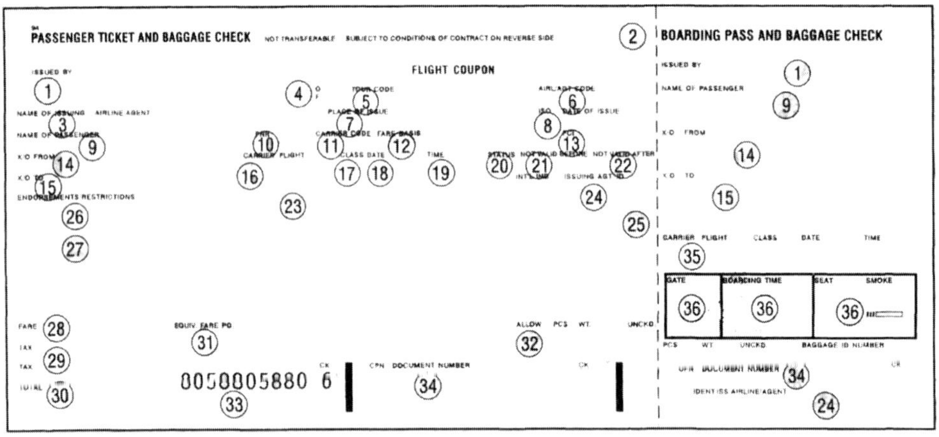

图 2.16　自动打印客票/登机牌

自动打印客票/登机牌（ATB 1）包含以下各栏：
①出票航空公司名称（Issue By）；
②国际销售代码（International Sales Indicator）；
③出票航空公司售票处/代理名称（Name Of Issuing Airline/Agent）；
④乘机联编号（Flight Coupon Number）；

⑤旅游代号（Tour Code）；
⑥航空公司/销售代理代号（Airline/Agent Code）；
⑦出票地点（Place Of Issue）；
⑧出票国家的 ISO 代码和出票日期（ISO Country Codeof Issue And Date Of Issue）；
⑨旅客姓名（Name Of Passenger）；
⑩旅客订座记录（PNR）编号（PNR Code）；
⑪控制 PNR 的航空公司代码（Carrier Code Controlling Pnr）；
⑫运价类别（Fare Basis）；
⑬运价计算方式代码（Fare Calculation Mode Indicator-Fci）；
⑭出发城市名称（“From” City Name）；
⑮到达城市名称（“To” City Name）；
⑯承运人和航班号（Carrier And Flight Number）；
⑰预订舱位等级（Reservation Booking Class）；
⑱旅行日期（Date Of Travel）；
⑲出发时间（Departure Time）；
⑳订座情况（Reservation Status）；
㉑在……之前无效（Not Valid Before）；
㉒在……之后无效（Not Valid After）；
㉓再确认栏（重复列出 16～20 栏的订座信息）；
㉔出票人识别代码（Issuing Agent Identification）；
㉕连续客票票号（Conjuction Ticket Number）；
㉖签注/限制（Endorsement/Restriction）；
㉗按顺序列出以下信息：
- 付款方式（Form Of Payment-Fp）；
- 换开客票票号（Exchange Ticket Number-Ex）；
- 原始客票票号（Original Ticket Number-Or）；
- 运价构成（Fare Construction-Fc）；

㉘运价（Fare）；
㉙税费（Taxes/Fees/Charges）；
㉚总金额（Total Amount）；
㉛实付等值货币运价（Equivalent Fare Paid）；
㉜免费行李限额（Free Baggage Allowance）；
㉝票证控制编号（Stock Ccontrol Number）；
㉞计算机生成票证编号（Computer Generated Document Number-Cpn）；
㉟登机牌航班信息（包括承运人、航班号、出发日期和时间）；
㊱登机信息（包括登机门号码、登机时间、座位号、吸烟区/非吸烟区）。
此外还有其他多种版式的 ATB 客票，限于篇幅，不再一一介绍。

3. 国际客票的填开

1）国际客票填开的书写要求

①填开客票时，应使用打票机、打印机或圆珠笔清晰地填写，票面需放平，使客票的每一联（包括最后的旅客联）中填入的内容均清晰可读。

②填入的文字内容一律使用英文大写字母。

③客票不得涂改，经过涂改的客票无效。

④日期按日月年的顺序填写。日期用两位数码表示，月份用三字英文缩语表示，年份用两位数码表示。例如，2003 年 3 月 8 日，应写为 08MAR03。

⑤时间按 24 小时制计时，并用四位数字表示。例如，上午 7 点零 5 分，应填写为 0705 ，下午 7 点零 5 分应填写为 1905 。

⑥在客票中填入的货币代码应使用 ISO 标准代码。例如，美元应使用 USD 表示，不能使用$表示；同样，人民币应使用 CNY 表示，不能使用¥或 RMB 表示。

2）有关手工客票填开的说明

下列客票样本是两联 BSP 手工客票的会计联，现按对应的顺序号简要说明客票各栏的填写方式及内容，参见图 2. 17。

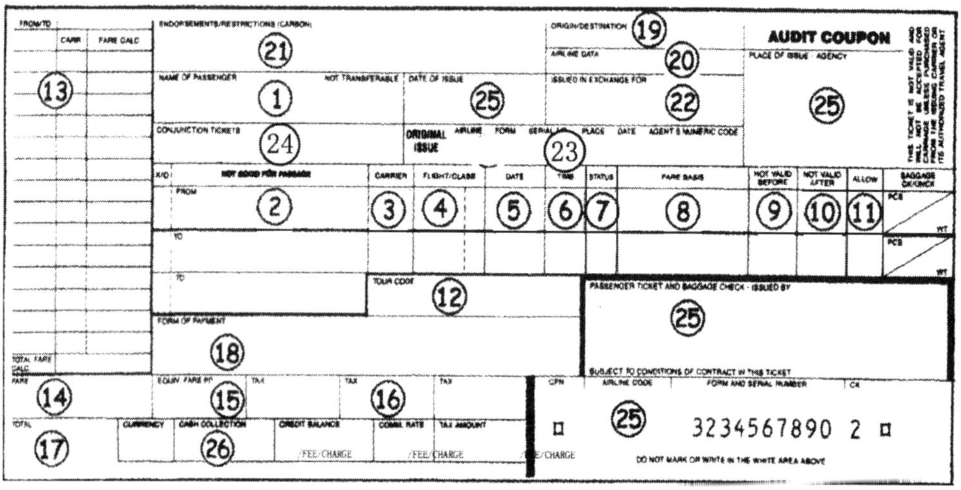

图 2. 17　BSP 手工填开客票会计联

①旅客姓名栏：先填姓氏，后填名字，中间用斜线隔开，姓或名之间不能有空格或横线。在姓名之后可加称谓。

以下是几种常见的旅客称谓：

- MR：用于成年男子；
- MRS：用于成年已婚女子；
- MS/MISS：用于成年女子；

- MIST：用于未成年女子；
- MSTR：用于未成年男子；
- DR：是指医生或博士，是一种职业称谓；
- REV：是指牧师等神职人员，是一种职业称谓。

对于某些类别的旅客，还可在称谓之后加特殊旅客代码。

表 2-18 列出常用的几种特殊旅客代码：

表 2-18 特殊旅客代码表

特殊旅客代码	英文含义	中文解释
DEPA	DEPORTEE(ACCOMPANIED BY AN ESCORT)	遣返旅客（有押送人员），是指已合法或非法进入某一国家，又被该国当局要求离境的旅客
DEPU	DEPORTEE (UNACCOMPANIED)	遣返旅客(无押送人员)
INAD	PASSENGER INADMISSIBLE	拒绝入境旅客，是指由于入境手续不完备（例如护照过期、没有办理签证等)被拒绝入境的旅客
UM	UNACCOMPANIED MINOR UNDER 12 YEARS AGE	12 岁以下的无成人陪伴儿童(UM 后接该儿童年龄)
SP	ASISTANCE REQUIRED DUE TO INCAPACITATION	由于无自理能力需要帮助的旅客
CBBG	CABIN BAGGAGE	舱内行李，是指放入客舱内、占用额外座位的行李(上述座位由旅客付费，并应分别出票)
COUR	COMMERCIAL COURIER	商务信使
CIPL	DIPLOMATIC COURIER	外交信使
EXST	EXTRA SEAT	额外座位，是指旅客为个人舒适占用的多于一个的座位(上述座位由旅客付费，其费用应计入旅客的客票中，用“Q”表示)；如需要多于一个的额外座位，在 EXST 前填入所需座位数
STCR	STRETCHER PASSENGER	担架旅客，是指需要用担架运输的旅客，通常需要占用额外座位，其费用应计入旅客的客票中

注意：

- 对于携带导盲犬的盲人旅客，应在旅客姓名后注明“SEEING EYE DOG”字样；
- 当运价规则要求时，对于使用青年运价的旅客，应在旅客姓名后注明该旅客的出生日期；
- 对于使用婴儿折扣票价的旅客，应在旅客姓名后注明“INF”或“INFANT”字样；
- 对于使用儿童折扣票价的旅客，应在旅客姓名后注明“CHD”或“CHILD”字样，后接该旅客年龄。

例 1：

NAME OF PASSENGER NOT TRANSFERABLE
YANG/JINDONG MR 2EXST

NAME OF PASSENGER NOT TRANSFERABLE
KERRY/JARRU MSTR CHD06

②航程栏：填写城市名英文全称。注意：

• 当客票中包含超过需要的多余的乘机联时，应在有关航程栏中填入“VOID”字样，并将无效乘机联撕下，和会计联一起，附在销售日报中，上交财务部门；

• 当航程中某一中间转机点不允许中途分程时，在“X/O”栏对应上述转机点的一格内加注“X”标记；

• 当一个城市有多个机场时，应在城市名称后标明机场名称或代码；

例 2：旅客航程为 SHA（上海）—CA—PAR（巴黎），该航程从上海浦东机场出发，到达巴黎戴高乐机场，客票航程栏填开如下：

X/O	NOT GOOD FOR PASSAGE
	FROM *SHANGHAI PU DONG*
	TO *PARIS CDEGAULE*

或

X/O	NOT GOOD FOR PASSAGE
	FROM *SHANGHAI PVG*
	TO *PARIS CDG*

• 当在某一城市转机时，如果到达机场和出发机场不同，可在城市名称后顺序填入到达机场和出发机场的名称或代码，中间用斜线隔开。也可将同一城市名称填入两行，其后分别填入到达机场和出发机场名称或代码。由于此段不使用乘机联，应在有关订座栏中填入“VOID”字样，并将无效乘机联撕下，和会计联一起，附在销售日报中，上交财务部门。

例 3：旅客航程为 YVR（温哥华）—AC—YMQ（蒙特利尔）—AC—LON（伦敦），其中，YVR—YMQ 到达蒙特利尔多尔瓦勒国际机场（YUL），YMQ—LON 从蒙特利尔米拉贝勒国际机场（YMX）出发，客票航程栏填开如下：

• 在一行填入到达机场和出发机场名称/代码：

X/O	NOT GOOD FOR PASSAGE
	FROM *VANCOUVER*
	TO *MONTREAL YUL/YMX*
	TO *LONDON LHR*

或

• 分两行在同一城市名称后分别填入到达机场和出发机场名称/代码：

X/O	NOT GOOD FOR PASSAGE	CARRIER	FLIGHT/CLASS		DATE	TIME	STATUS
	FROM VANCOUVER	AC	3574	Y	08 MAY	0755	OK
	TO MONTREAL DORVAL	————	VO	ID	————	————	————
	TO MONTREAL YMX	AC	1337	Y	10 MAY	1330	OK
	TO LONDON LHR	————	VO	ID	————	————	————
	TO VOID						

- 当航程中存在地面运输航段时，应在有关订座栏中填入“VOID”字样，并将无效乘机联撕下，和会计联一起，附在销售日报中，上交财务部门。

注意：在对应地面运输段的订座栏中不可填入“SURFACE”，否则，出票航空公司将有责任承担地面运输段费用；

- 当两个城市同名时，在城市名称后加注城市代码；
- 当需要使用连续客票时，应在后一本客票的本栏第一行重复填入上一本客票的本栏最后一行的城市名称；

例 4：旅客航程为 HKG（香港）—CX—FRA（法兰克福）—LH—X/MIA（迈阿密）—AA—MEX（墨西哥城）—JL—TYO（东京）—MU—SHA（上海）—CX—HKG（香港）；客票航程栏填开如下：

第一本客票：

X/O	NOT GOOD FOR PASSAGE
	FROM HONG KONG
	TO FRANKFURT
X	TO MIAMI
	TO MEXICO CITY
	TO TOKYO NRT

第二本客票：

X/O	NOT GOOD FOR PASSAGE
	FROM TOKYO NRT
	TO SHANGHAI PVG/SHA
	TO HONG KONG
	TO VOID
	TO VOID

说明：

a）本例有 6 个航段，可使用两本票号连续的 4 联客票组成连续客票，在第二本客票的第一行抄录第一本客票最后一行的内容；

b）客票中包含两张多余的乘机联，在航程栏对应的两行中填入“VOID”；

c）旅客在 MIA 中转（No Stopover），在“X/O”对应 MIA 的部分标注“X”字样；

d）旅客在上海转机时，到达机场是浦东机场，出发机场是虹桥机场。

③承运人栏：填入订座航班的承运人两字代码。如果订座航班是有两个承运人指定代码的联营航班，只需填入首先出现的承运人指定代码。

例 5：旅客航程为 SGN（胡志明市）—SIN（新加坡），乘坐 VN/SQ 741 航班，客票填开如下：

X/O	NOT GOOD FOR PASSAGE	CARRIER
	FROM *HO CHI MINGH CITY*	*VN*
	TO *SHINGAPORE*	

另外，如果在出票时没有申请订座，并且购票人没有指定承运人，则本栏可以空着不填。

④航班号/等级栏：填入已订妥座位或申请订座的航班号码，后接舱位等级代码。

注意：舱位等级代码可能与运价类别的首位代码不同，在填入舱位等级代码前，应确认与使用的运价类别相对应的舱位等级代码。在 PAT 一般规则手册第 17 章“各航空公司订座和出票代码指南”中列有部分航空公司运价类别代码和舱位等级代码的对照表；另外，在计算机订座系统（CRS）中可以查找正确的代码。

例如，表 2-19 是津巴布韦航空公司（UM）的运价类别代码（Fare Basis Code/Identifier—FBC/FBI）和舱位等级代码（Reservation Booking Designator—RBD）的对照表；该表列出不同运价类别所对应的舱位等级代码。

表 2-19　运价类别代码与舱位等级代码对照表

UM – Air Zimbabwe

A　Fare Basis/ Identifier
B　RBD for all UM sectors
C　Exceptions to Column B. RBD applies to specific UM sectors within a fare component.
D　RBD for interline carrier, required or as bilaterally agreed (if carrier not indicated see column E of transporting carrier table)
E　RBD for UM sector of other carrier fares and industry fares

A FARE BASIS	B RBD	Note	C RBD	NOTE	Interline CARRIER	D RBD	NOTE	E RBD	NOTE
All Routes									
J - - -	J							J	
Y/ Y2	Y							Y	
YEE	M							M	
YAP	B							B	1
YIT/ YG	G							G	2
ZZ/ YCD	S							S	3

Notes:

1. All Apex and Promotional Fares.
2. Inclusive Tours and Group Fares.
3. Youth/Senior Citizen's Fare and any other Promotional Fares.

⑤出发日期栏：填入航班预订出发日期。先填写日期，用两位数字表示；再填写月份，用三字缩语表示。例如，08SEP。

⑥出发时间栏：填入航班预订出发时间，用 24 小时制当地时间表示。例如：0750。

⑦订座情况栏：根据实际情况，按下列方式填入订座情况代码：

- OK——表示座位已订妥；
- RQ——表示已申请订座但未获证实，或已列入候补；
- SA——表示能否乘机视座位可利用情况而定。一般仅当适用运价规定不许预先订座时填写；

• NS——表示不能单独占座的婴儿。在④、⑤、⑥栏（订座记录），横贯填入“INF NO SEAT”，或填入陪伴成人的航班号、座位等级、出发日期和时间；

• 如果出票时没有订座，应在订座记录各栏（从航班号到订座情况）中横贯的填入“Open（未订座）”字样。

⑧运价类别栏：填入有关运价类型、旅客类型、季节、有效期等代码。运价类别由下列一项或几项代码顺序组成：

• 首位代码（必写）：表示运价等级，可以单独使用。例如，Y、C、F 等；

• 季节限定代码（可选项），用于季节性运价，可根据实际情况选用。例如，L（淡季）、H（旺季）等；

• 星期限定代码（可选项）：用于限定周末或非周末旅行的运价，可根据实际情况选用。例如，W（周末）、X（非周末）；

• 夜航班限定代码（可选项）：用于仅限夜间旅行的运价，可根据实际情况选用。例如，N（夜航）；

• 运价类型代码（可选项）：用于描述特殊运价的类别，其后可接最长有效期或最少团体人数，可根据实际情况选用。常用的运价类别代码有：

a）AB（Super Advanced Purchase Excursion Fare）——超级优惠预购短期旅游票价；

b）AP（Advanced Purchase Excursion Fare）——预购短期旅游票价；

c）BB（Budget Fare）——保本运价；

d）EE（Excursion Fare）——短期旅游票价；

e）GV（Group—Inclusive Tour Fare）——团体综合旅游票价；

f）IS（Late Booking Fare）——迟购票价；

g）IT（Inclusive Tour Fare）——综合旅游票价；

h）OX（Excursion OW—Fare）——单程短期旅游票价；

i）PX（Purchase Excursion Fare）——现购短期旅游票价；

j）SX（Super Purchase Excursion Fare）——超级优惠现购短期旅游票价。

例如，YLXEE45（45 天有效的短期旅游经济舱淡季非周末票价），YHGV10（最少团体人数为 10 人的综合旅游团体旺季票价）等。

• 旅客类型代码（可选项）：用于描述适用某种折扣运价的旅客类型，其后可接适用的折扣率，当折扣率为 100%（免票）时，填入 00，可根据实际情况选用。常用的旅客类型代码有：

a）AD（Agent）——代理；

b）CD（Senior Citizen）——老年人；

c）CG（Tour Guide）——导游；

d）CH（Child）——儿童；

e）DL（Labour）——劳工；

f）DT（Teacher）——教师；

g）ID（Air Industry Employee）——空运企业员工；

h）IN（Infant）——婴儿；

i）MM（Military）——军人；

j）SC（Ship's Crew Member）——海员；

k）SD（Student）——学生；

l）ZZ（Youth）——青年。

例如，YEE90/ZZ25（有 25% 的青年折扣的 90 天有效期的短期游览经济舱票价）。

• 航程类型代码（可选项）：用于表明航程的种类，可根据实际情况选用。例如，OW（单程）、CT（环程）等。

• 运价水平识别代码（可选项）：当同一等级有不同水平运价时填写。当运价类别代码中有最长有效期天数或最少团体人数要求时，在有效期天数后加 D 或在团体人数后加 L。例如，Y2，YLPX45D2，YHGV10L2 等。

例 6: 旅客航程为：MAD（马德里）—IB—LON（伦敦）—UM—HRE（哈拉雷）—YY—FRA（法兰克福）—YY—MAD（马德里）；回程未订座（OPEN）；全程使用 MAD—HRE 的 YEE4M 运价。

客票②～⑧栏填开如下：

X/O	NOT GOOD FOR PASSAGE	CARRIER	FLIGHT/CLASS		DATE	TIME	STATUS	FARE BASIS
	FROM MADRID	IB	3102	Y	28 MAY	0915	OK	YLEE6 M
	TO LONDON LHR/LGW	UM	727	M	30 MAY	1630	OK	YLEE6 M
	TO HARARE		0	P	E	N		YLEE6 M
X	TO FRANKFURT		0	P	E	N		YLEE6 M
	TO MADRID							

说明：

• IB3102 航班到达伦敦希思罗机场（LHR），UM727 航班从伦敦盖特威克机场出发，在城市名称后标明到达机场和出发机场三字代码，中间用斜线分开；

• 旅客在 FRA 中转，在城市名称前标注“X”字样，

• 回程 HRE—FRA 和 FRA—MAD 是不定期航段（未订座），也未指定承运人，在航班/等级栏到订座情况栏标明“OPEN”字样；

• 全程使用最长有效期六个月的经济舱淡季短期旅游运价（YLEE6M）；

• 由运价手册可知，对应 YEE 系列的行业性运价，西班牙航空公司（IB）承运的航段舱位等级代码使用“B”表示（在欧洲、非洲、中东航线）；

• 由表 2-19 可知，对应 YEE 系列的行业性运价，津巴布韦航空公司（UM）承运的航段舱位等级代码使用“M”表示。

⑨在……之前无效：当特殊运价的适用条件中有关于最短停留期限的限制时，应在本栏填入回程可以返回的最早日期。

⑩在……之后无效：当特殊运价的适用条件中有关于最长有效期的限制，或使用连续客票，或客票是由其他客票换开时，应在本栏填入客票使用的截止日期。

客票⑨～⑩栏填开如下：

NOT VALID BEFORE	NOT VALID AFTER
	28NOV
	28NOV
02JUN	28NOV
02JUN	28NOV

例 7：旅客航程同例 6，全程使用 MAD—HRE 的 YLEE6M 票价。

说明：

- 参照 PAT 运价规则手册，MAD—HRE 的 YLEE6M 运价的适用规则（Y058）规定最短停留期限（Minimum Stay）为 5 天，即从回程最后一个非始发国的中途分程点（本例为 HRE）返回的日期不得早于 02JUN（航程的出发日期 28MAY 加 5 天），也就是对应 HRE—FRA 和 FRA—MAD 的乘机联在 6 月 2 日以前不能使用；
- 该运价的最长有效期为 6 个月，即客票的所有乘机联到 11 月 28 日以后不能使用。

⑪免费行李限额栏：根据舱位等级，填入允许免费交运的行李重量或件数。免费行李限额有两种计量方式：

- 计件方式：在客票中填入“PC”，不用标明件数；计件方式通常适用于前往/来自加拿大/美国及其领地的运价区间。使用计件方式时，不论舱位等级，成人或儿童的免费行李限额为两件，婴儿为一件。
- 计重方式：在客票中标明允许免费交运行李的最大重量，重量单位用“K”或“KG”表示。使用计重方式时，成人或儿童的免费行李限额为头等舱 40KG，公务舱 30KG，经济舱 20KG；婴儿没有免费交运行李的优惠，在婴儿客票中，本栏可填入“NIL”或“XX”。

注意：

- 对于混合等级航程，填入与实际运价等级对应的免费行李数额；
- 当出票时，如果不能确定适用的免费行李限额，本栏可留作空白；
- 本栏之后的“交运/非交运行李（BAGGAGE CK/UNCK）”栏不由客票销售人员填开，仅当旅客实际交运行李时，由值机柜台工作人员填开。

⑫旅游代号栏：在使用个人综合旅游（IIT）或团体综合旅游（GIT）运价的客票中，填入正式的综合旅游代号。

综合旅游代号一般有固定的组成成分，示例如下：

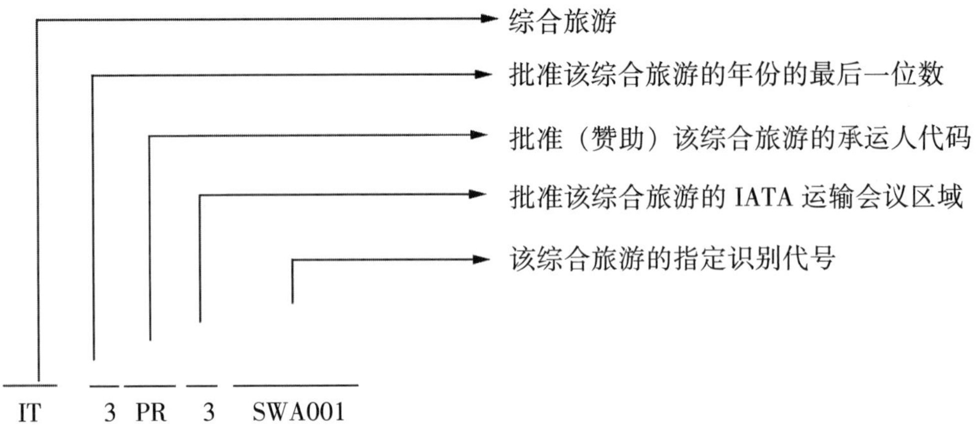

⑬运价计算区：用竖式（手工客票）或横式（自动打印客票）填入运价构成过程以及用 NUC 或始发国货币表示的运价总额。

下列情况必须填开运价计算区：

- 使用连续客票；
- 换开客票；
- 使用里程运价、组合运价的客票；
- 使用中间较高点运价的客票；
- 有等级差和附加收费的客票等。

⑭运价栏：填入用运输始发国货币表示的票价金额和货币代码。

注意：当使用综合旅游（Inclusive Tour）运价时，在乘机联和旅客联的本栏中填入代码“IT（综合旅游票价）”或“BT（团体综合旅游票价）”，但不需填入票价金额。

⑮实付等值货币运价：当旅客使用非始发国货币付款时，填入实际支付的货币代码和金额。如旅客使用始发国货币付款，则本栏留作空白。

⑯税费栏：逐项填入按规定在出票时必须收取的实付货币税费金额和代码。当应收税费超过三项时，可将无法填列的税费部分合并相加填入最后一格，并加注“XT（组合税）”字样，而将上述税费的明细部分逐项填入“签注”栏或“运价计算”区。

⑰总金额栏：填入用实付货币表示的运价与税费总额和货币代码。

例 8：⑭～⑰栏填开示例：

- 用始发国货币付款（无税费）：

TOTAL FARE CALC. NUC 1280.67				
FARE CNY 10600.00	EQUIV. FARE PD	TAX/FEE/CHARGE	TAX/FEE/CHARGE	TAX/FEE/CHARGE
TOTAL CNY 10600.00				

- 用始发国货币付款（另加税费）：

TOTAL FARE CALC.	NUC 3705.24			
FARE CNY 30670.00	EQUIV. FARE PD	TAX/FEE/CHARGE 110.00 UR	TAX/FEE/CHARGE	TAX/FEE/CHARGE
TOTAL CNY 30905.00				

- 用非始发国货币付款（另加税费）：

TOTAL FARE CALC.	NUC 2638.69			
FARE CNY 2863.00	EQUIV. FARE PD GBP 2130.10	TAX/FEE/CHARGE 20.00 GB	TAX/FEE/CHARGE 7.10 UB	TAX/FEE/CHARGE
TOTAL GBP 2157.10				

说明：本例运输始发国为中国，旅客使用 GBP 付款。

- 用非始发国货币付款（免收税费）：

TOTAL FARE CALC.	NUC 1000.00			
FARE USD 1000.00	EQUIV. FARE PD PHL 21000.00	TAX/FEE/CHARGE EXEMPT PH	TAX/FEE/CHARGE	TAX/FEE/CHARGE
TOTAL PHL 42000.00				

说明：本例运输始发国为菲律宾（该国国际航空运输用 USD 计价），旅客使用菲律宾当地货币 PHL 付款，免收菲律宾旅行税。

- 使用综合旅游运价的客票（另加税费）：

TOTAL FARE CALC.				
FARE IT	EQUIV. FARE PD	TAX/FEE/CHARGE USD20 BM	TAX/FEE/CHARGE	TAX/FEE/CHARGE
TOTAL USD IT				

⑱付款方式栏：仅有几种可接受的付款方式，例如：

- 现金和旅行支票，填入“CASH”；
- 除旅行支票以外的其他支票（例如: Manager's Check，Cashier's Check，Corporate Check 等）填入“CHECK”或“CHEQUE”；
- 信用卡，填入信用卡代码和卡号，例如“AX（美国运通）3434 5678 9012”；
- 政府运输申请书或政府委托书，填入 GR，后接票证格式代号和序号，例如“GRB123456”；

- 联合国运输申请书，填入 UN，后接票证格式代号和序号；
- 替代或换开旅游代理先前填开的客票时，填入 AGT，前面注明原客票付款方式；
- 预付票款通知，填入 PA 加 PTA 电报中标明的付款方式，如“PA/CASH”等；
- 其他付款方式（如旅费证等），填入 MS。

注意：当使用多种方式付款时，标明所有的付款方式，并在其后标明每种方式付款的金额。

例 9：a）换开旅游代理先前填开的客票（原客票使用商用支票付款）：

FORM OF PAYMENT
CHECK AGT

b）旅客使用现金和商用支票付款:

FORM OF PAYMENT
CASH USD1000 CHECK USD 75

⑲始发地/目的地栏：填入最初的出发地和最终的到达地的城市/机场三字代码，中间可用斜线分开；并且在本栏右侧，应填入国际销售代码。

当使用连续客票或换开客票时，必须填入始发地和目的地的城市/机场三字代码。

对于来回程、环程或始发地和目的地相同的包含地面运输缺口的其他航程，应填入相同的城市/机场代码。

例 10：旅客航程为 BJS — LON — LIS — NYC — FRA — BJS；本栏填开如下：

ORIGIN/DESTINATION	AIRLINE DATA
BJS / BJS SITI	N 71 YK/ CA

⑳航空公司记录栏：按航空公司要求填写。通常填入旅客订座记录编号，并可在其前面或后面加注订座航空公司的两字代码，中间用斜线隔开。例如，CA/N71YK。

㉑签注/限制栏：填入使用客票及其乘机联时需注明的事项。例如：

- 签转授权；
- 有关特殊运价适用条件的限制；
- 退款限制；
- 团体旅客行李合并交运；
- 合并税费的明细项；
- 银行兑换率等。

注意：在某些客票中，本栏是可复写的，因此，当所填内容仅适用于某一票联时，应在其后加一垫板。

例 11： a）该客票对改变订座需收取罚金：

ENDORSEMENTS/RESTRICTIONS (CARBON)
PENALIES APPLY FOR CHANGE IN BOOKING

b）该客票不允许退款：

ENDORSEMENTS/RESTRICTIONS (CARBON)
NON-REFUND ABLE

㉒换开凭证栏：当客票是由其他运输凭证换开时，填入被换开的票证号码。

注意：

● 如果仅仅换开票证中的部分票联，则在票证号码后的括号内注明被换开的票联编号；

● 当换开连续客票时，填入第一本客票的完整票号以及后续各本客票的最后两位票号。

例 12：两本连续客票的票号为 0784400123456 和 0784400123457，换开第一本客票的第四张乘机联以及第二本客票的第一和第二张乘机联，本栏填开如下：

ISSUED IN EXCHANGE FOR
078 4400123456（4）/57（1-2）

㉓原出票栏：当换开运输凭证时，在本栏填入最初被换开的原始凭证的号码以及出票地点、时间和出票人的数字代码。

注意：

● 当多次换开时，每次均转录前次被换开凭证的本栏内容；

● 当换开连续客票时，仅需在本栏填入该连续客票的第一本客票的票号。

例 13：如果原客票票号为 0794401234567；

a）当第一次换开时，㉒～㉓栏填开如下（新票票号为 0794423456789）：

ISSUED IN EXCHANGE FOR
079 4401234567

AIRLINE FORM SERIAL NO. PLACE DATE AGENT
NUMERIC CODE
079 4401234567 PAR09APR03 20 2

b）当第二次换开时，㉒～㉓栏填开如下：

ISSUED IN EXCHANGE FOR
079 4423456789

AIRLINE FORM SERIAL NO. PLACE DATE AGENT
NUMERIC CODE
079 4401234567 PAR 09APR03 20

㉔连续客票栏：当使用连续客票时，在本栏填入第一本客票完整的票号以及后续各本客票的最后两位票号。例如，0794401212873/74/75 或 794401212873-75。

㉕出票日期、地点及出票人：客票填开后，用钢印或刷卡机压印航空公司或客票销售代理的名称、出票人的数字代码、出票日期、出票地点和国家，并由出票人签名生效。对于 BSP 客票的情况，应使用刷卡机在三个栏目中同时压印出上述信息。

㉖付款区（Remittance Area）：对于客票销售代理使用的 BSP 客票，需填开付款区。该区由五个栏目组成：

- 货币栏：填入实收货币代码；
- 实收现金栏：填入旅客用现金、支票或其他方式支付的票价金额，不包括应收税费；
- 信用卡结算栏：填入旅客用信用卡支付的票价金额，不包括应收税费；
- 手续费费率：填入销售代理应收取的用百分比表示的手续费率。用整数或小数表示，无需使用 % 符号；
- 税款栏：填入应收税费金额和代码；当有超过两项税费时，填入税费总额，并标注“XT”。

例 14：

a）旅客使用现金付款，代理手续费率为 9%；

CURRENCY	CASH COLLECTION	CRIDIT BAI ANCE	COMM. RATE	TAX AMQUNT
CNY	3500.00	/	9	/

b）旅客部分使用支票，部分使用信用卡付款，代理手续费率为 9%，另收取机场税；

CURRENCY	CASH COLLECTION	CRIDIT BAI ANCE	COMM. RATE	TAX AMQUNT
CNY	10000.00	4250.00	9	34.00FR

c)有超过两项的税费：

FARE	EQUIV. FARE PD	TAX/FEE/CHARGE	TAX/FEE/CHARGE	TAX/FEE/CHARGE
CAD 310.0		12.00 *SQ*	24.00 *CA*	*XT*115.80

	CURRENCY	CASH COLLECTION	CRIDIT BALANCE	COMM. RATE	TAX AMOUNTFAR
*CAD*3251.80	*CAD*	3100.00	/	9	*XT*151.80

注意：当使用连续客票时，只需填开第一本客票的付款区，用横贯的斜线取消后续各本客票付款区的各个栏目。

3)有关自动打印客票的说明

①自动打印客票，是通过传输计算机生成的数据，利用自动出票系统打印的客票。

②自动打印客票包含与手工填开客票类似的栏目和填开内容，其主要区别在于运价计算区的填写方式：自动打印客票用横式填写运价计算过程，而手工客票用竖式填写运价计算过程。

③利用自动出票系统打印客票以旅客订座记录（PNR）为基础。PNR（Passenger Name Record）在计算机订座系统中记录旅客的各种信息资料，通常包括以下各项目组：

- 最新修改项；
- 团体、超订、锁定 PNR 的名称；
- 旅客姓名组（*）；
- 航段组（*）；
- 团体情况组；

- 联系组（*）；
- 出票情况组（*）；
- 邮寄地址组；
- 开账地址组；
- 运价申报组；
- 辅助服务组；
- 特殊服务组；
- 其他服务组；
- 备注组；
- 责任组（*）。

其中标有“•”号的项目组为基本项目组。

④使用自动出票系统时，客票的旅客姓名栏和有关旅客航程的各栏内容将根据PNR的姓名组和航段组的内容填写。客票其他栏目的内容是PNR的项目组不能提供的，自动出票系统提供专门指令，用于输入填写客票其他栏目的内容。这些指令建立的出票项目也记录在PNR中，通常包括以下各项目组：

- 票价计算组（FC）；
- 票价组（FN）；
- 付款方式组（FP）；
- 旅游代码组（TC）；
- 签注限制组（EI）；
- 婴儿姓名组（XN）；
- 换开客票组（QI）。

⑤建立上述各项目组后，使用DZ指令打印相应的客票。

有关自动打印客票输入格式的进一步说明可参见中国BSP教程第三册《自动出票系统》。

四、国际客票的变更

旅客购妥定期客票后，改变客票、旅费证及预付票款通知的未使用部分的航程（不包括始发站）、承运人、票价级别等统称为客票变更。旅客客票发生变更有两种情况；自愿变更和非自愿变更。

客票变更的一般规定：

要求变更的客票必须在客票有效期内；要求变更的客票不得违反票价限制条件；变更航程和乘机人均按退票处理，重新购票；变更承运人按客票签转有关规定处理；客票变更后，客票的有效期仍按原客票出票日期或开始旅行日期计算。

第三章　机场旅客服务

第一节　计算机离港系统

航空公司用大型计算机对旅客订座、旅客办理乘机手续和对飞机载重平衡计算进行处理的网络系统叫做离港控制系统。该系统由旅客值机、配载平衡和航班控制三部分组成。

一、计算机离港系统

20 世纪 70 年代中期起，各大航空公司为了加强经营管理，将计算机离港系统与计算机订座系统相联接，直接获取旅客订座的有关信息。当离港系统形成网络后，航班沿线各站可以通过系统提取修改航班信息，使始发站、经停站和到达站有机地联系在一起。这样，有助于各航站上下间的协调与配合，有利于航班最大限度地合理安排商业载重，提高飞机吨位的利用率，达到数据共享的目的，并借以切实地保证安全飞行、提供优质服务和提高经济收益。

航班旅客办理登机手续（CKI）与飞机的载重平衡（LDP）两部分功能同属离港系统，既可以联机使用，也可以独立使用。在联机的情况下，办理乘机手续的部门自动向配载平衡部门传送航班登机旅客人数、性别、重量、行李件数及总重量，载重平衡部门经过预配后向办理乘机手续部门指定允许使用的最大业务载量，并据此对使用后的允许业务载量递减，协调与控制整个航班载量。

二、计算机离港系统的主要功能

（1）办理旅客乘机手续。接收已订座旅客，记录旅客座位等级、交运行李件数和重量、性别、占用座位、联程航班等情况，自动计算逾重行李费，自动打印登记牌等等。

（2）航班控制。生成航班信息，更改航班时间、航程、机型、登机口，分配航班座位，设置航班接收旅客限额，关闭航班等等。

（3）载重平衡计算。自动计算飞机客、货、邮装载量，记录载重分布情况，计算飞机起飞重心，无油重心及配平等数据，对每一次载量的增加动态，实施跟踪核实。检查装载位置是否在飞结构设计的载重平衡允许范围之内，对宽体飞机装载能自动分配舱位和配载。

（4）建立和修改静态数据。所谓静态数据是指计算机贮存的飞机固有的参数。建立和修改飞机商务与机务数据，建立机场、跑道、天气、航行信息，建立集装设备、机群、收发报地址等信息。

（5）自动处理电报。自动处理多种系统外发及外来的电报和信息，航班关闭之后，自动拍发用户要求各种业务电报，并打印载报（LOADSHEET）及旅客服务报（PIL）提供给机长。

显然，计算机系统的引入大大提高了服务质量和航空公司的服务工作效率，使旅客能够在订票（RES）、办理登机手续（CKI）等一系列活动中减少不必要的麻烦和缩短等待时间。

计算机离港控制系统（DCS）是中国民航在国内首次引进美国 unisys 公司生产的航空公司旅客服务大型网络系统。1988 年 12 月，中国民航计算机离港系统在广州白云机场试运行，于 1990 年 9 月在北京首都国际机场全面投产使用，并已经逐步扩展到天津、上海、深圳、沈阳、成都、西安等城市的民航机场。

从对其功能的介绍上，航空公司大型计算机用于旅客订座和离港系统的业务处理，在此范围内，构成实时网络系统。此系统自 20 世纪 60 年代中期开始，至今已为各个航空公司所应用。系统具有可靠性强，处理速度快，预订时间长等特点，对航班管理、旅客的服务提供了重要的保障。但是，要想使此系统发挥其特点，必须保障通信设备的畅通，中心控制的稳定。我们可以想象，对于离港系统而言，如果通信设备没有保障，就会造成航班延误，这不但没有发挥其长处，反而使服务质量下降，还不如手工操作。因为当你办理乘机手续时，所有的数据，如旅客人数、性别、行李的件数，重量全部在计算机里贮存，若通讯一断，你就无法给乘客办理乘机手续，当然飞机就不可能在预定的时间起飞。所以现在一般采用卫星、微波、电缆等多种现代化通信手段，将遍布全球范围内的售票点、代售点、离港系统联接起来，构成网络系统。

订座系统 RES 和离港系统 DCS 联接，可以为旅客提供预先订座服务，方便了旅客，提高了服务质量。

旅客值机 CKI 系统并不是一个简单的座位分配系统，它可以与订座系统、配载平衡系统联机。一般情况下，CKI 由 FDC 系统 （FLIGHT DATA CONTROL）自动生成，建立航班数据记录，如果 CKI 与 FDC 或 RES （RESERVATION SYSTEM）中断联络，CKI 系统设计了相应的后备指令，可以手工建立航班，仍可能利用计算机办理旅客乘机手续。CKI 通过简化手续提高效率。比如，联程旅客可以在始发站一次办理全程手续，自动打印全部登机牌。接收订座旅客名单报，准确无误地接收旅客，对于未订座旅客的接收，是通过设定限额而达到目的的。RES 系统在规定的时间内预先向 CKI 系统提供有关特殊服务的信息，例如需要担架、轮椅、摇篮等等。CKI 系统则根据旅客的要求，锁订座位，预留座位，如吸烟团体座、靠窗座、接近过道的座位等等。

中国民航离港系统的使用是中国旅客服务计算机系统发展的重要一步，伴随着网络通讯质量的提高以及设备功能的完善，离港系统必将成为主流产品，在机场地面服务系统中居于主导地位，为民航旅客提供更加优质、完善的服务，为机场服务部门提供现代化的工作手段、联系方式，为航空公司的规划发展、效益分析提供最全面的第一手数据。

三、计算机离港系统的主要操作指令

1. 辅助指令

1）DA

2）SI

3）SO

4）A0

5）翻页指令见订座操作部分

6）打印指令

在打印机上打印出屏幕上显示的或整个显示内容。

① PC：在打印机上打出当前屏幕显示出的一页。

② FT：在打印机上打出整个显示内容。

7）打印机启动与替换

①当打印机不能工作时，大多由于储存了信息，需我们释放，程序如下：

- PDQ：D/HARDCOPY—NO，检查是否有储存信息，若有，将终端屏幕转到第二屏幕上，做$$ OPEN TIPC 当屏幕显示 SESSION PATH OPEN 后，再转回第一屏幕。
- PDQ：H/HARDCOPY—NO，（H—HOLP）
- PDQ：R/HARDCOPY—NO，（R—REMOVE HOLD）

②当某一打印机发生故障，不能工作时，可将该打印机内信息转到另一打印机或屏幕上释放。

PDQ：A HARDCOPY1/HARDCOPY2 （PID）

PDQ：C HARDCOPY1/HARDCOPY2 （PID）

8）保密号更换

当自己的保密号不慎失密后，可通过 AN 指令自行更改。

格式： AN：OLD/NEW

例： AN：32B/35H

将保密号 32B 换成 35H

2. 设置默认航班 ASSIGN DEFAULT

功能：在值机员当前的工作区中设置一个默认航班，则针对此航班的操作均可简化输入。

格式：FT：FLIGHT/DATE

例：FT： CA101/.

注：表达日期用“-”“.”“+”分别代表昨天、今天、明天；

例：FT 表示查看默认航班

例：FT：　－表示取消默认航班

3. 航班状况显示 SURVEY DISPLAY

功能：显示指定航班数据：订座情况、值机情况、与配载相关的各种数量/重量。

格式：SY：航班号/日期/始发城市，若始发城市为终端所在地，可省略。

例：SY：CA1501/./PEK

显示：

SY：CA1501/01JUL PEK/0 CC0946/NAM

CWT200000 UWT177325 CAW056367 UAW 033692 WTN1KGNTC/BCL

747/4J6J/B2464 GTD/G15 POS/GATE BN291 AK00000 CD00000

BDT0810 SD0840 ED0840 CI0814 CC0854

CNF/F18C40Y348 CAP/Fl8C35Y348 AV/F2C15Y94

CAT/018/021/283

＊PEKSHA R018/021/279 C016/020/254 B0125/001795 UM001WCH02 101

SB000/000/000/B000 STCR01 PETC01 AVIH02 J01 CHD002

SA000/000/000 EXST00/00/00 XCR00/00/00

BPAX290 BIFN000

GS PEK/F008C007Y036

注：

第一行：航班号、日期、机场/机场控制办公室号码、值机状态/值机方式

值机状态：CC——完全关闭，CI——初始关闭，PC——航班处于保护状态，CL——值机中间关闭，OP——值机开放，XX——航班取消

值机方式：NAM—姓名方式，NON——手工方式，NUM——序号方式，PNM——部分姓名方式

第二行：飞机的各种重量参数及标准重量表号码；转港与联程情况指示

CWT 值机允许业载，UWT 仍可利用的 CWT，CAW 配载允许业载，UAW 仍可利用的 CAW，WTN 标准重量表号码，KG 重量单位。

本航班本航站转港联程值机指示：FTC　　只允许进港联程值机

TCI——允许进出港联程值机

NTC——不允许任何联程值机

TTC——只允许出港联程值机

第三行：机型/机型分类/飞机注册号码、GTD/登机口号、POS/机位、BN 本机场本航班发出最大登机号码、AK 航班管理员号码、CD 航班控制设备号码

第四行：登机时间、编目起飞时间、预计起飞时间、值机初始关闭时间、值机完全关闭时间。

第五行：各个等级的布局载客量、各等级最大载客量、各个等级仍可利用座位数。

第六行以后：值机和配载对旅客的分区计数。包括航段标识和各分区数量，R：各等级订座人数；C：各等级接收旅客人数；B：行李件数与重量；UM：无陪伴儿童；

WCH：使用轮椅人数；IN：婴儿人数；SB：候补旅客人数；STCR：担架旅客；PETC：随身携带狗笼；AVIH：货仓内狗笼；J：折椅；SA：利用空余吨位的 PAD 旅客人数；EXST：旅客额外占座数；XCR：机组额外占座数等。

TOTALS：表示以上信息统计结果（多航段的有此项）

GS：接收未订座旅客限额指示

4. 航班座位图显示 SEATMAP DISPLAY

功能：显示指定航班、日期、舱位、发站/航段的座位图。

格式：SE：航班号/日期/舱位/航段

例：SE　CA101 X　PEKHKG

输出：（略）

表 3-1　座位图上符号的含义

.	已经有旅客占用	*	可利用的座位
:	此半行有婴儿	=	过道
/	靠背不可移动的座位	+	为婴儿预留座位
E	此行或半行有紧急出口	I	此行婴儿优先
Q	此行是安静座位	X	镇定(不可利用)座位
T	转港占用(锁定)区	V	ASR 订座名单中保留座
D	VIP 留座	C	最后可利用座位，* 用完后才可用
P	为未到旅客保留的座位	R	团体留座，系统自动给 9 人以上团留座
O	为其他航段保留的座位	A	为本段保留的座位
B	可利用的摇篮座位	N	看不到电影的座位
U	可利用的无人陪伴座位	G	BS 指令保留的团体座位
H	头上宽敞的座位	>	在本航站转港的旅客占用的座位
L	脚下空间宽敞的座位(宽松)		

5. 旅客记录显示及提取

1）RN 指令一般用于用姓名查找单个旅客

格式：　RN：旅客姓名，选择项

例：　RN：　LI 查找姓李的旅客

　　RN：　LI，ACC，INF 查找姓李的旅客，且已接收或带婴儿

　　RN：　LI，ACC，INF 查找姓李的旅客，已接收且带婴儿

2）RL 指令用于查找同时订座的（即同一记录编号）多个旅客

格式：RL：　记录编号，选择项

例：　RL：KEBQL 查找记录编号为 KEBQL 的旅客

　　RL：KEBQL，NACC　查找记录编号为 KEBQL 且未接收的旅客

3）PD 指令用于查找航班某一航段或始发航站的旅客、显示符合指定条件的旅客名单、显示团体旅客等。

格式：PD：航班号/日期/舱位等级/航段，选择项

例：PD：CA921/XPEKOSA，VIP

注：选择项可以合并使用，它们之间可用“，”或“；”分开，表示“且”与“或”。X 表示所有舱位。

4）PR 指令检索详细的值机数据信息，如特殊服务、登机号、座位、行李带号、候补号等。

格式（一）：PR：航班号/舱位等级/始发站，旅客标识

例：PR：CA1201/+XPEK，RLH12DE 提取记录编号为 H12DE 的旅客

旅客标识：SN 座位，BN 登机号，RL 记录编号，NAM 姓名

格式（二）：PR：序号 显示类型

用在 PD 或 SB 之后。

例：PR：3PD 提取前面显示的第 3 号旅客

注：在 PD 显示下，第一次做 PR 时，不用在序号后加 PD，若连续操作 PR，需要加 PD。

格式（三）：PR：候补号码

例：PR：SB2 提取前面显示的第 2 号候补旅客

格式（四）：PR：BT 行李牌号码

例：PR：BT056783 提取行李牌号为 056783 的旅客

5）SB（STANDBY DISPLAY）指令为显示候补旅客

格式：SB：航班号/舱位等级/城市，选择项

选择项：SB 候补旅客，TPAD 中转 PAD 旅客，LPAD 本地 PAD 旅客，NE 需要通知旅客

例：SB：MU581/XSHA，SB

6）FB 指令是用登机号提取旅客

格式：FB：登机牌号

例：FB：12，提取登机号为 12 的旅客

6. 旅客的接收

1）正常旅客接收

功能：接收旅客，分配座位或将其列为候补；为未到或未值机的旅客保留座位。

格式（一）：PA：航班号/日期/舱位/航段/姓名，性别，行李，选择项

例：PA：CA1201YSIA1/HUA，M1，1/20，RS

PA：CA973YXMN2SMITH/J/k，F1，M1，2/40

PA：CA101Y1HONGME1，F1，1/10，INFl HANG

PA：CA921YOSAlSMITH，M1，2/32，1PETER，FI

PA：CA931YlWANGLING，M1，0/0，COUR （EXST）

注：申请座位类别：R—普通申请 SNR—特殊申请
W—窗口 I—走道 Q 一安静座 F—靠前 A—靠后
S—吸烟座 N—不吸烟座 L—靠左 R—靠右 U—上舱
此外，还可以先用 PD、PR 或 RK、RN 指令提出旅客记录，再用 PA 接收。
格式（二）：PA：旅客序号，选择项
例：接收 PD 显示中序号为 3 对旅客，男性，带一件 20 公斤行李。
PA：3PD，M1，1/20
例：接收单个旅客，无行李
PA：1，M1，0/0
例：接收单个旅客，申请 2A 座位
PA：1，M1，1/5，R2A
例：接收带婴儿旅客
PA：1，M1，1/10，IFNIWANGPENG
2）候补旅客接收（必须要有 GS 限额）
方法一：用 PA 指令接收。
格式：PA：航班号/日期/舱位/航段/姓名，性别，行李，选择项
例：PA：CA1201Y1LI/FENG，M1，0/0，URES
方法二：用 PD，SB，PR 等指令将 STAND BY 旅客提出后，JC 接收。
格式：JC：序号
例：JC：1
JC：8-10SB，RS
7. 旅客记录修改及取消
1）旅客记录修改 PASSENGER MODIFY
功能：对旅客信息进行更改或增加新的内容
格式（一）：PU：#序号 显示类型，选择项；……
其中显示类型包括 BSD、PD、PR、SB
此指令是根据前面的显示进行修改
#未办值机手续标识
例：PU：#1，NAM1WANG/ME 更改旅客姓名
PU：#1 -10，R3 -4
PU：3，PSM 1INF WITH HER
PU：2，1/15 加行李
PU：4PD，Z929YNRT
格式（二）：PU：航班号 舱位 城市 #序号，选择项；……
其中 NUMBER 包括 BN、SB、SN
此指令根据旅客标识进行修改
例：PU：CA101YHKGSN35E，ZCA109YHKG

2）减少、取消旅客记录 PASSENGER DELETE

功能：对旅客状态进行更改，从已值机到未值机；

减少旅客的诸项信息值或删除旅客项；

将旅客从需要通知的名单中删除；

减少团体组旅客的行李。

格式（一）：PW：#旅客序号　显示类型，选择项；……

其中显示类型包括 BSD、PD、PR、SB

例：PW：4，2/30

PW：#1，UPG

PW：－3PD；5PD

PW：3SB

PW：3PD，O

如果有一个记录中有多个旅客，取消某个旅客需要分离旅客记录，分离时性别、行李项一定要输入。

注：（1）在修改未被接收旅客的记录时，需要加“#”；

（2）PW 指令每次只能取消一个序号旅客；

（3）通过 PU 增加数据项，可通过 PW 指令取消；

（4）在序号前输入“－”，将旅客从接收状态改为未接受状态，并将相关项目从航班总数中扣除。

格式（二）：PW：航班号　舱位　目的地　#旅客序号，选择项

其中旅客序号包括 BN、SB、SN 的序号

例：PW：CA101YHKGO，2/4，RUSHLEE/CHUNMR

PW：CA101YHKGBN047，1/10

8. 登机牌的打印 BOARDING CARD SOLICIT

正常情况下，在 PA 指令接收旅客后，打印机会自动打印出登机牌，若打印机因某种原因未自动打印出登机牌或需重新打印登机牌，则要使用 BC 指令。

格式（一）：BC：序号　显示类别，重打选择

显示类别：PD、PR、SB

例：BC：1-4

BC：-4PD，R

BC：1；3，R

格式（二）：BC：航班号　舱位　始发站，旅客标识，R

R 是重打标识。

例：BC：CA300Y，BN45

BC：CA300F，SNIA，R

BC：CA300Y，ABCDE　　打印 ABCDE 团的登机牌

格式（三）：BC：候补号，R

例：BC：SB4

BC：SB3；SB5，R

9. 航班初始关闭 INITIAL CLOSE

功能：柜台在办理完值机手续之后，使用此指令关闭，一般初始关闭后不能再接收旅客，若还要接收旅客，需要将航班打开。

格式：CI：（-）航班号/日期

例：CI

CI.：CA921

CI：-CA101

二、计算机离港控制

离港控制人员的工作程序及指令功能

1. 准备工作程序

（1）前一天晚上，从订座系统中将第二天航班订座情况提出。

格式：FDL：I（D）/日期/始发城市

I——国际 D——国内

例：FDL：27OCT99/PEK

该指令意思为显示 1999 年 10 月 27 日从北京始发的所有航班订座情况，若将 I 或 D 省略，表示为所有国际、国内航班。

（2）根据订座情况选择相应 CTN （CONFIGURATION TABLE NUMBER），对于难以确定 CTN 的可暂选一个，通过 CND（CONFIGNRATION NUMBER）指令可查到所有 CTN。

格式：CND：A/机型

例：CND：A/737

CND：A

输出：（略）

（3）以选出的 CTN 为标准对航班信息中错误的项目进行修改。

①航班信息提取 FLIGHT INFORMATION DISPLAY

功能：显示指定日期的航班信息，尤其注意飞机的布局表号及飞机号，要与座位图匹配。

格式：FI：航班号/日期/始发城市 到达城市/选择项

例：FI：CA101/.

FI：CA101/. HKG

②航班信息单项和多项修改

- 单项修改 FLIGHT DATE UPDATE

功能：以单行输入方式修改航班的各个相关项。

格式（一）：FU：航班号/日期/始发城市/选择项

例：FU：CA101/PEK/./BDT/1000

选择项类型：

IN——实际进港时间

OUT——实际离港时间

ON——实际着陆时间

OFF——实际起飞时间

BDT——预计登机时间

ETA——预计到达时间

ETD——预计起飞时间.

格式（二）：FU：航班号/日期/始发城市/输入代号/数据

例：FU：CA101/./PEK/CTN/103

FU：CA101/./PEK/ARN/B2447

FU：CA101/./PEK/GATE/G10

FU：CA101/./FEK/POS/BAY

FU：CA101/./PEK/LOCK

其中：CTN——用新的布局表号替换当前的

ARN——添加飞机注册号

GATE——指定飞机的登机口

POS——指定飞机停靠位置

LOCK——紧急锁定航班

RTNS——航班恢复正常

CANCEL——取消航班

- 多项修改 FIIGHT DATA MASK UPDATE

功能：以多行输入方式修改航班的各个相关项。

格式：FDC：航班号/日期

例：FDC：CA101/.

显示 101 航班需要更改的多行表格，将光标移到所需修改的位置输入相应内容即可。

（4）初始航班 INITALIZA　FLIGHT

初始化航班是指建立航班的值机、旅客名单、座位图等记录。

格式：IF：航班号/日期/选择项

其中选择项可输 PNL，表示不考虑前方无终端航站是否已发送 SOM 报，直接申请 PNL。

功能：向订座系统申请 PNL、SOM 或旅客舱单报，为值机做准备。通常在航班始发前 19.5 小时后做。

例：IF：CA921/+

IF：CA921/+/PNL

航班初始后，要做检查，检查 PNL 是否全部收到。

格式：MB：PNL/FLIGHT/DATE

例：MB：PNL/CA951

输出：

CITY PEK ALL PARTS RECEIVED 北京部分名单均收到

CITY SHA 上海部分名单还没有到

如果缺少某一部分或全部没有，要在订座系统上向离港系统发送 PNL 报。

（5）准备航班

①填写准备单

②为特殊旅客预留（锁定）座位

• 为重要旅客留座（JCS，JCR）

功能：为重要旅客 VIP 预留座位，使座位图上符号为 V。且每次只能为一个序号的 VIP 预留座位。

格式 1：JCS：#旅客序号，R 座位号

#未到标识

例：为序号 1 的旅客预留 1A 座位

JCS：#1，R1A

格式 2：JCR：#旅客序号 - 旅客序号，R 座位号

例：为序号为 29 - 31 的旅客预留 19A - C 座位

JCR：#29 - 31，R19A - C

• 为无伴儿童、带婴儿旅客及有座位要求的旅客留座

格式：PA：#旅客序号，R 座位号

例：为 PD 显示中序号 2 的旅客预留 10B 座位

PA：#2PD，R10B

• 为担架旅客、带信袋旅客及其他多占座位旅客留座

首先按旅客要求用 BS 指令将多占的座位锁住，然后为旅客预留其需要座位。

格式：BS：（-）座位号 锁定或释放（-）座位

例：BS：10A-C

BS：-2L

BS ：3-5A-C

注：在执行 BS 指令之前，必须做座位图显示。

③设定 CS 限额

格式：GS：航班号 登机城市 舱位 GS 限额数

其中 +，- 表示增加或减少限额。

功能：设置或更改航班的 GO - SHOW 限额。

GO-SHOW 指未订座旅客及未订妥座位的候补旅客。

GO-SHOW 限额的调整，达到对每一个登机地点的未订座旅客接收到控制。

例：GS：CA981/./YPEK10

GS：CA1201Y - 5

（6）锁订座位

控制人员要按照配载人员提供的平衡方案，锁定某区域中的一些座位，保证预配方案执行，这关系到第二天实际平衡情况。

格式：SU：+（-）功能代码/座位区域；……

其中功能代码：B、C、E、I、N、Q、R、S、U 等，即座位图上的座位性质标识。

例：SU：+C/2-3

若需要锁定的座位已经预留给团体旅客，则应将预留座位释放（RA），给其重新预留的座位。

格式：RA：航班号/日期/舱位/航段，释放座位类型

释放座位类型：ASR 机上预留座位，CRS 用 RS 指令保留的座位，RES 订座系统保留的座位

例：RA：CA953/+YPEKFUK，RES 10A，11-13

RA：CA101/./YPEKHKG，ASR

2. 航班监控工作

（1）监控航班开始时，首先要对执行该航班机型做最后复核，查看 FI 和 SY。

（2）到规定时间（一般为截止办理手续前 40 分钟）一定要释放应释放的 GS 限额，对于 BAE146，B737 等中小型飞机要查配载数据中 PAYLOAD 项，防止超载。

格式：LFSD：航班号/日期显示一张已经存在的航班状态数据表

例：LFSD：CA109/·

（3）当值机人员办理航班中出现错误或办理过程中出现停机现象，控制人员要及时提供已办理旅客名单及空白座位图。

①打印已办理旅客名单

功能：值机员可将旅客名单输出到屏幕或指定的打印机上。

格式：JL：选择代号/航班号/日期/舱位/航段/地址

例：JL：B/1301/·X/PEKCAN/3006

选择代号：B——按登机号排，S——按座位号排，N——按姓名顺序排，A——按值机员号排，

航段缺省为本地至沿途各到达站。

②提取空白座位图

方法一：EX：航空公司/机型　显示飞机描述的索引

SEI：序号　　显示序号飞机座位图

例：EX：CA　显示国航所有飞机的索引

SEI：3

方法二：SEM：航空公司/机型/分类/舱位

例：SEM：CA/737/3J6A

（4）及时做 CCL 和 CC 关闭，如做 CC 未成功，系统会自动显示。

NEED NOTIFIICAION 可用 NO 指令处理需要通知旅客。CCL 为中间关闭，GC 为完

全关闭。

格式：CCL：（-）航班号

CC：（-）航班号

（-）为重新开放

例：CCL：CA1501

CC：CA1501

CCL：-CA1501 （打开）

（5）航班关闭后，必要时需用手工方式向有关部门拍发电报。

格式：LR：航班号/日期/起飞城市/报文种类/航空公司/地址

例：LR：929/·/PEK/PTM/TYOAPCA

报文种类：PFS——最后销售报

PTM——旅客转港信息报

TPM——电传旅客名单报

PIL——旅客信息表

SOM——座位占用表

PSM——旅客服务报

SAM——座位可利用信息表

COM——航班关闭报

地址：电报地址，电报的种类以及定义的地址，可通过 CM 指令查询。

格式：CM：航空公司 机场代码 电报的指标号

例：CM：CA/SHA

（6）对于已办理的航班临时更换机型步骤（切记不能使用 DFL 指令）：

①设定航班保护层，阻止旅客接收。

格式：PO：（-）航班号/选择项

②将 SY 和 SE 情况各打印一份，再将 SY 中 SB 项中旅客记录打印下来。

③用 PD 指令将已收旅客名单分等级提出，并打印，再用 AC 指令分批拉下。

例：PD：1511Y，ACC

AC：1-40

④用 AEC（AUTOMATIC EQUIPMENT CHANGE）指令自动更换飞机，两种机型的等级必须相对应。

格式：AEC：FLT/DATE/CITY/TYPE/VERSION/CNF

例：AEC：CA939/./PEK/747/4J6A/F18C40 Y249

⑤检查 FI，使用 FDC 或 FU 修改错误信息。

⑥重新分等级接收被拉下来的旅客。

⑦核对 SY、SE，对座位发生变化旅客尽量调整到原座位。

⑧保护层解除。

格式一：PO：-航班号/日期

格式二：POC：-航班号/日期

第二节　旅客运送

一、旅客运送的一般规定

1. 旅客运送的一般规定

（1）旅客应当在航空公司规定的时限内到达机场，凭客票及本人有效身份证件按时办理客票查验、托运行李、领取登机牌等乘机手续。

（2）如旅客未能按时到达航空公司的值机柜台或登机门，或未能出示其有效身份证件及运输凭证，航空公司为不延误航班可取消旅客已定妥的座位。对旅客由此所产生的损失和费用，航空公司不承担责任。

（3）航空公司开始办理航班乘机手续的时间一般不迟于客票上列明的航班离站时间前 90 分钟，截止办理乘机手续时间为航班离站时间前 30 分钟。航空公司应将上述时间以适当方式告知旅客。

（4）航空公司及地面服务代理人应按时开放值机柜台，按规定接受旅客出具的客票，快速、准确地办理乘机手续。

（5）乘机前，旅客及其行李和随身携带物品必须经过安全检查。

2. 为旅客安排座位的基本要求

为了提高客运服务质量、要保证航班正点和确保飞行安全，根据飞机客舱座位布局、旅客订座情况和飞机载重平衡的要求，预先安排座位，以使旅客登机入座时有良好的秩序。旅客乘坐飞机必须严格按照登记牌的座位号登机、对号入座。安排座位应尽可能满足旅客的要求。座位安排的具体要求如下：

（1）安排座位应符合飞机载重平衡的要求。

（2）严格按照旅客客票的座位等级安排座位。

（3）伤病残旅客、行动不便的旅客、儿童、孕妇和携带婴儿的旅客不得安排在靠近客舱紧急出口处的座位。

（4）重要旅客和需要特殊照顾的旅客一般安排在客舱前部靠近乘务员的座位，以便于乘务员提供服务。

（5）团体旅客、同行旅客和需要相互照顾的旅客的座位尽可能安排在一起。

（6）携带外交信袋的外交信使、押运货物的押运员的座位应安排在客舱门附近，以便于上下飞机。

（7）不同政治态度和不同宗教信仰的旅客不要安排在一起。

（8）国际航班国内段载运国内旅客时，应将国内旅客的座位与国际旅客的座位分开安排。对有中途站的航班安排座位时，应给中途站预留适当的座位。

3. 载运限制

1）拒绝运输

承运人根据自己合理的判断，认为有下列情况之一时，可以决定对任何旅客拒绝运输或拒绝续程运输（包括要求中途下机）或取消已定妥的座位：

①为了保证安全；

②为了遵守我国的法律、政府规定和命令；

③旅客其行为、精神或健康情况需要承运人给予特殊照顾，或对其他旅客会造成不舒适或反感，或者对其本人、其他旅客或财务可能造成任何危害及危险；

④旅客不遵守承运人的规定，或不听从承运人的安排和劝导；

⑤有特殊恶臭、外形怪异或有特殊怪癖，可能对其他旅客造成不良影响者；

⑥患有传染性疾病者；

⑦为了避免旅客可能对其他旅客及其自身造成危害。

2）不予载运

当飞机载重量或座位不足时，承运人有权根据自己合理的判断决定不予载运的任何旅客、行李和其他物品。

旅客的行为、年龄、身体和精神状况不适合航空旅行，或使其他旅客不舒适或反感，或对其自身或其他人员或财产可能造成任何危险或危害，航空公司可以根据合理的判断，有权拒绝运输旅客及其行李。

3）有条件载运

无成人陪伴儿童、病残旅客、婴儿、孕妇、醉酒旅客、盲人和犯人等特殊旅客，只有在符合承运人规定的运输条件下，并经承运人同意方予载运。

4）载运限制的补偿

①根据上述规定被拒绝运输和拒绝续程运输（包括要求中途下机）或取消已定妥座位的任何旅客，承运人不给予该旅客的赔偿，只限按照非自愿退票规定办理退票。

②由于座位超售而不予载运的旅客，承运人按照有关超售补偿规定予以经济补偿，经济补偿应参照有关承运人具体规定办理。

二、国内旅客的地面运送

旅客乘机必须在承运人规定的时限内到达机场，凭客票及本人有效的身份证件办理乘机手续。乘机手续是指旅客登机前凭有效客票及本人身份证办理客票检验、领取登机牌、交运行李（交运行李的领取凭证）和安全检验等手续的总称。值机人员为旅客办理乘机手续的工作程序如下：

检查机票和有效身份证件——→对交运行李进行安检——→打印登机牌和行李牌——→告知旅客登机时间和地点

1. 检查旅客机票和有效身份证件

要认真检查客票是否有效，查验旅客的有效身份证件，客票和身份证件核对无误后，才能发给旅客登机牌，旅客登机牌必须填明航班号、飞机号、座位号、登机口和始发及到达地点。

2. 对旅客交运行李进行检查和称重

对旅客行李的检查包括安全检查和按照民航要求对交运行李的检查，例如检查行李包装是否符合要求等等。航空公司按照旅客所乘坐的舱位等级决定给与旅客的免费运送行李额度。在旅客交运行李过磅时，如果其重量在其相应舱位的免费行李额的范围之内，便发给其行李牌。如果其行李重量超过其相应的免费行李额，则应交逾重行李费，同时承运人交付给旅客逾重行李票。

3. 打印登机牌和行李牌

登机牌是旅客乘机时交与登机口服务人员的检查凭证，也是旅客确认客舱座位的凭证。在对旅客机票和身份证件检查无误后，应当为旅客打印登机牌并交给旅客。行李牌作为旅客领取交运行李的凭证，应当粘贴在旅客机票上。

4. 告知旅客登机时间和地点

在为旅客办理乘机手续后，为保证旅客能够按时、顺利、安全的乘机，应当主动提示旅客登机时间和候机地点。

三、国际旅客的地面运送

检查机票和有效身份证件→对交运行李进行安检→打印登机牌和行李牌→告知旅客登机时间和地点

1. 检查旅客机票和有效身份证件

要认真检查国际客票是否有效，检查旅客所持国际客票的票价是否对旅客有效。查验旅客的有效身份证件（一般来说是指有效护照），客票和身份证件核对无误后，为旅客打印登机牌，旅客登机牌必须填明航班号、飞机号、座位号、登机口和始发及到达地点。

2. 对旅客交运行李进行检查和称重

对旅客行李的检查包括安全检查和按照民航要求对交运行李的检查，例如检查行李包装是否符合要求等等。对于国际旅客的乘机旅行，是按照旅客所乘坐的舱位等级和航程的特征决定给与旅客的免费运送行李的方式和额度，例如按照计重行李系统或者计件行李系统决定旅客免费行李额。在旅客交运行李过磅时，如果其重量在免费行李额的范围之内，便发给其行李牌。如果其行李重量超过其相应的免费行李额，则旅客要交纳逾重行李费，同时承运人交付给旅客逾重行李票。

3. 打印登机牌和行李牌

登机牌是旅客乘机时交与登机口服务人员的检查凭证，也是旅客确认客舱座位的凭证。在对旅客机票和身份证件检查无误后，应当为旅客打印登机牌交给旅客。行李牌作为旅客领取交运行李的凭证，应当粘贴在旅客机票上。

4. 告知旅客登机时间和地点

在为旅客办理乘机手续后，为保证旅客能够按时、顺利、安全的乘机，应当主动提示旅客登机时间和候机地点。

第三节　特殊旅客服务

一、特殊旅客的定义

特殊旅客是指需给予礼遇和照顾的旅客，或由于其身体和精神状况需要给予特殊照料，或在一定条件下才能运输的旅客。

特殊旅客的情况比较复杂，不同的特殊旅客有不同的运输条件、手续和注意事项。在办理特殊旅客运输时，必须认真负责地按照各自有关规定，根据具体情况谨慎、细致地处理。

特殊旅客的运输办法是由各航空公司自行规定的，因此，凡是接受需要与其他空运企业联合运输的特殊旅客，必须事先取得各有关航空公司的同意，并遵照各航空公司提出的要求办理。

重要旅客、病残旅客（轮椅、担架）、无成人陪伴儿童、孕妇、盲人、酒醉旅客及犯人都属于特殊旅客。

1. 重要旅客

重要旅客（VIP）是指航空公司对具有一定的身份、职务或社会知名度的旅客，从购票到乘机的整个过程都将给予特别的礼遇和特殊的照顾。重要旅客的手续因涉及多个相关部门，例如售票、值机、调度、服务、乘务等部门，因此只能由相关的航空公司进行处理。重要旅客包括：

部级以上负责人，外国国家元首、政府首脑；

大军区级以上负责人；

公使、大使级外交使节；

由各部、委以上单位或我国驻外使馆、领馆提出要求按重要旅客接待的客人；

我国的科学院和社会科学院的院士；

承运人认为需要给予此种礼遇的旅客。

2. 病残旅客

由于身体和精神上的缺陷或病态，在航空旅行中不能自行照管自己的旅途生活，需由他人帮助照料的旅客，称为病残旅客。

病残旅客的分类：

- 身体患病
- 精神患病
- 肢体伤残

带有先天残疾，已习惯于自己生活的人，如行动不便者、聋哑人等，不应视为伤残旅客。年迈体弱，虽然身体上并未患病，但在航空旅行中显然需要他人帮助时，也应视同病残旅客给予适当的照料。

3. 轮椅旅客

旅客需要借助轮椅旅行叫做轮椅旅客。当需要轮椅的旅客联系订座时，工作人员应详细询问旅客或其代理人有关旅客的伤残情况，以便决定旅客属于哪一种情况。

- WCHC：轮椅—“C”为客舱座位（CABIN）。旅客完全不能行动。旅客前往和离开飞机或移动时需要轮椅，在上下客梯和进出客舱座位时需要背扶。
- WCHS：轮椅—“S”为客梯（STEPS）。旅客不能上下客梯，但可自己进出客舱座位；远距离离开或前往飞机时需要轮椅，但在上下飞机客梯时需要背扶。
- WCHR：轮椅—“R”为客机坪（RAMP）。旅客可以上下客梯，可以自己进出客舱座位，但在远距离前往或离开飞机时，如穿过停机坪、廊桥时需要轮椅。

4. 担架旅客

旅客在旅行中无法正常乘坐座位，需要使用担架的旅客称为担架旅客。

5. 盲人旅客

盲人旅客是指双目失明、单独旅行、需要承运人提供特殊服务的旅客。眼睛有疾病不属于盲人旅客，应按照病残旅客有关规定办理。

6. 孕妇与婴儿旅客

孕妇旅客是指怀孕不足 8 个月（32 周）的健康孕妇，可按一般旅客运输。

婴儿旅客是指出生 14 天以上，两岁以下的旅客。

7. 无成人陪伴儿童旅客

无成人陪伴儿童是指年龄在 5 周岁以上 12 周岁以下的无成人陪伴、单独乘机的儿童旅客。

8. 犯人旅客

犯人旅客是指受我国现行法律管束的，必须在公安部门配合下运送的旅客。

二、特殊旅客服务

1. 重要旅客

1）重要旅客的接收规定

①售票部门在接受重要旅客订座时，应要求经办人详细填写“旅客订座单”并问清其职务、级别和所需要提供的特殊服务。征求旅客本人或接待单位的意见，如愿意向承运人公开身份的，应在订座电脑的 PNR 的 OSI 项目中注明重要旅客的身份、职称和特殊服务要求。

②座位控制部门对重要旅客的订座要求，应优先予以保证，并及时拍发答复电报；重要旅客需要预定联程、回程座位及其他服务时，要及时向联程、回程站或有关承运人拍发订座电报。

对重要旅客乘坐航班，除各个部门必须提供良好服务外，还应注意做好保密工作，遇到问题时多请示报告。

对国务委员副总理以及本市副市长以上的重要旅客，航空公司领导要亲临现场组织实施并接送。对其他重要旅客，航空公司运输部门值班领导要亲临现场组织实施并接送。

2）运送重要旅客的工作程序

①重要旅客订座，接待单位需出示单位介绍信。承运人应优先安排并予以保证，如因人数较多安排确有困难时，应立即向上级部门反映。

②接受订座时需问清以下情况，并做好详细记录：

- 航班（含联程和回程）、起飞时间和目的地；
- 姓名、职务；
- 特殊服务要求；
- 随行人员人数；
- 联系电话、联系人；
- 是否愿意公开身份。

③建立 PNR，并在重要旅客订座记录的 OSI 组注明 VIP 姓名和职务。

例：OSICA XU/BEICHEN MR BINHAI SHI SHIZHANG

④出票时除按规定填写客票外，在重要旅客的姓名后加注“VIP”字样，在机票封面加盖“重要旅客”专用章。客票内所填项目也能与订座记录逐一核对，并交值班主任检查，确保航班号、日期和起飞时间正确无误。

⑤按照 VIP 信息传递图传送重要旅客运输信息。

⑥办理乘机手续柜台应预留好重要旅客和随同人员的座位。在重要旅客的托运行李上拴挂 VIP 行李标识牌，填制“特殊旅客服务通知单”。重要旅客乘机手续应随到随办，办然后由服务人员引导到贵宾室等候登机。

登机时，由服务人员引导上机，并与机上乘务长办理交接，请其在“特殊旅客服务通知单”上签字。

⑦向经停站和目的站拍发 VIP 运送电报。

2. 病残旅客

1）不予承运的病残旅客

①下列情况之一者，承运人有权拒绝运输：

- 患有传染性疾病；
- 精神病患者，易于发狂、可能对其他旅客或自身造成危害者；
- 面部严重损伤，有特殊恶臭或有特殊怪癖，可能引起其他旅客的厌恶者。

②患有下列疾病的旅客，除为了挽救生命且经承运人同意进行特殊安排之外，不予承运：

- 处于极严重或危急状态的病患者，如严重的心力衰竭，出现紫绀症状和心肌梗塞者（在旅行前 6 周之内曾发生过梗塞者）。
- 严重的中耳炎，伴随有耳咽管阻塞症的患者；
- 近期患有自发性气胸的病人或近期作过气胸造型的神经系统病症的患者；
- 大纵隔瘤，特大疝肿及肠梗阻的病人，头部损伤颅内压增高及颅骨骨折，下颌骨骨折最近使用金属线连接者；

- 在过去30天内患过脊髓灰质炎的病人，延髓型脊髓灰质炎患者；
- 带有严重咳血、吐血、出血、呕吐及呻吟症状的病人；

近期进行过外科手术，伤口尚未完全愈合者。

2）病残旅客的接受

① 接受条件

病残旅客要求乘机须具备下列条件：

- 诊断证明书

病残旅客要求乘机，需交验“诊断证明书”一式三份，“诊断证明书”需由医疗单位填写旅客的病情及诊断结果，并经医生签字、医疗单位盖章。

在班机起飞前96小时以内填开“诊断证明书”方为有效；病情严重的旅客，则应备有班机起飞前48小时以内填开的“诊断证明书”。

②特殊旅客（病残）乘机申请书

病残旅客要求乘机旅行，需填写“特殊旅客（病残）乘机申请书”一式两份，以表明如旅客在旅途中病情加重、死亡或给其他人造成伤害时，由申请人承担全部责任。

“特殊旅客（病残）乘机申请书”应由旅客本人签字，如本人书写有困难，也可由其家属或监护人带签。申请书上应包括：旅客年龄、性别、国籍、旅客的病情，“诊断申请书”是否齐备、旅客是否需要躺在担架上乘机等内容。

3. 轮椅旅客

目前承运人所使用的机型不同，每一航班载运需要轮椅的旅客的数量限制也不同，具体应联系相关的承运人以确定是否可以接收。很多需要使用轮椅的病残旅客有自己的轮椅，并且希望在航程途种随机携带。为方便处理和接受承运轮椅，当旅客希望在航程中随机携带自己的轮椅时，必须通知所有参加承运的航空公司。

4. 担架旅客

重病旅客在旅行中不能使用机上的座位，只能躺卧在担架上，除遵照病残旅客运输的有关规定外，还应根据下列规定办理。

1）人数限制

在每一航班的每一航段上，一般只限载运一名担架旅客，旅客办理订座手续时要向相关的承运人咨询。

2）陪伴人员

担架旅客必须至少由一名医生或护理人员陪同旅行。经医生证明，病人在旅途中不需要医务护理时，也可由其家属或监护人员陪同旅行。

3）售票

受理旅客使用担架的申请时，售票处要求旅客必须提供医院书面证明，证明该旅客在飞机上不会发生生命危险和传播疾病；旅客自己同时要提供书面担保，承担对由于自身原因发生生命危险和传播疾病的全部责任。

担架旅客需支付的费用可能因航空公司而不同，办理时应参照相关航空公司的规定。

5. 盲人旅客

有关盲人旅客运输的一般规定如下：

（1）若盲人旅客在航空旅行的整个过程中有成人陪伴同行，则盲人旅客可按照一般普通旅客接受运输。

（2）单独旅行、需要承运人提供特殊服务的盲人旅客，必须在订座时提出申请，经承运人同意后方可购票乘机。

（3）建立 PNR 时，在 OSI 栏内注明。例如，“PAX/BLND 45 YEARS OLD MALE”。

（4）单独旅行的盲人旅客在上下机地点应有人照料迎送。

（5）盲人旅客如携带导盲犬，应符合承运人的规定并具备必要的检疫证明。

（6）导盲犬经承运人同意可免费携带进入客舱或装在货舱内，同一客舱只能装运一只导盲犬。

（7）携带进入客舱的导盲犬必须带上口套和系上牵引绳索。但在长距离飞行中途不着陆的航班上，承运人可拒绝导盲犬被带进客舱。

（8）单独旅行的盲人旅客购票后，应给始发站、中途站和到达站拍发“盲人旅客运输”电报。

（9）办理乘机手续柜台应填写“特殊旅客服务通知”单一式两份，并通知服务人员引导盲人旅客。

（10）服务人员协助盲人旅客办理乘机手续，引导盲人旅客乘机，并与乘务员交接，将“特殊旅客服务通知单”一份交乘务员，一份留存备查。

6. 孕妇及新生儿

1）孕妇旅客

由于飞机在高空飞行，空气中氧气相对减少，气压降低，对孕妇乘坐飞机有一定的限制条件。尽管有研究表明妊娠期的任何阶段乘坐飞机都是安全的，但为了慎重起见，航空公司通常对孕妇乘机制定了一些规定，只有符合运输规定的孕妇，承运人方可接受其乘机。

（1）怀孕不足 8 个月（32 周）的健康孕妇，可按一般旅客运输。

（2）怀孕超过 8 个月（32 周）的孕妇以及怀孕不足 8 个月，且经医生诊断不适宜乘机者，一般不予接受。

（3）怀孕超过 8 个月但不足 9 个月的健康孕妇，如有特殊情况需要乘机，应在乘机前 72 小时内交验由医生签字、医疗单位盖章的“诊断证明书”一式两份。内容包括旅客姓名、年龄、怀孕时期、预产期、航程和日期、适宜乘机以及在机上需要提供特殊照料的事项，经承运人同意后方可购票乘机。

（4）怀孕超过 9 个月的孕妇不接受运输。

2）婴儿旅客

由于新生儿的抵抗力差，呼吸功能不完善，咽鼓管又较短，鼻咽部常有粘液阻塞，飞机升降时气压变化大，对身体刺激大，新生儿又不会做吞咽动作，难以保持鼓膜内外压力平衡。因此，对婴儿乘坐飞机要有一定的限制条件。航空公司规定新生婴儿出生不足 14 天不能乘机。

7. 无成人陪伴儿童

无成人陪伴儿童是指年龄在五周岁以上 12 周岁以下的无成人陪伴、单独乘机的儿童。有关无成人陪伴儿童运输的规定如下：

（1）年龄在 5 周岁以下的儿童不予承运。

（2）无成人陪伴儿童符合下列条件者，方能接受承运运输：

①无成人陪伴儿童必须有儿童的父母或监护人陪送到上机地点，并在儿童的下机地点安排人员迎接和照料。

②运输的全航程包括两个或两个以上的航班时，不论是由同一个承运人或不同的承运人承运，在航班衔接站应有儿童的父母或监护人安排人员接送和照料，并应提供接送人的姓名、地址和电话号码。

（3）无成人陪伴儿童乘机的申请应在航班起飞日前一星期提出，否则不予受理。

（4）直达航班可接受 5 至 11 岁无成人陪伴儿童运输，联程航班可接受 8 至 11 岁无成人陪伴儿童运输。如涉及其他承运人，还应得到有关承运人确认的电报同意后方可承运。过夜的联程航班，不接受无成人陪伴儿童的运输。

（5）5 周岁和 5 周岁以上至 12 周岁以上的无成人陪伴儿童，一般按适用成人票价的 50% 购买儿童票。

（6）无成人陪伴儿童客票的填开，除按一般规定外，在“旅客姓名”栏儿童姓名后缀“UM”字样，并加上两位数字的儿童年龄，如，李小红（UM08）。

8. 犯人旅客

由于犯人是受我国现行法律管束的，在办理犯人运输时，应与有关公安部门配合。有关的规定如下：

（1）公安部门应在订座时提出犯人运输申请，经承运人同意后方可购票乘机。

（2）在运输犯人的全航程中，有关公安部门必须至少派两人监送，并对监送犯人负全部责任。

（3）监送人员如需携带武器，应由机场安检部门处理。

（4）除民航总局特别批准外，只能在班机上监送犯人运输。

（5）办妥售票手续后，应给始发站、中途站和到达站拍发犯人运输电报。

第四节　不正常航班的处理

一、不正常航班分类

航班正常是指飞机在班期时刻表上公布的离站时间前关好机门，并在公布的离站时间后15分钟内起飞，又在公布的到达站正常着陆的航班；反之则为航班不正常。航班不正常包括航班提前起飞、延误、取消、合并、加降、备降和飞越等不正常情况。

航班延误分作两类：

（1）航空公司原因造成的航班延误：由于航空公司自身原因（工程机务、运输服务、空勤人员、公司计划），造成航班在始发地延误或取消。

（2）非航空公司原因的航班延误：由于天气、突发事件、空中交通管制、安检以及旅客等非航空公司原因，造成航班在始发地延误或取消。

二、航班不正常情况下各部门的职责和工作程序

1. 航班不正常情况下各部门的职责

（1）遇有航班不正常，局、站的值班领导必须亲自组织协调各有关部门的工作，迅速作出对不正常航班处理决定，并责成有关部门立即执行。

（2）各部门值班领导要深入生产第一线，按局、站值班领导指示，有效地组织指挥本部门的工作。

（3）航行调度部门是组织指挥飞行的中心。遇有航班不正常，必须及时准确地将不正常原因及对不正常航班的处置决定通告运输服务等部门和与该次航班有关的航站。

（4）准备取消航班，航行调度部门应及早研究，综合中途站和回程站以及运输服务部门的意见，报请值班首长慎重决定，并及时通知有关部门。

（5）航班延误后，后续航班的起飞时间由航行调度部门决定。为了缩短延误时间，各业务部门和空勤组应积极配合，尽量缩短过站时间。

（6）各保障部门、生产调度和运输服务部门应及时准确地和航行调度部门通报本部门所掌握的保障情况和旅客、货物、邮件等信息，以便航行部门在研究航班取消或延误时进行全面判断。

（7）气象部门要准确掌握和预报天气情况，要将当天本场和有关航路、航站的天气预报及时提供给运输服务部门，以便根据实际情况预先做好有关服务工作的准备。必要时，气象部门要协助运输服务部门向旅客作好解释工作。

（8）如因飞机调配原因取消或延误航班，局、站值班首长组织生产调度、机务、航行调度、运输服务部门，根据航班沿途各站客，货运情况，研究调配飞机补班，在本单位运力不足的情况下，应报告上级或商请兄弟单位支援。各单位应从全局出发，互相支持，密切配合。

（9）为了保证航班的正常率，各航空运输企业对运力使用必须留有余地，在保证正班飞行的前提下，方可安排加班，严禁取消正班的错误做法，如有发现，要给予责任单位及其领导以经济制裁和纪律处分。

（10）航班延误后，前方站不得因为安排旅客食宿有困难而寻找借口拒绝接收飞机，应以保证旅客的旅行计划、珍惜旅客的时间为原则，努力克服困难，积极接收飞机，否则，由于继续延误而发生的一切经济损失，应由前方站负担。

（11）航班不正常，各部门、各单位之间更应加强协作，互相配合，同心协力搞好

工作。坚决杜绝踢皮球、扯皮现象、贻误工作，造成不良影响。

2. 航班不正常情况下的服务工作流程

1）准备工作

（1）早班按当日最早一架出港航班提前一个半小时到达岗位。

（2）到岗后首先查看不正常工作记录本，了解取消航班的安排情况及航班的新的起飞时间，接旅客时间、旅客住宿地点，人数、用餐及其他特殊情况，并与旅客班车调度核对发车时间，以免漏接旅客。

（3）核对航班生产预报，并对当日不正常的航班标上记号，做到心中有数。

（4）了解当日航班飞行动态，飞机停飞情况，不正常航班的 F 舱、VIP 旅客及其休息室的使用情况等。

（5）核对账目、清点饮料、清点服务及娱乐用品，如录像带、棋类等。

（6）根据所掌握的情况、组长有针对性地对组员进行分工并提出要求。

（7）按规定着装、佩戴标志。

2）交接班程序及要求

（1）严格交接班制度。交班者首先应对不正常航班动态及安排情况交待清楚，并请接班者清点饮料及其他服务、娱乐用品。

（2）夜班须在最后一架进出港航班结束后，作好工作记录，结好账、清点饮料、用具、抄好次日的要客和休息使用的预报，搞好卫生等，方可离岗下班。

3）航班延误后的工作程序

（1）航班延误后，首先主动了解此航班延误的原因，预计起飞时间，并将了解的情况及时向旅客通告表示歉意，耐心细致地做好解释工作。

（2）主动为旅客提供书报杂志，扑克、象棋、跳棋等娱乐物品，并为旅客播放录像。

（3）对旅客提出的困难和要求，要尽量给予帮助和解决，如解决确有困难则应向旅客表示歉意，并婉言解释。

（4）对于旅客提出的合理要求，如不属本部门范围内的问题（如让改乘航班或更改航线等）不得拒绝报请部门值班领导与有关各科室协商解决，确实解决不了的，要向旅客讲明，请旅客谅解。

（5）对延误 8 小时以上的航班，应及时联系宾馆，饭店，招待所，安排旅客休息或组织旅客外出游览参观。

（6）如航班延误需要安排旅客用餐时，如属免费供餐，按订餐协议的有关规定及用餐标准，提前与有关部门进行联系，保证旅客按时就餐，餐食送到后，服务员要检查餐食质量，发现有质量问题要及时报告室值班领导处理。

（7）如属自费用餐，服务员应按民航局的有关规定向旅客讲明，并将用餐时间、地点告诉旅客，以免错过用餐时间。

（8）经常与调度取得联系，了解航班变更情况，并及时通知旅客。

（9）未开放办理乘机手续的延误航班在有确切的起飞时间后，应及时广播通知旅客在飞机起飞前1小时（国际航班2小时）办理乘机手续。

（10）外航延误提出需要我方提供饮料时，应按每人每次收取费用提供。

4）航班取消当日飞行后应做工作

（1）接到航班取消当日飞行的通知后，首先了解取消原因，次日起飞时间，中外旅客人数及头等舱旅客人数。

（2）及时与有协议的宾馆、饭店、招待所等取得联系，订好床位，并与旅客班车调度联系好车辆，约定发车时间。

（3）在对旅客的膳宿、接送车辆联系妥当之后通知广播员广播。

（4）对有住处需要进城的旅客，安排旅客免费乘车进城，并向旅客讲明次日乘车时间，飞机起飞时间及旅客重新办理乘机手续的时间。

（5）如旅客需要提取所交运的行李或要求退票，应及时与值机柜台联系。

（6）对航班取消后次日起飞时间一时难以确定的航班，如旅客要求进城，要将问询处的电话号码留给对方，请其在当日21:00打电话询问，对需要我们安排宾馆、饭店、招待所宿的旅客，应先安排其住宿，待有起飞时间后及时打电话通知宾馆饭店，并与旅客班车调度联系好次日车接的时间。

（7）遇有外航飞机取消时，要主动协助外航代办解决旅客住宿问题，如外航代办提出其他要求，能办到的要尽量办，不能办的，要婉言解释。

（8）凡遇过站、备降、改变航程的航班在京延误、取消，也按以上程序办理。

5）航班延误后各种工作记录和表格的填写要求

（1）航班延误后服务工作记录的内容包括：供饮料人数、次数、订餐数（早、中、晚餐）及供餐单位等。

（2）供完饮料后要及时填写“航班不正常服务费用结算清单”，填写内容包括：航班、航程、日期、旅客人数，提供服务理由，饮料费等。

（3）安排旅客住宿后，要分别将中国旅客和外宾及外籍华人、港澳台同胞的人数逐一填写清楚。

（4）安排旅客在某旅馆住宿要写清航班号、航线、取消原因、人数（中外）用餐情况，飞机次日起飞时间，次日车接时间，费用情况，经手人等，并将此项内容详细记录在工作记录本上。

（5）填写旅客班车接送延误航班用车登记表时，应注明接送日期，车到旅馆的具体时间、旅馆的名称、用车数等。用车数要大写。

（6）与有协议单位所订的餐食，按规定检验合格后，填写餐券，交给供餐单位，餐券上应填写：旅客姓名、人数、航班、日期、客票号码、供餐原因、供餐种类、经手人等。

三、航班不正常情况下的旅客服务工作

（1）运输服务部门在接到航班不正常的通知后，应及时通过广播（或口头）向旅客实事求是地说明航班延误或取消的原因，并预告延误等待的时间和预计起飞时间等情

况。说明情况时应语气亲切、措词得当，并真诚地向旅客表示歉意。对重要旅客，局、站值班领导要亲自接待做好解释工作并认真听取对方意见。运输服务部门的值班领导要亲临第一线，组织指挥对旅客的服务工作。

（2）服务人员要做到主动、热情、耐心、细致、及时帮助旅客解决困难。对重要旅客和老、弱、幼、病、残、孕旅客，要重点照顾，尽力为他们提供便利。在服务态度上，对中、外旅客要一视同仁，都应热情、主动。绝不允许发生与旅客争吵和不礼貌、不文明的言行。

（3）服务部门对膳宿及交通等问题要做到事先有安排有准备。

餐厅要保证旅客用餐，保证饭菜质量和清洁卫生。餐厅服务员要热情、主动地接待旅客，尽力缩短旅客等待用餐的时间。在餐厅座位紧张的情况下，应优先安排旅客用餐，优先为旅客服务。

四、不正常航班为旅客支付的费用结算

（1）因民航原因造成航班不正常，为旅客支付的膳宿交通费用，由延误或取消的责任航空运输企业负担。责任的确定，以航行调度部门提供的依据为准。

（2）因天气、突发事件、空中交通管制、安检以及旅客等非承运人原因，造成航班在始发地延误或取消，承运人应协助旅客安排餐食和住宿，费用可由旅客自理。

（3）为不正常航班旅客支付的有关费用按航空公司与有关方面签署的协议条款支付。

第五节　误机、漏乘、错乘与衔接错失

一、误机、漏乘、错乘与衔接错失的定义

1. 误机

误机是指旅客未能按照规定时间办妥乘机手续或者因旅行证件不符合规定而未能乘机的情况。

2. 漏乘

漏乘指旅客在航班始发站办理乘机手续后或在经停站过站时，未搭乘上指定的航班。发生旅客漏乘应首先查明漏乘原因，根据不同的漏乘原因进行处理。

3. 错乘

错乘指旅客乘坐了不是客票的适用乘机联上列明的运输地点的航班。

4. 衔接错失

由于航空公司原因未能衔接上后续航班的情况。

二、漏乘、错乘的处理

1. 漏乘

1）由于旅客原因造成漏乘

（1）发生在航班始发站，按误机有关规定处理，即旅客可办理改乘后续航班，也可以办理退票；

（2）发生在中途站，不得改乘后续航班，按旅客自动终止旅行处理，该航班未使用的航段的票款不退。

2）由于承运人原因造成漏乘

承运人应尽早安排旅客乘坐后续航班，并按航班不正常的有关规定，承担漏乘旅客等候后续航班期间的膳宿费用。

2. 错乘

1）由于旅客原因错乘

（1）在始发站发现错乘，承运人应安排错乘旅客搭乘飞往旅客客票乘机联上列明地点的最早航班，票款不补不退。

（2）在中途站发现旅客错乘，应中止其旅行，承运人应安排错乘旅客搭乘飞往旅客客票上列明的目的地的直达航班，票款不补不退。

2）由于承运人原因错乘

承运人应向旅客赔礼道歉，妥善安排旅客，并应承担错乘旅客在等候后续航班期间的膳宿费用。

（1）在始发站发现旅客错乘，承运人应安排错乘旅客搭乘最早飞往旅客客票上列明地点的航班。如旅客要求退票，按非自愿退票处理。

（2）在中途站发现旅客错乘，应中止其旅行，承运人应尽可能安排错乘旅客搭乘飞往旅客客票上列明目的地的直达航班。如旅客要求退票，按非自愿退票处理，退还自错乘地点至旅客客票上列明的目的地的票款。但是，任何情况下退款都不得超过旅客实付票款。

三、旅客误机的处理

（1）旅客如发生误机，最迟应在该航班离站后的次日中午12点（含）以前，到当地下列地点之一办理误机确认：

①乘机机场的承运人值机柜台；

②航空公司售票处；

③航空公司地面服务代理人售票处。

确认误机后，应在客票乘机联的“票价计算”栏内加盖“误机／NO SHOW”印章，并注明时间。

（2）已获得误机确认的旅客，如要求改乘后续航班，可在上述地点或原购票地点办理变更手续，航空公司应在航班有可利用座位的条件下予以办理，免收误机费一次。

但持有在航班规定离站时间前 72 小时以内变更过航班、时间的客票的旅客，应交付客票价 5% 的误机费。

（3）未获得误机确认的旅客，如有要求继续旅行，应交付客票价 20% 的误机费。

（4）旅客误机变更后，如要求再次变更航班、日期，应交付的变更手续费以承运人的相关业务文件为准。

（5）旅客误机或误机变更后，如要求改变承运人或要求退票，均应按自愿退票的规定办理。

第四章 行李运输

行李运输是旅客运输工作的组成部分，它是随着旅客运输的产生而产生的。行李运输在旅客运输中占据非常重要的地位，旅客旅行是否成功，往往还取决于旅客所携带的行李物品运输的完好性和准时性。这是因为行李不仅本身有价值，而且更重要的是行李运输的顺利与否直接关系到旅客旅行任务的完成和生活的方便。所以，行李运输工作的好坏直接影响到旅客的旅行方便，关系到旅客对航空公司服务工作的满意程度。行李运输差错事故所引起的赔偿会给航空公司带来经济损失，也有损于航空公司的声誉，甚至造成严重的政治影响。随着旅客运输量的逐年上升，加强行李运输管理、预防行李运输差错事故的发生，已成为提高航空客运质量的重要环节。

第一节 国际与国内旅客行李运输的基本概念和定义

一、行李的定义

旅客在旅行中为了穿着、使用、舒适或者便利而携带的必要或者适量的物品和其他个人财物称作行李（BAGGAGE）。

二、航空运输行李的类别

根据运输责任，承运人承运的行李可分为以下几类。

1. 交运行李（Checked Baggage）

托运行李是指已经填开客票和行李票并由旅客交由承运人负责照管和运输的行李。此类行李将被计重并贴上行李牌放置于航空器的行李舱或货舱中，旅客无法接触到。承运人在收运行李时，必须在客票的行李栏内填写托运行李的件数及重量，客票上将贴上“行李牌识别联”以给旅客作为认领行李用。

2. 自理行李（Unchecked Baggage）

自理行李是指经承运人同意由旅客自行负责照管的行李。如易碎物品、贵重物品、外交信袋等特殊物品可以作为自理行李由旅客带人客舱内。

3. 随身携带行李（Carry On/ Cabin Baggage）

随身携带行李是指经承运人同意由旅客自行携带进入客舱的小件物品。

第二节　行李运输的一般规定

一、分类行李运送规定

1. 交运行李

1）免费行李额

一张机票的价格中，不仅包括旅客的运输费用，还包括旅客所携带行李的运输费用，也就是旅客可以在乘坐飞机的同时免费携带一定重量和件数的行李。旅客付的费用决定了旅客乘坐的座位等级和可免费携带的行李数量和重量。所付票价越高，可乘坐的座位等级越高，可享受的免费运输的行李越多。这种根据旅客所付票价、乘坐舱位等级和旅客乘坐的航线而享受的可免费运输的行李重量或件数就叫做免费行李额。声明价值行李不计入免费行李额内（关于声明价值，会在后面章节中详细阐述）。

国内航线旅客行李采用计重系统决定免费行李额：

（1）凡持成人或儿童票的旅客，每人免费行李额头等舱为 40 公斤，公务舱 30 公斤，经济舱为 20 公斤。持婴儿票的旅客无免费行李额。

（2）行李重量超过免费行李额时，其逾重部分应按规定收取逾重行李费。

（3）持免费客票旅客的免费行李额，按其乘坐的舱位等级享受免费行李额。

（4）到达站相同的同行旅客，免费行李额可合并计算。如客票的种类和座位等级不同时，也可合并计算。

（5）行李的重量以公斤为单位，不足 1 公斤时，尾数四舍五入。逾重行李的收费以元为单位，元以下四舍五入。

（6）构成国际运输的国内航段，每位旅客的免费行李额按适用的国际航线免费行李额计算。

2）行李的运价

（1）旅客的逾重行李费每公斤的费率按经济舱票价的 1.5% 计收。行李运费以元为单位，元以下四舍五入，每张逾重行李收据最低限额为人民币 1 元。

（2）运价表公布的行李运价是始发地至目的地机场之间的直达运价。

（3）适用公布运价的行李和折扣运价的行李应分别计价。

3）逾重行李及逾重行李费

旅客所携带的超过其票价所享受的免费行李额的行李叫做逾重行李。逾重行李将按照有关规定计费并向旅客收取。这种费用叫做逾重行李费，收取旅客逾重行李费需填开逾重行李票。

在国内运输中，逾重行李重量以公斤为单位，运费以元为单位，小数点以后的数字均四舍五入；逾重行李费费率按填开逾重行李票之日所适用的公布直达单程成人正常经济舱票价的1.5%计算，保留两位小数。

逾重行李票是收取逾重行李费的依据，是一种有价票证，也是承运人之间的结算凭证。它由财务联、出票人联、运输联和旅客联构成。财务联为财务结算用；出票人联为出票人存查用；运输联为运输逾重行李及航空公司之间结算用；旅客联为旅客提取逾重行李和报销凭证。逾重行李票在填开完毕交给旅客之前应撕下财务联和出票人联，旅客持逾重行李票办理逾重行李托运手续时，工作人员撕下逾重行李票的运输联作为凭证。

逾重行李票的号码由4组共13位数字组成：

第一组即前3位数字为所属航空公司票证代号，如781表示东方航空公司；

第二组为接下来两个数字表示逾重行李票；

第三组分别以“1、2、3、4”表示逾重行李票的联数；

第四组最后7个数字表示逾重行李票的顺序号。

逾重行李票

逾重行李费收据（见图4.1）一式三联：财务联（白色），由出发站附同销售日报送财务部门，旅客联（粉红色），交旅客收执，存根联（浅蓝色），由收款单位留存。“重量”栏内填写行李逾重部分的重量。“费率”栏内填写承运航段间每公斤的运价。“声明价值”栏内填写超出规定限额部分的声明价值（人民币），并在“费率”栏内填写每百元的声明价值费率。

中国东方航空公司
逾重行李票
EXCESS BAGGAGE

旅客姓名：王明
NAME OF PASSENGER

客票号码：7811742465412
TICKET

航段 SECTOR	承运人 CARRIER	航班号 FLIGHTNO	重量 WEIGHT	费率/公斤 RATE/KG	运费金额 CHARGE	声明价值附加费 DECLARED-VALUE	合计收费 TOTAL
自至 FROM/TO 上海—广州	MU	5303	15	12)60	189)00	/	189)00
日期 DATE	15FEB 96	经手人 ISSUEDBY	李兵	盖章 SIGNATURE			

4. 存根联
4. ISSUING OF FICECOUPON

图4.1　逾重行李收据

4）行李的收运

（1）旅客的交运行李一般应在旅客办理乘机手续时收运。如果团体旅客的行李过多或因其他原因需要提前交运时，可以和旅客约定时间、地点收运。收运行李运往机场时，应派人押运并填写交接清单。

（2）收运行李时，应查验旅客的客票，行李的运达地点应与客票上的到达站相同。

（3）旅客的自理行李和托运行李应过磅，将托运行李的件数和重量填入客票的行李栏内，作为承运凭证。逾重而未付逾重行李费的重量不填入客票内，但在计算飞机载重时要记入飞机载重表以防超载。重要文件和资料、外交信袋、证券、货币、汇票、贵重物品、易碎易腐物品，以及其他需要专人照管的物品，不得夹入行李内托运。承运人对托运行李内夹带上述物品的遗失或损坏按一般托运行李承担赔偿责任。

（4）航空限运物品、管制刀具以外的利器、钝器应放入托运行李。

5）收运行李时应注意的事项

（1）要了解行李的内容是否属于行李的范围，有无夹带禁运物品、易碎易损物品及其他不能作为交运行李的物品。对托运行李要进行抽查，抽查时，应会同旅客进行查看，查看时要注意方式方法，以免引起旅客的误解和不满。凡发现有不符合规定的物品，应及时处理。如旅客不同意查看，则拒绝收运，必要时报有关部门处理。

（2）检查行李的包装是否符合要求，如不符合要求，应请旅客加以改善，否则可拒绝收运。旅客因为时间限制无法改善包装，但又要求交运，可根据具体情况决定是否收运。同意收运时，必须在行李上拴挂"免除责任行李牌"，并向旅客解释清楚，由于包装不良而造成行李损坏时，民航不负责任。

（3）在收运行李时，要向旅客宣传办理行李声明价值的有关规定，是否办理声明价值，由旅客自己确定。

（4）超过免费额的行李，超过部分应按规定收取运费，并填写"逾重行李费收据"。

（5）行李过磅必须准确，不能将旅客手提行李的重量限额与免费行李额合并计算。

（6）托运行李（包括办理声明价值的行李）和自理行李件数、重量，应准确地分别填入"出发旅客登记表"有关栏内，以便正确计算飞机的载重。

（7）旅客在免费行李额内托运的行李，应与旅客同机运出。在一般情况下，旅客的逾重行李也应与旅客同机运出。如果逾重行李过多，受班机载量的限制，不能全部同机运出时，应向旅客说明，在后续班机上优先运出，并将行李运出的日期、航班、行李的件数、重量和行李牌号码电告行李的到达站。对于未能与旅客同机运出的行李，必须建立登记制度，注意保管，及时运出，防止丢失、损坏或漏装。

（8）不属于行李范围的物品，如自行车、缝纫机、14 英寸以上（含 14 英寸）的电视机、录像机以及机器零件、各种仪器、仪表等，不能按行李收运，应按货物托运。

（9）行李运输部门应准备箱类、绳子、塑料布、胶布、锁等物品，为旅客改善和修理行李包装。以上的服务可向旅客收取一定的费用。

（10）不得作为行李运输的物品。

为了保障民用飞机和旅客生命财产的安全，除特别允许外，严禁旅客随身携带或在托运行李中夹带下列物品：

- 枪支和警械：各种类型的军用、民用枪支，包括气枪、运动枪、猎枪、信号枪、麻醉注射枪、样品枪和逼真的玩具枪。
- 各种警械包括：电警棍、电击器、催泪剂、喷射剂等。
- 弹药和爆炸物品：炸弹、手榴弹、子弹、照明弹、教练弹、烟幕弹、炸药、火药、引信、雷管、导火索、引爆索以及其他爆炸物品和纵火器材。
- 易燃、易爆物品：酒精、煤油、汽油、硝化甘油、硝铵、松香油、橡胶水、油漆、白酒（限二公斤），丁烷液化气罐及其他瓶装压缩气体或液化气体、硫化磷、镁粉、铝粉、闪光粉、黄磷、硝化纤维胶片、金属钠、金属钾、烟花、鞭炮等。
- 毒害品：氰化钾、砷、有毒农药、氯气、有毒化学试剂、鼠药等各种有机、无机毒品。
- 氧化剂：烟雾剂、发光剂、过氧化钠、过氧化钾、硝酸铵、过氧化铅、过醋酸等各种无机、有机氧化剂和过氧化物。
- 腐蚀物品：硫酸、盐酸、氢氧化钠、有液蓄电池、海水等具有腐蚀作用的物品。
- 放射性物品：放射性同位素等放射物品。
- 易传播病毒的物品：传染性细菌、病毒和带有活病原体的物质等。
- 其他具有异味，易污染飞机和其他行李、货物、邮件以及强磁性物品。
- 上述物品在任何情况下都不得作为行李运输或夹入行李内托运，也不得作为随身携带物品带进客舱。
- 承运人在收运行李前或在运输过程中，发现行李中装有不得作为行李或夹入行李内运输的上述物品，可以拒绝收运或随时终止运输。

6）行李牌

（1）行李牌的概念

行李牌是旅客托运行李的运输凭证，分上下两联。上联于填写后拴挂（或粘贴）在行李上，凭此装卸和运输，下联为旅客提取行李的凭证，交旅客收存，凭此在到达站提取行李。使用时，按行李牌上的规定的内容填写清楚。

行李牌分为两种：一种为硬纸拴挂式。为防止行李牌脱落，硬纸拴挂式行李牌应采用尼龙松紧绳；一种为软粘贴式，格式由各单位自行设计。

（2）免除责任行李牌

免除责任行李牌是在收运行李时，发现有下列情况之一者应拒绝收运。如旅客仍要求交运，则拴挂“免除责任行李牌”。

- 精密易碎物品，包装简陋；
- 包装不符合要求（包括所有纸箱包装物）；

- 截止办登机手续后收运的行李；
- 交运行李时外包装已有残损；
- 无锁或锁已失效。

收运时有何种问题，在免除责任行李牌上对所属问题划出“√”符号。

图 4.2 为软粘贴式行李牌及免除责任行李牌示例。

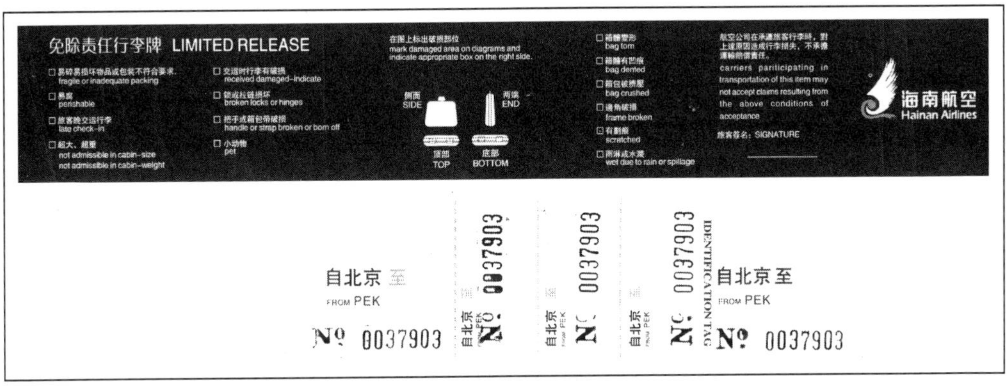

图 4.2　软粘贴式行李牌及免除责任行李牌

（3）行李标贴

- 为便于在运输过程中行李牌脱落后能迅速查找，在收运行李时，凡无名牌者，要求旅客填写名牌，贴挂在行李上。民航要印制此牌，免费提供给旅客使用。
- 为保证行李的顺利运输，对使用木箱、纸箱包装的行李或其他类似货物包装的行李，应加贴有“行李”字样的标贴，以防装卸时与货物混淆而发生差错。
- 重要旅客及其随行人员的交运行李，除拴挂行李牌外，还要拴挂“重要旅客”标志牌（如图 4.3 所示）。如同一班机上有两个以上不同单位的重要旅客时，应拴挂不同颜色的“重要旅客”标志牌以示区别。
- 对挂有“重要旅客”标志牌的行李，要严加保管，后装先卸，保证运输质量。
- 为了保证团体旅客行李运输的安全迅速，对团体旅客交运的行李除拴挂行李牌外，另外加挂（贴）“团体旅客”标志牌，如同一班机上有两个以上团体旅客时，应挂不同颜色的“团体旅客”标志牌。
- 头等舱旅客或重要旅客又不愿显露其身份的，以及立即换乘其他航班联程旅客交运的行李，除拴挂行李牌外，还应拴挂“装舱门”行李牌（如图 4.4 所示），对挂有此行李牌的行李，应装在舱门口，后装先卸，保证运输质量。

7）特殊行李的运输

在旅客运输过程中，对于特殊行李必须严格按照相应的运输规定进行运输。

（1）小动物的收运和处理

所谓小动物运输是指旅客携带猫、狗和小鸟等宠物乘机。旅客携带小动物乘机，必须在订座时提出并提供动物检疫证明，征得承运人同意后才可托运。

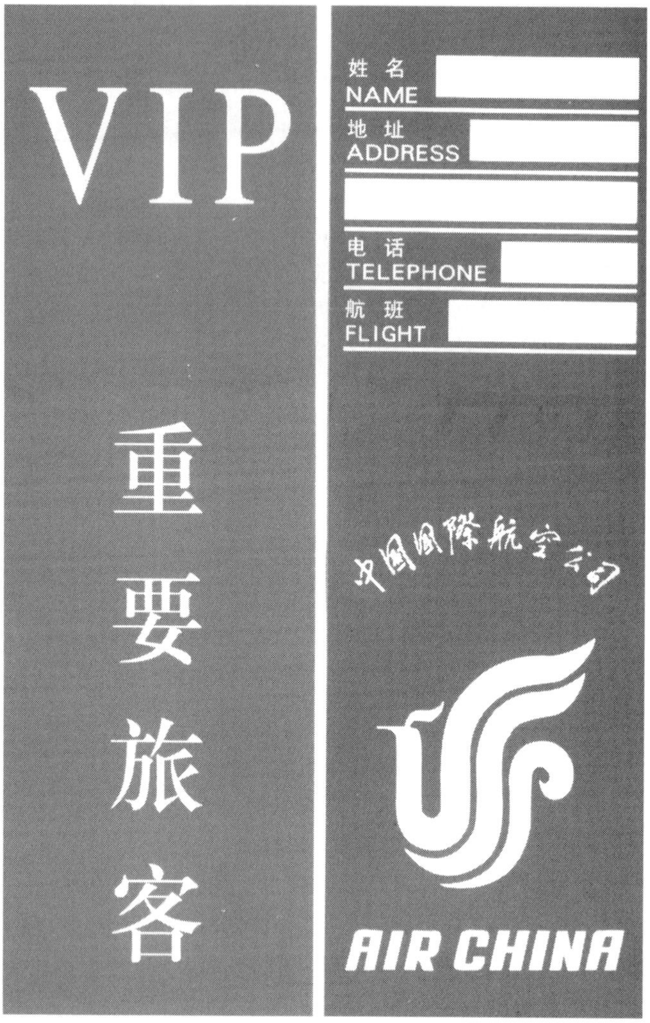

图 4.3　重要旅客标志牌

图 4.4　装舱门行李牌

承运人接到旅客申请携带小动物乘机的要求后，在旅客同意遵守如下运输条件时，方可同意运输。

● 小动物必须装在适合其特性的坚固容器内。容器的一般要求如下：

* 能防止小动物破坏、逃逸和接触到容器外面的旅客、行李、货物和邮件；

* 保证空气流通，不致使小动物窒息；

* 容器的大小不超过货舱门的宽度和高度：

* 能防止粪便渗溢，以免污染飞机设备和其他物品。

● 小动物及其容器和食物的重量，不得计算在旅客免费行李额内，应按逾重行李计收运费。收运小动物应单独填开逾限行李费收据，并按下列规定填写：

* 在“逾重”栏内填写小动物以及容器和食物的总重量；

* 在“超项”栏内填写小动物名称如“猫”、“狗”等；

* 在“费率”栏内按规定填写动物每公斤的运价；

* 其他各栏仍按逾限行李费收据的有关规定填写。

● 旅客携带的小动物除经承运人特许以外，一律不准在客舱内运输。野生动物或具有野性的动物、旅客不能随身携带，只能作为货物运输。旅客携带的小动物也可以作为货物运输，并按货物运输的有关规定办理。

（2）外交信袋的收运与处理

● 外交信袋应由外交信使随身携带，自行照管，根据外交信使的要求，承运人也可以按照托运行李办理，但承运人只承担一般托运行李的责任。

● 外交信使携带的外交信袋与行李可以合并过磅计重，超过免费行李额部分，按逾重行李收费。

● 外交信袋如需占用座位，必须在订座时提出，如有座位可予同意购买占座客票。

外交信袋占用每一座位的重量限额不得超过 75 公斤，每件体积和重量的限制与行李相同，占用座位的外交信袋没有免费行李额。

（3）限制携带的物品

限制携带物品，系指在运输过程中可能危害人员、飞行或飞行安全的物品。但采取适当措施后，可与旅客同机运输。

● 运输条件

* 除助听器和心脏起搏器等人体功能所需各种电子设备外，其他电子设备一般不得在空中使用。

* 病残旅客所携带的医用氧气袋和残废人假肢活动需要的小型二氧化碳压缩气体，应事先取得民航同意并采取相应的安全措施，方能运输。

* 旅客随身携带的枪支、电棒、匕首、伞刀等应按规定交安检部门处理。

* 旅客随身携带的利器，如：菜刀、大剪刀、大型水果刀、工艺品刀和少数民族的佩刀、佩剑等（不含凶器）和其他容易被误认为凶器的物品。如玩具手枪、体育手榴弹、教练橡皮匕首等，应放入托运行李内交运。但在旅客无托运行李或因时间紧迫来

不及托运时，可按以下规定办理运输手续。

● 旅客接受安全检查时，应将随身携带的上述物品交给安全检查人员，由安全检查人员装入“限制物品保管袋”，并填写交接三联单（格式见图 4.5）。交接单第一联交旅客，作为领取物品的凭证；第二联贴在保管袋上；第三联由安全检查站存查。

限制物品交接单 RECEIPT/CLAIM SLIP NO ____	
航班号 FLIGHT	
日期 DTAE	
姓名 NAME	
座位 SEAT	
品名 ITEM	
件数 PIECE	
到达站 ARRIVAL	
受理站 REC. STN	
受理人 HANDLER	
第一联：飞机在您的目的站落地后，请您凭此单向飞机上的乘务员领取您的物品，当天不领取，此单即告作废 Please get your above itcm(s) from our stcwardess, after landing against claim slip. Invalid if not made on the same day of arrival	

限制物品交接单 RECEIPT/CLAIM SLIP NO ____	
航班号 FLIGHT	
日期 DTAE	
姓名 NAME	
座位 SEAT	
品名 ITEM	
件数 PIECE	
到达站 ARRIVAL	
受理站 REC. STN	
受理人 HANDLER	
第二联：此联贴在“限制物品保管袋”上，飞机落地后，由机上乘务员将限制携带物品发还旅客，并收回旅客所持的交接单	

限制物品交接单（第一、二联）

图 4.5　限制物品交接单

2. 自理行李

每一旅客携带自理行李的重量一般不能超过 10kg，体积每件不能超过 20cm×40cm×55cm，并要求能放入行李架内或座位底下，不妨碍客舱服务和旅客活动。经承运人同意的自理行李应与托运行李合并计重后，交由旅客带入客舱自行照管，并在行李上拴挂自理行李牌。

3. 随身携带行李

随身携带物品又称为旅客手提物品。有别于自理行李，随身携带物品是旅客在旅途中所需要或使用而携带的个人物品，如：一定量食品、书报、照相机、大衣等。随身携带物品的重量，每位旅客以5kg为限，此重量不计入旅客的免费行李额内。每件随身携带物品的体积不得超过20cm×40cm×55cm。持F舱客票的旅客，每人可随身携带两件物品；持C舱或Y舱的旅客，每人只能随身携带一件物品。超过上述重量、体积或件数限制的随身携带物品，应作为托运行李托运。

三、行李的共同运送

团体旅客或同行旅客的行李在一起过磅时，行李的总件数和总重量可填入团体旅客负责人或同行旅客其中一人的客票上，这种情况叫做"行李的共同运送"。处理共同运送行李要注意：

1. 客票处理

在领队客票上注明团体旅客或同行旅客的人数（在人数前写上代号PL。如同行人数为5人，应写为PL5），其他人的客票上则应在行李栏内做"√"符号，表示已办理交运手续。

2. 明确旅游部门和航空运输部门的旅客运输责任

旅游团体行李收运，除严格执行一般行李和普通行李的收运规则外，还要进一步明确旅游部门和航空运输部门的旅客运输责任，确保团体旅客的行李运输正常。旅游部门对旅游者交运的行李，必须先由旅客自己上锁和加封，各环节应严格检查上锁和封条以及破损情况，发现有问题应在交接单上详细注明。团体行李托运时，必须填写旅游团行李交接单。具体做法是：由旅游部门统一印制旅游团体行李交接单，旅游部门在托运行李前，填好交接单一式两份。值机工作人员在接收行李时，根据交接单清点件数，过磅称重，认真检查上锁和封条以及破损情况，发现行李不上锁和未贴封条的，应拒绝收运，对封条破裂，无锁或行李破损情况，必须在交接单上注明，并拴挂免除责任行李牌，然后双方行李员签字，交接单各保存一份。行李接收后丢失和破损，由接收单位负责。

四、行李的退运和变更

1. 行李的退运

（1）旅客在始发站要求退运行李，必须在行李装机前提出。如果旅客临时退票，则必须同时退还已交运的行李。以上退运，均退还已收行李运费。

（2）旅客在经停站要求退运，该航班未使用航段的已收行李运费不退。

（3）退还行李运费时，应收回原逾重行李费收据，另填开退款单交旅客。

（4）旅客退运行李，其交付手续按交付行李有关规定办理。

2. 中途站提取行李的处理

（1）班机在中途过夜，旅客要求领取行李，可将行李交给旅客。行李上拴挂的行李牌可不取下，提取行李凭证暂时收回。其他交付手续按交付行李有关规定办理。

（2）续程重新交运时，提取行李凭证交还旅客，但行李应予复磅。如重量有变动，应在行李牌及业务文件上作相应的变更：重量增加超过免费行李额或超过原付费重量时，应收取或加收该站至到达站的行李运费，重量减少已付运费的差额不退。

3. 航班中断时对行李的处理

（1）由于承运人的原因，需要安排旅客改乘其他班机，行李的运输应随旅客作相应的变更，行李运费可重新计算，多退少不补。

（2）如旅客改乘地面运输工具，行李交还旅客。如已收取行李运费，应退还未使用航段的运费。

第三节　国际行李运输

一、计重行李系统

1. 计重行李系统的规定适用范围

除以下情况外，适用计重行李系统：

——经 SA 航线自巴西至香港/泰国

——经 SA 航线自巴西至南非

——自巴西至欧洲/中东

——跨越太平洋、IATA 一区与二区之间的航线（但自俄罗斯在亚洲地区至加勒比/中美/南美、法属波利尼西亚与南美之间的运输适用重量概念）。

2. 计重行李系统的运送规定

1）成人免费行李额

免费行李额为：旅客付款座位等级：

40kg（88 磅） F/P－CLASS

30kg（66 磅） C/J—CLASS

20kg（44 磅） Y CLASS

2）儿童/婴儿免费行李额

购买不低于成人票价的 50% 的儿童可享有与成人一样的免费行李额。

除承运人另有规定外，国际航协规定未购座位的婴儿有 10 公斤的免费行李额并允许带一个全折叠轻便婴儿车或推车椅。

3）病残旅客

病残旅客可以免费携带一张轮椅及（或者）他们所依赖的辅助器械。

4）F、C 或 Y 舱混合旅行

在整个航程中，旅客部分航程乘头等舱，部分乘公务舱或经济舱，每一航段的免费行李额为其所付票价等级相应的免费行李额。

5）行李合并交运

两个或更多的旅客，作为团体乘同一航班，有共同的目的地或中途分程地，不管是否相同等级，只要同时到乘机柜台办理乘机手续交运行李，承运人将允许他们合并使用免费行李额。

3. 非托运行李

1）免费随身携带物品

除了免费行李额外，每位旅客无需另付费用可以携带承运人所限定的能置于旅客的前排座位之下或封闭式行李架内的手提行李。每位旅客免费随身携带物品的重量以 5kg 为限，体积不得超过 20cm × 40cm × 55cm。

2）自理行李（客舱行李）

除了免费携带物品外的任何非交运行李都是客舱行李。客舱行李必须称重并与免费行李额一起计算。但是，为了遵守安全规定和/或联运限制，在客舱中携带这些物品应尽可能予以限制。每位旅客只限携带一件自理行李，其重量不能超过 10kg，体积不超过 20cm × 40cm × 55cm，并能置于旅客的前排座位之下或封闭式行李架内。

4. 特殊行李运送

对于旅客在旅行中携带特殊行李的情况，航空公司往往制定有特殊的规定，给与一定的运费优惠以方便旅客旅行。以滑雪、高尔夫器具为例对特殊器具的运送给以说明。

1）滑雪器具：

（1）滑雪器具包括：一副滑雪板，一双滑雪靴。

（2）收费办法：

①当滑雪器具包括在免费行李额中时，不另外收费；

②当滑雪器具作为逾重行李时，只按照 3kg 收取逾重行李费；当两种规定都可以应用时，取低者收取逾重行李费；

③每位旅客只可以有一副滑雪器具享受上述规定；

④要在客票签注栏内填入享受上述规定的滑雪器具的情况，填写方法。

例：对于滑雪器具特殊收费的计算：Y 舱旅客，免费行李额：20kg

普通交运行李	滑雪器具	按照普通收费办法	按照滑雪器具特殊规定	Endorsement
--/--	1/12	逾重:0	逾重:0	
1/13	1/9	逾重:2kg	逾重:3kg 收:2kg	
2/17	1/14	逾重:11kg	逾重:3kg 收:3kg	SKI 1/14
2/25	1/13	逾重:18kg	逾重:18kg 收:8kg	SKI 1/13
1/15	1/12,1/15	逾重:22kg	逾重:22kg 收:10kg	SKI 1/15

2）高尔夫器具

（1）高尔夫器具包括：一个高尔夫背包，一双高尔夫鞋。

（2）收费办法：

①当高尔夫器具包括在免费行李额中时，不另外收费；

②当滑雪器具作为逾重行李时，只按照 6kg 收取逾重行李费；当两种规定都可以应用时，取低者收取逾重行李费。但这种规定只适用于 15kg 以下的高尔夫器具，超过 15kg 部分照章收费；

③每位旅客只可以有一副高尔夫器具享受上述规定；

④要在客票签注栏内填入享受上述规定的高尔夫器具的情况。

例：对于高尔夫器具特殊收费的计算：Y 舱旅客，免费行李额：20kg

普通交运行李	高尔夫器具	按照普通收费办法	按照高尔夫器具特殊规定	Endorsement
1/16	1/20	逾重:6kg	逾重:6kg 收:6kg	GOLF 1/20
2/18	1/18	逾重:16kg	逾重:9kg 收:9kg	GOLF 1/18
2/25	1/20	逾重:25kg	逾重:16kg 收:16kg	GOLF 1/20
1/16	1/14,1/18	逾重:28kg	逾重:19kg 收:19kg	GOLF 1/18
1/15	1/12,1/15	逾重:22kg	逾重:22kg 收:10kg	SKI 1/15

二、计件行李系统

1. 适用范围

——经 SA 航线自巴西至香港/泰国

——经 SA 航线自巴西至南非

——自巴西至欧洲/中东

——跨越太平洋、IATA 一区与二区之间的航线（但自俄罗斯在亚洲地区至加勒比/中美/南美、法属波利尼西亚与南美之间的运输适用重量概念）。

2. 托运行李

1）成人免费行李额

交运行李和非交运行李的免费额度取决于所付票价的等级而不是实际乘坐的等级，免费额为：

头等舱和公务舱，可免费两件交运行李，每件的三边之和不超过 158cm（62 英寸）。

经济舱可免费两件交运行李，每件行李的三边之和不超过 158cm（62 英寸）；两件三边之和不超过 273cm（107 英寸）。

免费行李额中的任何一件的最大重量为32kg。

2）儿童/婴儿免费额

儿童的免费行李额与上述所规定的相同。付相应票价的10%的婴儿只能有一件交运行李，其三边之和不得超过115cm（45英寸），和一个折叠式婴儿车或推车。

3）病残旅客

病残旅客可以免费携带一张轮椅并且（或者）其他他们所依赖的辅助器械。

4）头等或公务舱与经济舱的混合旅行

在全航程上旅客部分乘头等舱或公务舱，部分乘经济舱。每一航段的免费行李额应是与其所付票价相应的免费行李额。

5）行李合并交运

两个或更多的旅客，作为团体乘同一航班，有共同的目的地或中途分程地，不管是否相同等级，只要同时到乘机柜台办理乘机手续交运行李，承运人将允许他们合并使用免费行李额。

3. 非托运行李

1）免费随身携带物品

除了免费行李额外，每位旅客无需另付费用可以携带承运人所限定的能置于旅客的前排座位之下或封闭式行李架内的手提行李。每位旅客免费随身携带物品的三边之和不超过115cm（45英寸）。假如实际操作中由于客舱无空间放置手提行李，则这类行李需作为托运行李放入飞机货舱，但不收取超限行李费。

2）自理行李（客舱行李）

除了免费携带物品外的任何非交运行李都称为客舱行李。为了遵守安全规定和/或联运限制，承运人将限制在客舱中携带这些物品。如果所带物品明显地不符合免费随身携带物品所限定的种类，则应作为一件行李量其尺寸且应计入总的行李件数的收费中。

4. 逾重行李费的计算

计件系统的逾重行李费的计算：

（1）规定统一的或者各承运人自己的逾重行李收费费率（一倍逾重行李的费用）；

（2）分件数、尺寸、重量三种情况分别计算逾重行李费：

①下列情况收取1倍逾重行李费：

- 携带行李件数超过一件；
- 行李尺寸三边之和大于158cm，小于203cm。

②下述情况收取2倍逾重行李费：

- 携带行李件数超过--件，并且
- 行李尺寸三边之和大于158cm，小于203cm。

③除非事先征得承运人同意，一般不与承运三边之和超过203cm或者重量超过32kg的包裹。如果承运人同意承运，超过203cm的行李收取3倍逾重行李费；45kg以内收取3倍逾重行李费，45kg以上每增加10kg加收1倍逾重行李费。

5. 特殊行李运送

（1）滑雪器具的运送：

①滑雪器具包括：一副滑雪板，一双滑雪靴。

②收费：

- 当滑雪器具包括在免费行李额中时，不另外收费；
- 当滑雪器具作为逾重行李收费时，每件按照33%费率收取；
- 每位旅客只能有一件滑雪器具使用上述收费标准，多于一件者按照正常逾重行李收费。

（2）高尔夫器具：

①高尔夫器具包括：一个高尔夫背包，一双高尔夫鞋。

②收费：

- 当高尔夫器具包括在免费行李额中时，不另外收费；
- 当高尔夫器具作为逾重行李时，每件按照50%费率收取；
- 每位旅客只能有一件高尔夫器具使用上述收费标准，多于一件者按照正常逾重行李收费。

三、国际运输业务条款简介

《统一国际航空运输某些规则的公约》（1999年蒙特利尔公约）和《欧盟261条款》等国际公约对于国际行李运输中发生行李破损、丢失、部分损坏等情况的处理制定了明确的条款，具体内容见本书第六章第二节。

第四节　不正常行李处理

一、不正常行李分类

不正常行李分为.

（1）迟运行李：指本航班应运而未运出的行李。如漏装、行李牌脱落等。

（2）少收行李：指在运输过程中，未能按规定时间和数目运达目的站的行李。

（3）多收行李：指本次航班到达后，超出载重表中记录的行李，或无人领取的行李。

（4）行李破损：指在运输过程中，旅客交运行李的外部受到损坏，因而使行李的外包装或内装物品价值遭受损失。

（5）旅客遗失物品：指在民航售票处、接送旅客车内、候机室、客舱内、餐厅、宾馆　（招待所）等旅客活动场所捡拾的物品（包括行李、物品）。

二、不正常行李处理

1. 迟运行李的处理

（1）在“不正常行李运输登记本”上登记。

（2）安排续运的航班和日期，并拍发行李运送电报（FWD）给行李的目的站或有关转运站，避免不必要的查询。

（3）由于行李牌脱落无法确定行李的目的站时，应向当日有关航班的中途站和目的站发“多收报”（OHD），收到有关站的电报确认后，即将行李运出。

（4） 迟运行李填写和拴挂速运行李牌，并拍发行李运送电报。

2. 少收行李的处理

（1）请旅客交验客票的行李牌，核对旅客姓名、航程及行李牌上的目的地与客票上的航程是否相符。

（2）向旅客了解未运到行李的形状、颜色和制作材料等特征。

（3）检查卸机单签收行李件数与飞机载重表的件数是否相符；检查行李发放区域有无遗留行李；检查货舱及集装箱内（必要时还可检查客舱）是否有漏卸行李，并检查行李装卸机和发放工作场地周围；检查有无当成货物错卸的行李，必要时向机务和其他服务人员查询；查看不正常运输登记本和其他站发来的多收电报或运送电报。

（4）会同旅客填写“行李运输事故记录”并做“不正常行李运输登记本”登记。

（5）请旅客填写“丢失行李调查表”。

（6）按规定向旅客提供临时生活用品补偿费。

3. 多收行李的处理

多收行李在到达站无人认领，处理方法是：

（1）在“不正常行李运输登记本”上登记；

（2）对无行李牌的行李，可通过检查行李上的旅客姓名、地址、标贴牌和行李的类型、颜色等以及核对其他站发来的少收行李电报或到达本站的旅客名单报，找出线索，设法与旅客本人或有关人员联系；

（3）通过上述办法仍无线索，应向始发站或有关站拍发多收电报（OHD）查询。多收电报应在航班到达后 4 小时发出。

4. 行李破损

（1）旅客提取行李时，声明行李破损，工作人员应会同旅客检查行李外包装和内装物品的损坏情况，查看有无拴挂免除责任行李牌，并应将破损行李过磅，与旅客客票上的交运行李重量核对。详细填写一式两份“破损行李事故记录”，一份交旅客收执，作为索赔依据，一份航空公司行李部门留存。

（2）进入破损行李赔偿程序。

5. 旅客遗失物品

（1）民航机场候机室内部都要建立“旅客失物查询处”，并设明显标志，运输服务部门要指定专职或兼职人员负责旅客遗失物品的查找、交付和保管工作。

（2）“旅客失物查询处”在收到交来的旅客遗失物品时，要进行详细登记，并将查询过程和结果做仔细记录，建立完整的档案。要向交件人出具收据。

（3）收到国际候机室，国际班机内或由国外寄来的旅客遗失物品后，要与海关联系，交付旅客时，要经海关放行。

（4）积极查找，争取件件失物归还失主。

（5）涉及外站的旅客遗失物品，要通过电报或电话向对方站查询；收到旅客遗失物品，查看物品包装、标志或其内容，根据所发现的失主姓名、地址、单位或其他线索，尽可能与失主或有关单位取得联系，迅速将遗失物品归还失主。有关站收到旅客遗失物品查询电报时，应即积极协助查找，并及时复电。

三、行李查询

1. 全球行李查询系统简介

由 IATA 和 SITA 两大系统共同开发的利用计算机进行丢失行李查询的系统，全球超过 250 家航空公司是其成员公司，总部设在美国亚特兰大。加入全球行李查询系统的成员企业之间使用计算机网络和电报丢失行李查询信息，并相互协作提高行李查询的工作效率。

2. 全球行李查询系统工作程序

（1）行李丢失方：发布丢失行李协查信息：AHL （Advice if holding）

行李多余方：发布多余行李信息：OHD（On hand baggage）

（2）各成员公司自行确定下列操作规定

① AHL、OHL 查询信息保留时间（1 天到 100 天）；

②设定相似信息发送的最低比例，相似性低于此比例的信息不再发送；

③迟到行李的查询；

④本公司查询信息的收发地址。

（3）行李查询常用缩语

AB	Address on Bag	箱包上地址
BI	Brand Information	商标信息
BP	Bag Phone	箱包上电话
CC	Contents	行李内容
CT	Colour/Type	箱包颜色/样式
FD	Flight/Date	航班号/日期
FL	Frequent Flyer ID	常旅客编号
IT	Initials	始发地
NM	Name	旅客姓名
PA	Permanent Address	永久地址
PN	Permanent Phone	永久电话
PR	PNR locator	PNR 记录编号

RT	Routing	航程
TA	Temporary Address	临时地址
TN	Tag Number	行李牌号码
TP	Temporary Phone	临时电话
XT	Expedite Tag Number	加速牌号码

第五章　配载与平衡简介

第一节　飞机配载与平衡介绍

配载平衡工作是航空运输生产的重要环节，主要任务是根据飞机的性能数据和执行航线飞行任务添加的燃油重量以及客货销售、待运情况等，准确计算飞机每次飞行的载运能力，并按照飞机客、货舱布局，合理地安排货物、行李、邮件舱位和旅客座位，保证飞机重心在起飞、着陆及无燃油等情况下符合要求，保持良好的平衡状态，确保飞行安全。这项工作也称为飞机载重平衡计算。

飞机的配载与平衡工作由航空公司的配载平衡室完成。配载平衡室的主要工作内容是：

1. 根据飞机的有关性能数据和燃油重量以及外界条件等，准确计算本次航班最大可用业载；

2. 按照飞机客、货舱布局，合理地装载货物、行李、邮件及安排旅客座位，使飞机的重心在起飞、着陆及无燃油等情况下符合要求，保持良好的平衡状态；

3. 负责出港及转港飞机的配载平衡工作，完成配载平衡图；

4. 将随机业务文件送交机组，在班机起飞后及时拍发有关业务电报。

配载平衡是航空公司商务工作的重要环节，工作的性质决定了平衡室和航空公司的客运、货运、装卸队、航务、生产调度、地面服务、机组之间有着紧密的工作联系，是地面商务和空中飞行的衔接环节。认真做好配载平衡工作，不仅可以弥补和避免商务工作其他环节的不足和差错，而且可以确保每一个航班的安全飞行，确保航班正点。业务熟练的配载平衡人员可以根据不同机型的平衡要求，合理利用载量和舱位，既达到较高的载运比率，又取得该机型所要求的最佳配平和重心位置。这样不仅可以提高飞机载重比率，而且对飞行安全、飞机结构都有益，并且可以在飞行中节省耗油量，从而降低营运成本。

某年 4 月 29 日，北方航空公司 2329 号飞机执行昆明—北京—沈阳 CJ6406 航班，在昆明机场起飞前，一票原定运往的北京的货物临时改运沈阳，但云南航货运部的工作人员没能坚持按规定更改货物标签，也没有在货运集装箱外拴挂 ULD 挂签，导致 10 余吨的货物在北京被错误卸载，但配载人员仍按飞机上装有上述过站货物对飞机进行配平，致使 CJ6406 航班在北京首都机场起飞过程中，飞机中心严重后移，在机组全体工作人员的共同努力下，才避免了一场机毁人亡的重大事故。由此事件更可以深刻体会到：配载平衡工作在对于航空公司的生产安全、提高经济效益作用十分重要。配载平衡工作是机场值机工作的重要组成部分。

第二节　飞机最大业务载重量的计算

任何一种交通工具，由于自身结构强度、客货舱容积、运行条件及运行环境等原因，都必然有对于最大装载量的限制，飞机更是如此。飞机是在空中飞行的运输工具，本身结构强度、动力装置功率以及运行条件等因素都决定了每架飞机有严格的额定最大装载重量。人们要求飞机具有更高的可靠性和安全性，更好的飞行操控平衡状态，飞机各舱位的装载量和装载位置是直接影响因素。为了确保飞机起飞、着陆和飞行的安全，就要对装载重量严格控制，决不允许超载。

飞机所允许装载量的具体数字是只能在一定条件下适用的数据，它受到飞机的最大起飞重量、最大落地重量、最大无油重量的限制以及飞机的基本重量、起飞油量、航段耗油量、飞机的最大业载限额（由飞机的设计制造者规定），受到执行航班时外界条件的制约。所以在飞机的每次飞行前，都要严格地根据当时当地的具体条件来计算本次飞行的最大可用业务载重量，简称最大可用业载，以此作为此次飞行所允许的旅客、行李、货物、邮件全部装载重量的最大限额，以保证飞行安全并充分发挥飞机的载运能力。

在计算飞机的最大可用业载时，配载人员要从不同角度考虑问题，计算出确保安全的最大可用业载量。

一、飞机的重量

1. 飞机最大起飞重量

（1）飞机的最大起飞重量也称为飞机的最大起飞全重，简称起飞全重（MTOW：MAXIMUM OF TAKE-OFF WEIGHT），是指该型飞机根据结构强度、发动机功率、刹车效能限制等因素而确定的飞机在起飞线加大马力起飞滑跑时全部重量的最大限额。

（2）影响飞机的最大起飞重量的因素

飞机的最大起飞重量是飞机生产厂商在标准条件下测定的数据，在每次执行飞行时要根据具体的起飞条件，按照规定对最大起飞重量进行修正。影响最大起飞重量的因素有：

①大气温度和机场标高

大气温度越高，空气中氧分子活动越频繁，因此单位体积的空气中氧分子的数量越少，燃油燃烧就越不充分，使发动机的推力降低，导致飞机的升力降低。为了保证飞机在起飞过程中一旦发生发动机停车时，仍有最低限额的爬升能力以保证飞机能安全返场着陆，要求飞机的起飞重量不能过大。

机场标高表示机场所处位置的地势高低情况，而地势的高低决定了机场地面的气压情况。因此标高值越大，说明机场地面气压越低，空气中氧分子的密度就越小，影响飞机起飞时能够获得的升力，因而导致飞机的最大起飞重量不能过大。

②风向和风速

飞机起飞时与空气的相对速度越大，产生于飞机机翼上的升力越大，因此飞机起飞时应顶风起飞，以加大飞机与空气之间的相对速度，进而增大飞机升力，减小需要的起飞速度和起飞滑跑距离，也可增大起飞重量。在一定范围内，沿飞机的正顶风向的风速越大，飞机与空气的相对速度越大；与前同理，可增大起飞重量。

③起飞跑道的情况

跑道长度越长，可供起飞滑跑的距离越大，因此起飞重量可以越大。例如当跑道长度达到3200m时，可以起飞B747-400飞机，其最大起飞重量为385.6t；当跑道长度只有1700m时，可以起飞B737-300飞机，其最大起飞重量为56.5t。

跑道具有一定坡度时，应沿下坡方向起飞，便于飞机加速，可以减少起飞滑跑距离。因此在一定范围内，坡度越大，起飞重量可以越大。

起飞跑道的硬度越大，跑道能够承受的载荷越大，起飞重量可以越大。一般来说，对于水泥跑道，可以起飞上百吨的飞机；碎石跑道，可以起飞几十吨的飞机；土质跑道只能起飞几吨的飞机。

跑道道面越粗糙或者道面越湿，摩擦力越大，对飞机的阻力越大，飞机滑跑时不易加速，必将延长滑跑距离，因此要求起飞重量减小。

一般来说，飞机的起飞重量大，需要的升力越大，飞机需要的起飞速度就大，起飞滑跑的距离就要长。如果跑道的长度不能满足要求时，飞机或者不能起飞或者可以减重起飞。根据跑道长度计算飞机的许可起飞重量时，要保证飞机在起飞时如果发生一台发动机停车，要继续起飞时能够安全起飞并返场着陆；如果要中断起飞，则能在安全道内停住。

④机场的净空条件

机场的净空条件是指机场周围影响飞行安全、影响正常起降飞行的环境条件，例如高建筑物、高山、鸟及其他动物的活动等情况。

在飞机的起飞过程中，有时可能出现一台发动机停车的情况，此时飞机需要继续爬升到一定高度再返场着陆。对于双发飞机来说，当只剩下一台发动机工作时，仍应具有一定的爬高能力，能够安全超越机场周围的障碍物。当机场的净空条件好时，不需要求飞机具有很高的单发爬高能力，因此飞机的起飞重量可以大些。如果机场的净空条件不好，若以最大起飞重量起飞不能安全超越障碍物时，则必须减重起飞。

⑤航路上单发超越障碍的能力

飞机在巡航飞行过程中出现一台发动机熄火时，要求飞机靠另外一台发动机能够超越航路中的障碍物。飞机起飞时的重量越大，飞机单发爬高越困难，因此为了能单发超越航路中所有障碍，起飞重量不能过大，必要时需要在起飞时减重起飞。

⑥是否使用喷水设备

当使用喷水设备时，往发动机气缸中喷水以冷却降温，使发动机能持续按额定功率工作，因此飞机的起飞重量可以大些。

⑦受襟翼放下角度的影响

一定范围内，襟翼放下的角度越大，产生的升力越大，因此飞机的起飞重量可以越大。

⑧噪声的限制规定

为了减轻对机场周围居民生活的干扰，很多大型机场对于机场内飞机起降的噪声做出严格的规定，并采取了相应的措施，比如对于噪声较大的飞机多收机场使用费用，并限制起降时间等。当飞机的起飞重量大时，需要的起飞速度就越大，产生的噪声就大。当产生的噪声会超过限制规定时，飞机就不能以该起飞重量起飞。

（3）飞机最大起飞重量的使用规定

①飞机在出厂时，生产厂商提供关于飞机性能等方面的资料，包括修正最大起飞重量的图表资料和方法、规定。在对航班机进行载量安排时要当时的实际情况，按照飞机手册规定的方法对最大起飞重量进行修正。

②飞机的最大滑行重量是指飞机在滑行时全部重量的最大限额。最大滑行重量大于最大起飞重量，两者的差额就是滑行需要多加的滑行用油重量。滑行用油重量必须在飞机起飞前用完。在任何情况下，飞机都不能超过其最大起飞重量起飞，这是保证飞行安全的必备条件。

2. 飞机的最大着陆重量

（1）飞机的最大着陆重量

飞机的最大着陆重量，也称为飞机的最大落地全重，简称落地全重（MLDW：Maximum of Landing Weight），是根据飞机的起落设备和机体结构所能承受的冲击载荷而规定的飞机在着陆时全部重量的最大限额。

飞机在跑道上着陆时，起落架与跑道之间不可避免地要产生一定的冲击力，飞机着陆时重量越大，该冲击力越大。当冲击力超过机体结构强度和起落架所能承受的冲击载荷时，可导致飞机机体结构或起落架的损坏，造成严重事故。因此，飞机着陆时重量不能过大。

而且飞机在跑道上着陆时，有时由于某种原因需要重新爬高到一定高度后再行降落，即使发生一台发动机停车，也要能达到需要的爬高能力。因此，飞机着陆时的重量也不能过大。

（2）影响飞机最大着陆重量的重要因素

飞机的最大着陆重量和最大起飞重量一样，也受到跑道长度和承受力、机场标高和净空条件等因素的影响，因此在特殊情况下应做相应修正，灵活掌握。通常情况下，应尽可能避免飞机超过落地全重着陆。如在特殊情况下发生超重着陆，该飞机必须经过机务部门检查合格和航行签派室批准后才能继续使用。

①大气温度与机场标高

飞机在着陆时，仍需足够的升力，以减少与跑道之间的冲击力。与前同理，当大气温度较高时或机场标高较大，飞机的着陆重量要降低。

②风向和风速

飞机着陆时应顶风着陆，既可增大空气的阻力，缩短滑跑距离，也可增大飞机的升力，减小飞机着陆时起落架与跑道之间的冲击力，使着陆平稳。

③跑道的情况

飞机着陆时的重量越大，具有的惯性越大，需要滑跑的距离越长，要求跑道的长度越大。对于一定坡度的跑道，飞机着陆时应沿上坡方向滑行，以使飞机减速更快，缩短滑跑距离。跑道的硬度越大，能够承受的冲击载荷越大，着陆时可以承受的最大着陆总量越大。

④机场净空条件

机场的净空条件好，飞机可以在更长的时间和更大的空间内降低高度和速度，有利于飞机的平稳着陆，减小飞机与跑道之间的冲击力。

3. 飞机的最大无油重量

飞机的最大无油重量，也称为飞机的最大无油全重，简称无油全重（MZFW：Maximum of Zero Fuel Weight），是指除燃油之外所允许的最大飞行重量限额，是根据机翼的结构强度而规定的除燃油以外所允许的最大飞机总量。

由于飞机飞行所需的燃油主要是装在两机翼内，燃油的重量抵消了一部分由机翼产生的升力，在燃油逐渐减少乃至耗尽的情况下，作用于机翼的升力相应增大，也即增加了机翼的向上的弯曲扭力。为了在无油的状态下，机翼不受损坏，需要有最大无油重量的限额。因此，在实际操作中，除燃油以外的全部实际重量不得超过该机的最大无油重量。

4. 飞机的基本重量

飞机的基本重量，简称基重（BW：Base Weight），是指除了业务载重量和燃油外，已完全做好飞行准备的飞机重量，由以下几项重量组成。

空机重量：指飞机本身的结构重量、动力装置和固定设备（如座椅、厨房设备等）的重量、油箱内不能利用或不能放出的燃油滑油重量、散热器降温系统中的液体重量、应急设备重量等之和。飞机的空机重量由飞机制造厂提供，记录在飞机的履历册内。空机重量所包含的内容，各机型可能不一致，使用和计算应按各机型的重量项目规定执行。

附加设备重量：包括服务用品及机务维修设备等。

空勤组及其随带用具、物品的重量：每种机型的空勤组人数是确定的，称为标准机组或额定机组。

服务设备及供应品的重量：每种机型的供应品重量是确定的，称为额定供应品重量。

其他按规定应计算在基本重量之内的重量：如飞机的备件等。

飞机的基本重量一般是相对固定的。但是，由于每次实际飞行任务的需求不一样，基本重量会因机组人员的增减、供应品的增减等而发生变化。因此，不论哪种机型执行飞行任务，在计算业务载重时都应使用当时该飞机的基本重量。

在飞机固定基本重量基础上增减设备和服务用品、机组人员、随机器材等重量后所得的基本重量称为修正后基重。一般每增减 1 名机组人员，按 80kg 计算，其他项目重量按实际重量的增减量计算。修正后的基本重量反映了执行航班任务的飞机的实际情况，因此在计算最大业务载重量时应采取修正后的基本重量。

5. 飞机的燃油重量

飞机的燃油重量也称起飞油量，是指飞机执行任务所携带的航行消耗油量和备用油量的合计数，不包括地面开车和滑行的油量。

（1）航行消耗油量

航行消耗油量通常叫做航段耗油量（TFW：Trip Fuel Weight）是指飞机由起飞站到达降落站这个航段所需消耗的油量。航段耗油量是根据航段的距离、该型飞机平均时速和每小时平均耗油量而确定的。

（2）备用油量

备用油量（RFW：Repare Fuel Weight）是按照飞机到达降落机场不能着陆而需飞抵备降机场上空时，还要有不少于 45min 油量的原则确定的。因此：

起飞油量 = 航段耗油量 + 备用油量

航段耗油量 = 飞机平均小时耗油量 × 航程距离／平均地速；

备用油量 = （平均小时耗油量 × 降落站至备降站的距离／平均时速） + （平均小时耗油量 × 45／60）。

例如，机号 B-2809，B757-200 机型飞机 FM9103 航班执行上海虹桥机场至北京的飞行任务，起飞时间为 11：00，到达北京首都国际机场时间为 12：50。飞行时间为 110min。备降机场选在天津，北京至天津的飞行时间为 30min。该飞机平均每小时耗油 2140kg。计算起飞油量。

解：航段耗油量 = （1 + 50/60） × 2140 = 3923（kg）

备用油量 = （30/60 + 45/60） × 2140 = 2675（kg）

起飞油量 = 3923 + 2675 = 6598（kg）

（3）最少油量和最大着陆油量

由于机翼结构强度的限制，有些机型有最少油量的规定，就是飞机按起飞时所加的油量不得少于一定的重量，如果所加燃油少于规定的最少油量时，则应从飞机的最大起飞重量中减去相应的燃油重量差，余数作为允许的最大起飞重量。

根据机翼和机身结合部的结构强度，某些机型有最大着陆油量的规定，即所谓备用油量不得超过一定的限额。

二、飞机最大业务载重量的计算

计算最大业务载重量具有重要的意义：

（1）确保飞行安全，避免超载飞行；

（2）充分利用飞机的装载能力，尽量避免空载。

飞机型号不同或在不同的航线上飞行时，其最大可用业载都会不同，因为飞机的最大可用业载与飞机的三大全重数据、基本重量和起飞油量等有着密切的关系。

1. 根据飞机的最大起飞重量计算

飞机的最大起飞重量是最大业务载重量的一个重要限制条件，主要是根据飞机的起飞能力和安全飞行的要求来决定的。飞机的起飞重量由基本重量、燃油重量和业务载重量组成。飞机的最大起飞重量就包括了基本重量、燃油重量和最大业务载重量。因此，

最大业务载重量 = 最大起飞重量 – 基本重量 – 燃油重量　　　　公式（1）

这是根据飞机的最大起飞重量计算的最大业载，记为最大业务载重量 1。

2. 根据飞机的最大着陆重量计算

飞机的最大着陆重量也是最大业务载重量的一个重要限制条件，主要是根据飞机的着陆能力和安全着陆的要求来决定的。飞机在着陆时的全部重量由飞机的基本重量、备用油重量和业务载重量三者构成。因此，飞机的最大着陆重量就包括了基本重量、备用油重量和最大业务载重量。即，

最大业务载重量 = 最大着陆重量 – 基本重量 – 备用油重量　　　　公式（2）

这是根据飞机的最大着陆重量数据计算的最大业载，记为最大业务载重量 2。

3. 根据飞机的最大无油重量计算

飞机的最大无油重量也是最大业务载重量的重要限制条件，主要是根据飞机机翼与机身的结合关节的强度而提出的对于业务载重量的限制。飞机在无油状态下的全部重量则由飞机的基本重量和业务载重量组成。飞机的最大无油重量就包括了基本重量和最大业务载重量。即，

最大业务载重量 = 最大无油重量 – 基本重量　　　　公式（3）

这是根据飞机的最大无油重量数据计算的最大业载，记为最大业务载重量 3。

所有机型都规定，由最大起飞重量、最大着陆重量和最大无油重量这三种重量数据计算飞机最大可用业载。在计算业载时，应根据该机型所受到的全重限制，按照上述三种公式分别计算最大可用业务载重量。由于三个公式是从不同的角度对重量进行限制，所以一般来说，计算出的最大可用业载也不相同，应取其中最小数值作为本次飞行的最大可用业务载重量。只有这样才能保证飞机在起飞、降落和无油时均不超过该机的限制重量，以确保飞行安全。

另外，每一种飞机在出厂时，飞机制造厂商会根据该型飞机的结构强度和各种性能要求规定最大业载限额。实际计算飞机最大可用业载时，除用上述公式（1）、（2）、（3）分别计算并取其中最小值作为最大可用业载外，该值也不应大于飞机制造厂商所规定的最大业载限额。

几种波音飞机机型的最大业载限额如表 5-1 所示。

表 5-1 波音飞机机型最大业载限额表

机型	最大业载限额/kg	机型	最大业载限额/kg
B737-200	15780	B747-400	75283
B737-300	16730	B757	24000
B747SP	46400	B767	31570
B747-200COM	78000	MD80	18000
B747-200	70000	逾重:22kg	SKI 1/15

4. 实际业务载重量——实际业载

实际业务载重量是指飞机上实际装载的旅客、行李、邮件和货物的重量之和，简称实际业载。

计算实际业务载重量时，行李、邮件、货物的重量按照实际重量计算，旅客的重量则不易很准确地计算。一般情况下的标准是：分别按成人 75kg，儿童 40kg，婴儿 10kg 计算。但目前由于各地的情况不同，采用的折合标准不尽相同。

在实际工作中，平衡室工作人员应首先根据三大全重数据计算飞机的最大可用业载，再根据旅客座位预留数视具体情况预留行李吨位数，然后得出可配货物和邮件吨位数，供货运部门配货。

例 1：某航班的实际业载为：旅客 105 人，其中成人 96 人，儿童 7 人，婴儿 2 人；行李 1200kg，邮件 300kg，货物 1600kg。计算本次航班的实际业载。

解：按照国内规定，一名成人旅客按 72kg 计算，一名儿童按 36kg 计算，一名婴儿按 8kg 计算。则此航班上旅客的重量为：$96\times72+7\times36+2\times8=7180$（kg）

行李的重量为：1200kg

邮件：300kg

货物：1600kg

因此，此航班的实际业载为四项之和：10280kg

例 2：MD90-30 机型飞机，机号 B-2250 执行 CZ6520 航班任务，自福州经青岛至沈阳，该机基本重量为 37800kg，至青岛的燃油重量为 11600kg，航段耗油量为 8600kg。该机的起飞重量、落地重量和无油重量依次分别为：63230kg、58967kg、55338kg。最大业载限额为 15780kg。根据上述数据计算最大可用业载。

解：备用油重量 = 11600 − 8600 = 3000（kg）

最大业载 1 = 最大起飞重量 − 基本重量 − 燃油重量 　　公式（1）

= 63230 − 37800 − 11600 = 13830（kg）

最大业载 2 = 最大着陆重量 − 基本重量 − 备用油重量 　　公式（2）

= 58967 − 37800 − 3000 = 18167（kg）

最大业载 3 = 最大无油重量 − 基本重量 　　公式（3）

= 55338 − 37800 = 17538（kg）

最大业载限额：15780kg

取最小值：13830kg

检验过程：以 13830kg 为最大业载

实际起飞重量 = 13830 + 37800 + 11600 = 63230（kg）

实际着陆重量 = 13830 + 37800 + 3000 = 54630<58967（kg）

实际无油重量；13830 + 37800 = 51630<55338（kg ）

以 18167kg 为最大业载

实际起飞重量：18167 + 37800 + 11600 = 67567>63230，已经大于最大起飞重量

以 17538kg 为最大业载

实际起飞重量 = 37800 + 17538 + 11600 = 66938>63230kg，已经大于最大起飞重量

例 3：B-2997 飞机（B737-700）执行航班任务，基本重量为 39391kg，增加一名机组人员（按 80kg 计算）。起飞油量 12000kg，航段耗油量 8000kg，飞机的最大起飞重量为 64863kg，最大着陆重量 58059kg，最大无油重量 54657kg。计算本次航班的最大业务载重量。

解：修正后的基重 = 39391 + 80 = 39471（kg）

备用油量：12000 – 8000 = 4000（kg）

最大业载 1 = 64863 – 12000 – 39391 = 13472（kg）

最大业载 2 = 58059 – 4000 – 39391 = 14668（kg）

最大业载 3 = 54657 – 39391 = 15266（kg）

取最小值：13472kg

第三节　飞机的平衡计算

一、飞机平衡

1. 飞机平衡的概念

平衡的问题，在日常生活中会经常遇到，比如用秤称东西，秤钩上的重量改变了，要相应地移动秤砣，以求得平衡。飞机在空中飞行，也要求必须保持平衡。飞机的平衡是指作用于飞机上的各力之和为零，各力对飞机重心所构成的各力矩的代数和也为零。飞机处于平衡状态时，飞行速度的大小和方向都保持不变，也不绕飞机重心转动。反之，飞机处于不平衡状态时，飞行的速度的大小和方向都将发生变化，并绕飞机重心转动。

飞机平衡包括以下两种平衡。

1）作用力平衡

包括升力和重力平衡、推力和阻力平衡。若飞机的升力、重力不平衡，则飞机飞行

的高度会发生变化；若飞机的推力、阻力不平衡，则飞机的飞行速度会发生变化。

2）力矩平衡

是指作用于飞机的各力矩之和为零。它包括以下三个方面的平衡：

（1）俯仰平衡：指作用于飞机上各俯仰力矩之和为零。飞机获得俯仰平衡后，迎角不改变，不绕横轴转动。

飞机的俯仰平衡是指飞机作等速直线运动，并且不绕横轴转动的飞行状态，影响飞机俯仰平衡的主要因素是机翼和水平尾翼升力产生的俯仰力矩。机翼的力矩主要是机翼升力对飞机重心构成的俯仰力矩。水平尾翼力矩是水平尾翼的升力对飞机重心所构成的力矩。

飞机重心位置的变化对其俯仰平衡有较大的影响。由于大中型飞机的储油量较多，在飞机飞行过程中，随着燃油的消耗，会使飞机重心的位置发生变化。另外，地面运输人员对飞机进行的各项装载，也会影响飞机的重心位置。如果飞机的重心过于靠前，则会使飞机的低头力矩过大；若飞机的重心过于靠后，会使飞机的抬头力矩过大。

（2）方向平衡：指作用于飞机的左偏转力矩和右偏转力矩彼此相等，飞机不绕立轴转动。飞机的偏转力矩主要有：机翼的阻力力矩、发动机产生的推力力矩、垂直尾翼和方向舵产生的力矩。

飞机左右配载不平衡，对横向平衡会有一些影响，大型货机通常需要对左右配载总量进行检查，务必在规定的安全范围内。

（3）横侧平衡：指作用于飞机的左滚力矩和右滚力矩彼此相等，飞机不绕纵轴滚转。飞机的滚转力矩主要有左、右机翼的升力对重心形成的力矩。

飞机的横向平衡是指作用于飞机的各滚转力矩之和为零，飞机取得横向平衡后，不绕纵轴滚转。影响飞机滚转平衡的主要因素是两侧机翼的升力对飞机纵轴形成的力矩。

重心位置左右移动，会影响飞机的横向平衡。重心位置右移，右翼升力至重心的距离缩短，使飞机向左滚转的力矩减小，左翼升力至重心的距离加长，使飞机向右滚的力矩增大，这将迫使飞机向右滚转。如果左右翼油箱的燃油消耗不平衡，即左右翼油箱的燃油量相差较大，会导致飞机重心左右移动，从而破坏飞机的横向平衡。

二、飞机平衡的计算

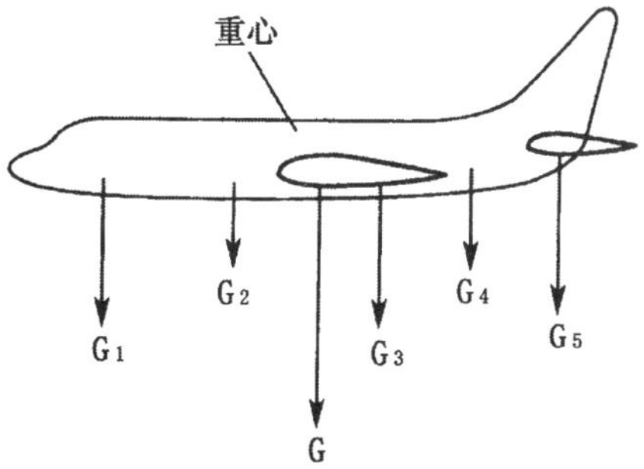

图 5.1　飞机重心示意图

1. 飞机的重心（参见图 5.1）

确保飞行安全的要求和条件是多方面的，重要的一点就是要保证飞机平衡。为了保证飞机的平衡，在飞行的全过程中，飞机的重心必须始终保持在安全的范围内，保证飞机飞行具有良好的操作性和稳定性。

飞机重心具有以下特性：

（1）飞行中，重心位置不随姿态改变。

（2）飞机在空中的一切运动，无论怎样

错综复杂，总可以分解为飞机各部分随飞机重心一道的移动和飞机各部分绕着飞机重心的转动。

本节将着重介绍飞机的重心、重心计算的方法，以及飞机的平衡、稳定性和操纵性。

飞机重心的前后位置，常用重心到某特定翼弦上投影点到该翼弦前缘点的距离，占该翼弦的百分比来表示。这一特定翼弦，就是平均空气动力弦（MAC），如图 5.2 所示。

所谓平均空气动力弦，是一个假想的矩形机翼的翼弦。该矩形机翼和给定的任意平面形状的机翼面积、空气动力以及俯仰力矩相同，如图 5.2 所示。在这个条件下，假想矩形机翼的弦长，就是给定机翼的平均空气动力弦长。机翼的平均空气动力弦的位置和长度，均可以从飞机技术手册上查到。有了平均空气动力弦作为基准，就可以计算飞机重心相对位置。

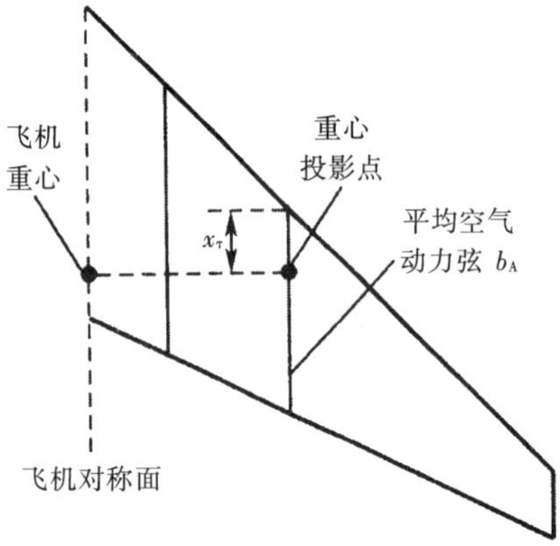

图 5.2　飞机重心相对位置图

飞机重心位置与装载情况有关，而与飞机飞行状态无关。当载重及其分布情况改变，飞机重心位置就要发生移动。如果飞机前舱总载重增加，重心位置前移；前舱载重减少，重心位置后移。在飞行中，收放起落架、燃油的消耗等都使飞机重心位置发生变化。

有了平均空气动力弦作为基准，就可以计算飞机重心相对位置。设重心的投影点到前缘点的距离为 x_T，平均空气动力弦长为 AA，则重心相对位置可用下式表示：

$$\bar{x}_T = \frac{x_T}{b_A} \times 100\%$$

2. 飞机重心位置的计算

飞机重心的计算方法有代数法、站位法、指数法、图表法、计算机配载平衡等，其中代数法是各种计算方法的基础。

（1）代数计算法

①定义：以重心到基准点的距离作为未知数 x，按照逐项计算力矩。最后求算重心位置的方法，叫代数计算法。

②原理公式：重心到基准点的距离 = 总力矩 ÷ 总重量

③从俯仰平衡的角度来看，飞机的重心是使下俯力矩和上仰力矩在数量上相等的一点，即上仰力矩之和等于下俯力矩之和。

④计算方法：从其定义和原理公式可知，重心的位置由重心到基准点的距离来表

示，首先要设定基准点；其次应求算总力矩和总重量，即可得出重心距离基准点的长度。

例：如图 5.3 所示，AB 长 9m，A 点重量 1kg，B 点重量 2kg。求重心位置。

解 1：设基准点在 A 右方 2m 处，如图 5.3 所示。

则，A 点力矩 = （－2）×1 = －2（kg·m）

B 点力矩 = 7×2 = 14（kg·m）

所以，

重心位置 = （－2＋14）÷（1＋2）= 4（m）

即重心位置在基准点左 4m，A 点右面 6m 处。

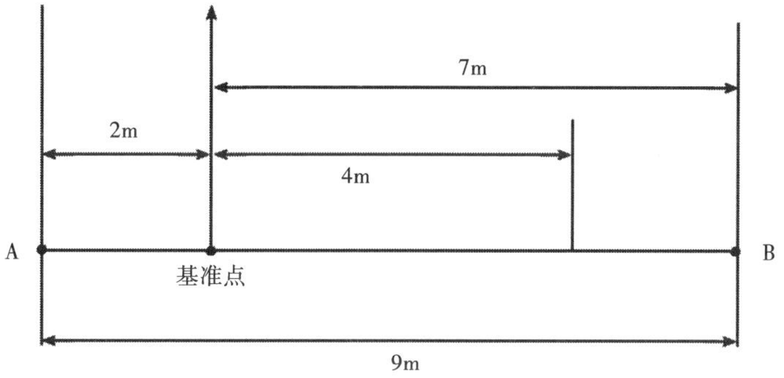

图 5.3　求重心法（1）

解 2：设基准点 B 在右边 1m 处，如图 5.4 所示。

则，A 点力矩 = （－10）×1 = －10（kg·m）

B 点力矩 = （－1）× 2 = －2（kg·m）

所以，

重心位置 = （－10－2）÷（1＋2）= －4（m）

即重心位置在基准点左 4m，重心位置仍在 A 点右面 6m 处。

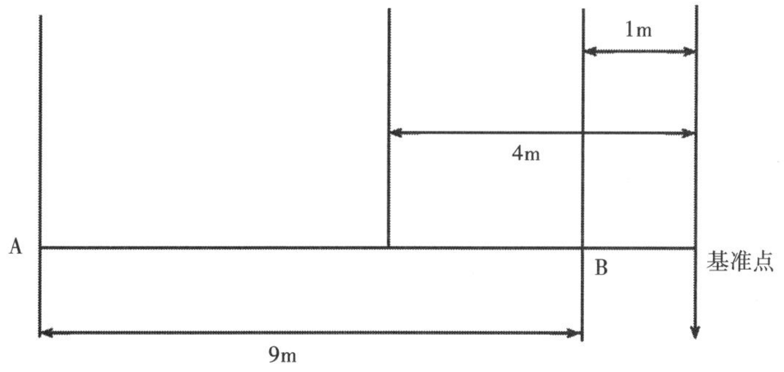

图 5.4　求重心法（2）

由此可见，计算重心位置不受基准点变化的影响（注意：以上计算中的力臂有方向，力矩数为矢量值）。

（2）站位法

站位是用以表示机身上位置的一种单位。站位基准点为 0 站位。采用英制的国家用“英寸”，采用公制的国家用“米”表示站位数。以站位法计算飞机重心，可以具体分为以下 3 种方法。

①站位基准点法

应用代数法的计算方式，设定“零站位”点为基准点，逐项计算力矩，最后计算重心位置。与代数计算法相比，站位法固定其基准点为“零站位”点，因此站位法计算出重心位置的数据是惟一的。但以站位数表示的重心位置，在商务配平中不常用（在机务维修中更适合）。

②平均空气动力弦百分比法

平均空气动力弦百分比（% MAC）：飞机重心的前后位置，常用重心在某特定翼弦上投影点到该翼弦前缘点的距离占该冀弦的百分比来表示，这就是平均空气动力弦百分比。以上结果中的重心站位可以换算成% MAC 值，是商务配平中最常用的重心表示方法。

③平衡基准点

有些机型的载重平衡计算，除利用站位基准点的坐标体系外，另外选定一点作为“平衡基准点”，所有的力臂长度都以“平衡基准点”为准计算。这就需要把各个装载项目原来以站位基准点为准计算的力臂换成距平衡基准点的长度，再求算重心位置。计算结果是重心距离平衡基准点的长度，但不是重心的站位数。需要把这个长度和平衡基准点的站位数相加，才是重心的站位数，再换成% MAC 值。大部分机型均采用平衡基准点作为指标体系。

（3）指数计算法

重心指数是为了便于计算出飞机重心位置而采用的和力矩数具有一定关系的一种数值，用于配载图上。

以力矩数为基础的指数是以力矩数作为基数，按照一定的规定换算成指数，这种方法叫以力矩数为基础的指数。力矩数可以确定为两类。

- 固定力矩数：空机力矩、基本重量力矩数是固定的。
- 变动力矩数：燃油、旅客、货物的重量数是变动的，但客座的位置、货舱的位置、油箱的位置是固定的。可预先计算出每个固定位置的单位载量力矩数。

平衡计算步骤：

- 求单位装载量的力矩数。如，第一排载一位旅客，力矩数的多少作为基数，再乘以缩小系数（如 1/1000，1/3000 等，因机型不同而不同），即为单位装载量的指数；
- 根据单位载量指数求算出实际业载的指数；
- 把所有的指数相加（包括基本重量指数），得出总指数，即总力矩数；

● 查表可求得无油重心位置，加上油量指数，又可查得起飞重量指数。

指数法的特点是以力矩数为基础，在平衡基准点法的基础上把数字缩小，把大量的计算过程以计算表的形式代替，一步完成多步计算过程，方便快捷。所有的波音飞机与空客飞机都采用这种方法求算重心位置。

从计算飞机重心位置的公式和计算以% MAC 来表示飞机重心位置的公式中可以看出，在总重量不变的条件下，总力矩和% MAC 之间有一定的关系，力矩数越大，% MAC 也越大，因而也可以用% MAC 作为指数。

平衡计算步骤：

● 用% MAC 作为指数，把空机重心% MAC 作为空机指数；

● 算出各种装载项目的单位载量对空机重心% MAC 的影响数值（即在空机上装了这个单位装载量以后，使空机% MAC 重心位置移动多少，通常用△ ×% MAC 表示），称为单位装载量指数；

● 算出飞机装载后的总指数；

● 根据总指数和装载量从预先计算和绘制成的表中求出相应的起飞全重重心位置% MAC。

这种计算方法的原理比较抽象，基本指数的修正过程复杂，目前只有少数机型采用，如 IL 系列、TU 系列等。

（4）平衡图表法

平衡图表法是指数法的图表化。它保留指数法中重要的重心位置计算表，以基本重量的指数为基准，折线型的平衡图则利用每格指数的左右移动加总指数。指数型的平衡图更准确地列出各固定载量位置的不同装载指数，计算加总。平衡图表法的原理与指数法完全相同。

（5）计算机配载平衡

计算机配载平衡是根据代数法的计算原理，它所有的计算过程均由计算机程序代替。在输入飞机数据（飞机基重、基重指数、油量、载量等）后，自动计算重心位置。其优势在于更准确快捷，重心调整更方便，而且可考虑到更多影响细节，这是手工计算无法做到的。

代数法计算重心位置是最基本的方法。站位法中的平衡基准点运用是很常见的。波音的几乎全部机型都是采用以力矩数为基础的指数法，计算机配载平衡也是采用这一原理。

第四节　配载表与平衡图的填制

以 B737-800 飞机为例，整架飞机能载客 168 人，即便是只载 50 位客人，机场的工作人员也不一定会将 50 名客人都集中在同一个区域，因为考虑“平衡”的因素，可能会将50位旅客安排坐到客舱中的不同区。其实，B737-800的客舱中有3个区域（只是乘客并不清楚）：1排至3排是A区，有18个座位；6排至18排是B区，有72个座位；19排至31排是C区，有78个座位，旅客平均分散在不同的区域中。而旅客的行李也是以相同方式安放在货舱中，但货舱却有4个区域，中间有隔板和隔网区域。因为货品、行李都必须安安稳稳的固定好，决不允许在飞行中滑动，所以每个货舱中有货量多少，位置如何都必须确切地记录于“载重平衡表”上，这是飞机放行的重要文件。

一、载重平衡表构成

填写航班的载重情况并供拍发载重电报使用，一般采用三张一份，主要内容如下。

1. 基本情况栏

图5.5表明了载重电报的构成。

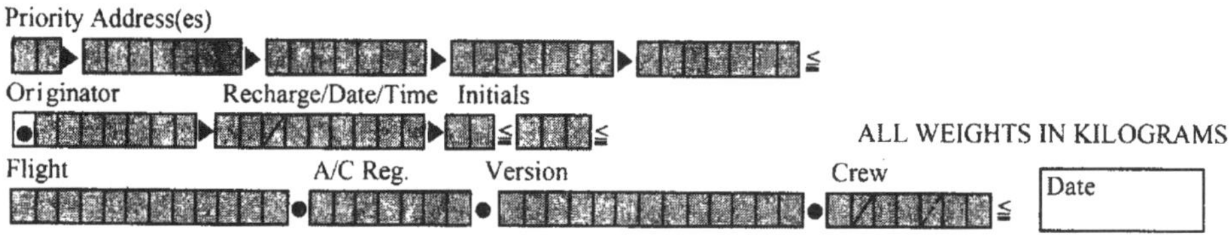

图5.5　飞机载重电报

其中，

（1）PRIORITY：电报等级二字代码。电报划分为5个等级，每个等级都有各自的代码。

一级报：特急公务报，代号SS、QS，只能用于涉及生命安全的电报，涉及航空器事故的电报；

二级报：代号QC，是通信人员用作澄清特殊情况的特急公务电报，主要是为保护系统性能的安全；

三级报：为急报、快报，代号为QU、QX，可由发电单位决定，用于任何电报；

四级报：没有等级代号；

五级报：代号为QD、QK，为普通电报。同时有更高级电报需要拍发时，五级报最后拍发，但不得迟于次日上午将电报投递给收电人。

拍发电报要使用国际航空通信协会（SITA）线路。一般来说，电报级别越高，优先拍发权越大，费用也越高，因此拍发电报时应根据具体情况，选择适当的电报等级。

载重电报常用三级报代码QU。

（2）ADDRESS（ES）：收报单位地址7字代码。

前3位：收报单位所在城市或机场的三字代码，当某一城市和它的机场有不同的三字代码时，如发往其中一处，必须使用相应的代码。

第 4、5 位：工作部门代号，国际航空通信协会规定了各部门的二字代码，以方便使用。

第 6、7 位：航空公司二字代码。

（3）ORIGINATOR：发电单位地址。其组成方式与收报单位地址相同。

（4）RECHARGE/ DATE/ TIME：电报拍发委托人（付费人）及日时组。其中日时组由拍发电报的日期、小时、分钟组成。前者一般不填写。

（5）INITIAL：电报拍发人签名代号。

（6）LDM（LOADING MESSAGE）：载重电报三字识别代码，为 LOAD MESSAGE 的缩写。

（7）DATE：填写航班执行的日期（年、月、日），也即填表日期。

（8）A/C REGN：飞机的注册编号，为 AIRCRAFT REGISTER NUMBER 的缩写。

（9）VERSION：客舱最大可利用座位布局，即各等级舱位可使用座位数。

（10）CREW：机组组成情况，为“飞行人员数/ 乘务人员数/ 随机机组人数”。所谓随机机组是指乘坐本航班但不执行此次航班任务的机组。如 5/ 08，表示飞行 5 人，乘务 8 人；如有随机机组人员或其他加入机组的人员，但不执行任务，则填写在最后，如 5/ 08/ 02。

（1）~（6）项有关内容一般在配平时可简单填写，如只填写收报和发报的城市三字代码和电报等级等，但在航班起飞后拍发 LDM 报时，必须详细拍发。

2. 飞机操作重量栏

飞机操作重量栏如表 5-2 所列。其中，

（1）“BASIC WEIGHT”栏：飞机的基本重量（包括标准机组及食品）。

（2）“CORRECTlONS”栏：对飞机的基本重量的修正，如机组、食品（PANTRY）的增减等。修正机组的重量，是除去标准机组外，所增加或减少的机组人员的体重，每名按 80kg 计算。有些机型的食品、餐具等项重量未计入基重内，需要在此处进行重量修正。如果额定食品已计入基重之内，但实际的食品重量与额定值不同，则也需在此处进行修正。

（3）“DRY OPERATION WEIGHT”栏：飞机修正后的基本重量（即前几项代数和）。

（4）“TAKE-OFF FUEL”栏：该飞机本次飞行的起飞油量，不含滑行用油。

（5）“OPERATINCWEIGHT”栏：飞机的操作重量，为（3）+（4）之和。

表 5-2　飞机操作重量栏

BASIC WEIGHT								ADJUSTMENTS TO D. O. W		
CORRECTIONS	− +									
DRY OPERATION WEIGHT	=									
TAKE-OFF FUEL	+									
OPERATION WEIGHT	=									

3. 最大可用业载及剩余业载栏

最大可用业载栏如表 5-3 所列。其中，

表 5-3　最大可用业载计算栏

MAXIMUM WEIGHT FOR		ZERO FUEL	TAKE-OFF	LANDING
TAKE-OFF FUEL			↓ Trip Fuel + →	
ALLOWED WEIGHT FOR TAKEOFF(LOWEST OF a. b, or e)	=	a	b	c
OPERATING WEIGHT	−			
ALLOWED TRAFFIC LOAD	=			
TOTAL TRAFFIC LOAD	−			
UNDERLOAD	=			

（1）MAXIMUM WEIGHT FOR

——ZERO FUEL：最大无油重量；

——TAKE-OFF：最大起飞重量；

——LANDING：最大落地重量。

（2）TRIP FUEL：航段耗油量。

（3）ALLOWED WEIGHT FOR TAKE-OFF（LOWEST OF a、b、c）：允许的起飞重量，为 a、b、c 三项的最小者。其中，

a：MAXIMUM WEIGHT FOR ZERO FUEL + TAKE-OFF FUEL;

b：MAXIMUM WEIGHT FOR TAKE-OFF;

c：MAXIMUM WEIGHT FOR LANDINC + TRIP FUEL。

选其中最小值在相应的栏内计算其他内容。

（4）ALLOWED TRAFFIC LOAD：最大可用业载。

（5）TOTAL TRAFFIC LOAD：该航班实际业载。该项内容可以根据下面的载量计算栏的相同内容填写。

（6）UNDERLOAD：剩余业载最后修正栏（见表 5-4）。

表 5-4　剩余业载最后修正栏

LAST MINUTE CHANGES				
DEST	SPEC	CL/CMPT	+	-
LMC +/　TPTAL				

4. 载量计算与舱位布局栏

载量计算与舱位布局栏如表 5-5 所列。

表 5-5　B737-700 载量计算与舱位布局栏

DEST	NO. OF PASS			TOTAL	DISTRIBUTION - WEIGHT					PASS		PIECE		
	ADULT	CH	I		1	2	3	4	5	F	Y	B	C	M
				Tr										
				B										
				C										
				M										
	/	/		T	1/	2/	3/	4/	5/	F	Y	B	C	M
				Tr										
				B										
				C										
				M										
	/	/		T	1/	2/	3/	4/	5/	F	Y	B	C	M
				Tr										
				B										
				C										
				M										
	/	/		T	1/	2/	3/	4/	5/	F	Y	B	C	M
				Tr										
				B										
				C										
				M										
	/	/		T	1/	2/	3/	4/	5/	F	Y	B	C	M
TOTAL														

（1）DEST（Destination）：到达站，填写城市或机场的三字代码。

（2）NO OF PASS：旅客人数。包括 M（Male）男旅客、A/ F（Adult/Female）成人/ 女旅客；CH（Child）儿童人数；Inf（Infanta）婴儿人数。我国航班人数统计中没有分性别，因此成人旅客都填人 M 栏内。

（3）CAB BAGS（Cabin Baggage）：客舱行李，此栏不填。

（4）TOTAL：除旅客重量以外的所有业载的重量。包括：

TR（Transit）——过境业载。过站至到达站的旅客人数：行李、邮件和货物的重量之和，如果是集装设备型飞机，此栏数字指集装设备的自重。对于直达航班来说，没有过站的重量，所以此栏空白。

B（Baggage）——行李重量。

C（Cargo）——货物重量。

M（Mail）——邮件重量。

T（Total）——到达该站的所有行李、邮件和货物的重量：

（5）Total Passenger Weight：该航班所有旅客的重量。

（6）Total Traffic Load：本次航班的实际业载，旅客、行李、邮件、货物的总重量。

（7）Distribution Weight：舱位装载情况。“1”表示 1 号货舱，“2”表示 2 号货舱，依次类推。填写到达该站的 B、M、C 在各货舱的装载重量及总重量。

5. 旅客座位分布栏

旅客座位分布栏如表 5-6 所列。

表 5-6　旅客座位分布栏

PASS		PIECE		
F	Y	B	C	M
F	Y	B	C	M
F	Y	B	C	M
		X		

（1）F——头等舱，C——公务舱，Y——经济舱。

（2）PASS：填写到达该站的旅客 F、C、Y 各舱的人数。

（3）PIECE：填写到达该站的行李、货物、邮件的件数。

（4）TOTAL：填写该航班上在 F、C、Y 舱乘坐的旅客总人数。

（六）剩余业载与最后修正栏（Last Minute Changes）

剩余业载与最后修正栏如下表所列。

二、平衡图制作

在前面学习飞机重心计算的内容中我们知道，首先根据空机重量和空机重心，求出空机力矩；再求出各项装载重量的力矩，得到总力矩；由总力矩除以总重量就得到重心距离基准点的位置；再换算成平均空气动力弦百分比（% MAC），就是我们需要的重心数据。

在填制平衡图时，完全遵照这一原理。平衡图（Weight And Balance Manifest）是指数法的图表化，基准点是平衡基准点位置，指数是力矩数的缩小数，空机力矩被基本重量指数代替。各项装载重量的力矩数即各业载的指数。基本重量指数和各业载的指数和就是总力矩。查表隐含了总力矩除以总重量和换算成% MAC 的过程。因此我们在填平衡图时，实际上要完成飞机总重量的计算和总指数（总力矩）的计算，以及查表（换算成% MAC）的工作。

平衡图完成方法如下：

（1）根据载重表中的数据修正后的基本重量（Dry Operating Weight）和实际业载（Total Traffic Load）计算飞机的实际无油重量（Zero Fuel Weight）、实际起飞重量（Take-off Weight）和实际落地重量（Landinc Weight）。以 B737-700 为例，见下表 5-7。

表 5-7　B737-700 修正后重量栏

PASSENGER WEIGHT	+		LAST MINUTE CHANGES				
TOTAL TRAFFIC LOAD	=		DEST	SPEC	CL / CMPT	+	-
DRY OPERATING WEIGHT	+						
ZERO FUEL WT MAX	=						
TAKE-OFF FUEL	+						
TAKE-OFF WT MAX	=						
TRIP FUEL	-						
LANDING WEIGHT MAX	=				LMC + / - TOTALS		

（2）根据业载的安排情况由各舱指数表中查得相应指数填入平衡指数计算栏。这是平衡图填制的难点，也是关键。有时需要反复调整才能找到最佳的装载方案。注意，不能超过每个舱位限制的最大重量配载。业载重量填入空白栏内，指数要划出，如表 5-8 所示。

表 5-8　B737-700 平衡指数计算栏

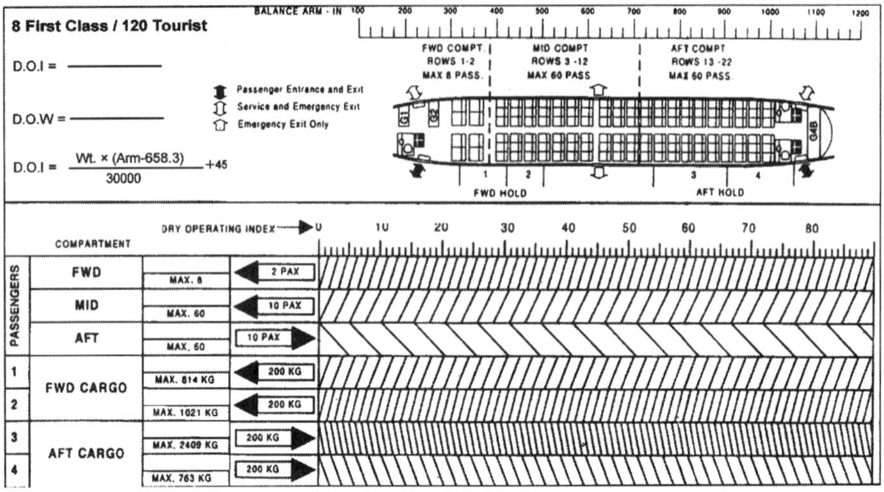

（3）起飞油量指数栏。根据本次航班的起飞油量，可查得起飞油量指数，见表 5-9。

表 5-9　B737-700 油量指数表

FUEL LOAD							
TANKS		WT(KG)		INDEX UNITS			
1&2							
CENTER							
TOTAL							
FUEL INDEX TABLE							
WT (KG)	INDEX UNITS	WT (KG)	INDEX UNITS	WT (KG)	INDEX UNITS	WT (KG)	INDEX UNITS
500	0.0	6000	+4.5	11000	+5.3	16500	-4.0
1000	-0.1	6500	+5.9	11500	+4.4	17000	-4.9
1500	0.0	7000	+7.5	12000	+3.5	17500	-5.7
2000	+0.1	7500	+9.4	12500	+2.5	18000	-6.5
2500	+0.2	7845	+10.9	13000	+1.8	18500	-7.4
3000	+0.4	8000	+10.7	13500	+0.9	19000	-8.3
3500	+0.7	8500	+9.9	14000	+0.1	19500	-9.2
4000	+1.1	9000	+9.0	14500	-0.7	20000	-10.2
4500	+1.7	9500	+8.0	15000	-1.5	20500	-11.2
5000	+2.5	10000	+7.1	15500	-2.4	20910	-12.1
5500	+3.4	10500	+6.2	16000	-3.2	22162	-12.9
* TANKS1+2FULL							
** TANKS1+2+C/S FULL							
*** TANKS1+2+C/S FULL AT MAX DENSITY							

（4）总指数的计算。当查得各舱业载的指数后，再查得起飞油量的指数，在指数计算表内填入相应的数字，计算出无油指数 LIZFW 和起飞指数 LITOW。计算时注意各舱业载指数的正负值（见表 5-10）。

表 5-10　B737-700 指数计算栏

D. O. T. =
D. O. W =
DOI = [Wt. * （Am − 658. 3）/30000] + 45

（5）飞机重心求算栏。

①指数标尺。位于上下两端。根据上图中计算结果在上下两个指数标尺上找出无油重量指数和起飞重量指数，画出两条直线。

②重量标尺。位于左右两端，单位为吨。根据下图所示配平值表计算出的实际无油重量和实际起飞重量，在左右两端的重量标尺上找到相应位置，画出两条水平直线。

③% MAC 用平均动力弦的百分比表示的飞机重心位置。飞机重心求算栏中有很多斜线，每条斜线代表一个百分比值。当找出无油重心和起飞重心交叉点时，根据交叉点位于哪两条斜线之间，便可估计出无油重心和起飞重心用平均空气动力弦百分比表示的位置。

根据无油重量和它的指数在平衡图表中的交点位置可以得出无油重心的平均空气动力弦数（% MAC）；根据起飞重量和它的指数在平衡图表中的交点位置可以得出起飞重心的平均空气动力弦数（% MAC）。表中的横线表示重量（包括无油重量上限，落地重量上限，起飞重量上限），左边的“竖线”表示飞机重心的前极限，右边的“竖线”表示飞机重心的后极限。飞机的重心位置只能在这个范围内，如表 5-11 所示。

代表无油重量指数的垂线和代表无油重量的水平线的交叉点即表示飞机的无油重心位置；同样，代表起飞指数的垂线和代表起飞重量的水平线的交叉点即表示飞机的起飞重心位置。无油重心应位于 MZFW 水平线以下及左右框线之间；起飞重心应位于 MTOW 水平线以下及左右框线之间。

ZFW% MAC 为飞机在无油时的平均空气动力弦值；

TOW% MAC 为飞机在起飞时的平均空气动力弦值，

（6）飞机起飞时水平尾翼配平值，见表 5-12。

其中，

FLAPS 1°&5°：飞机的襟翼角度为 1°和 5°。

FLAPS 10. 15°&25°：飞机的襟翼角度为 10. 15°和 25°。

（7）Prepared By：填表人签名。

Approved By：签收人（机长）签名。

表 5-11　B737-700 飞机重心计算栏

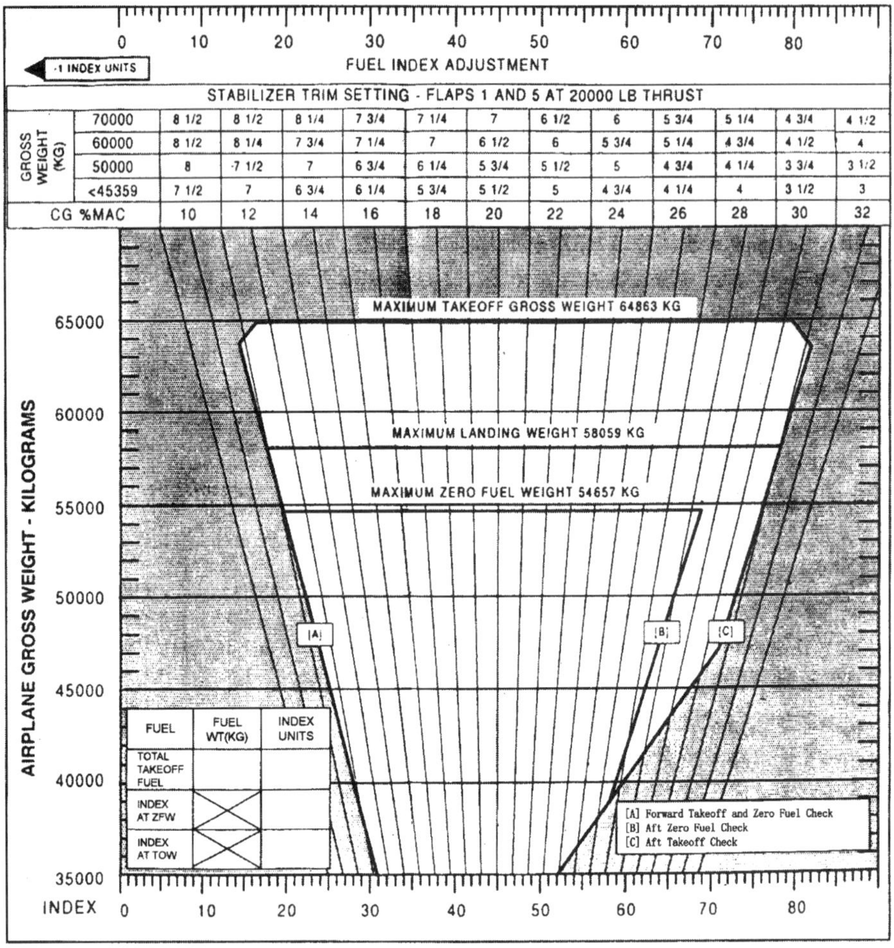

STABILIZER TRIM SETTING - FLAPS 1 AND 5 AT 20000 LB THRUST

GROSS WEIGHT (KG)												
70000	8 1/2	8 1/2	8 1/4	7 3/4	7 1/4	7	6 1/2	6	5 3/4	5 1/4	4 3/4	4 1/2
60000	8 1/2	8 1/4	7 3/4	7 1/4	7	6 1/2	6	5 3/4	5 1/4	4 3/4	4 1/2	4
50000	8	7 1/2	7	6 3/4	6 1/4	5 3/4	5 1/2	5	4 3/4	4 1/4	3 3/4	3 1/2
<45359	7 1/2	7	6 3/4	6 1/4	5 3/4	5 1/2	5	4 3/4	4 1/4	4	3 1/2	3
CG %MAC	10	12	14	16	18	20	22	24	26	28	30	32

表 5-12　B737-700 配平值表

LAST MINUTE CHANGES				
DEST	SPEC	CL/CMPT	+	－
LMC + / － TOTALS				

其中，

（1）DEST（Destination）：目的地。

（2）SPEC（Specification）：修正项目。

例如，增加 2 名旅客，则写成 PASS×2；增加 3 件行李，则写成 BAG 3。

（3）CL/ CMPT：发生变化的旅客所在舱位及发生变化的行李、邮件、货物所在货舱号。

（4）+/ -：增加/ 减少。填写相应的栏。

（5）LMC+/ -TOTAS：总共变化的重量。

第五节 载重电报（LDM 报）和随机业务文件

在众多业务电报中，与载重平衡工作直接相关的有 2 种电报，即载重报 LDM 和箱板分布电报 LDD（CPM）。LDD 报一般是紧跟在 LDM 报后面发出的，它是对货舱区装载情况的详细说明，一般只有对集装设备舱的机型才加发 LDD 报。LDM 是前方各站取得飞机的基本资料（BOW、BOI、CREW）和业载情况及其他有关信息的重要文件。

一、载重电报

1. 载重电报的作用

拍发载重电报是为了让航班沿线各航站预先得知该航班的实际业载情况，以便各航站了解到达本站的业载情况，做好接机准备。同时，航线有关经停站了解本站的过站业载情况，以准确计算本站实际可用业载，并对本站载量进行配载与平衡计算。

2. 拍发载重电报的规定

（1）载重电报应在飞机起飞后 5 分钟内发出。

（2）载重电报应根据载重表上最后结算的数字编制，必须和实际载重情况完全相符，因此，电报编好后要认真复核，防止写错、算错或用错代号。

（3）飞机上如果载有特别重要、紧急的物品或有重要的事项通知前方某航站，可以在电文中用规定的代号或用文字作简要说明。如果文字过长，应另发电报。

（4）载重电报识别代号为 LDM，由报头、电文和署名三部分组成。报头和署名的写法，以及电报中使用的代号、简语，都与查询行李电报相同。电文有固定的格式，基本内容是飞机的有关数据和运往每一个前方站的载重情况（依到达的先后顺序排列，最后为航班的终点站）。

3. 载重电报的内容与格式

1）载重电报内容

电报级别代码和收电单位地址；

发电单位地址及日时组；

电报识别代号；

航班号/ 当地日期（最多由 11 个字符组成）；

飞机注册号（机号）；

飞机舱位布局（F 舱座位数/ C 舱座位数/ Y 舱座位数）；

机组人数（驾驶舱人数/ 乘务员人数）；

到达站（指有业载下机的机场，在三字代码前加一个连字符号）；

旅客人数（可表示为“成人/ 儿童/ 婴儿”或“成人男/ 成人女/ 儿童/ 婴儿”。如果某到达站无旅客下机，只有其他邮件、货物，则在相应地方上填零，如果到达站没有业载下机，就用“NIL”表示）；

客舱行李重量；

货物、邮件、行李总重量（用“T”表示）；

舱位和载量；

旅客所占座位（表示为“PAX/ F 舱人数/ C 舱人数/ Y 舱人数”）；

PAD、SOC、AVI、DIP、FRG 等占用座位情况（表示方法与上类似）；

补充信息。规定如下：

应在载重报的底下表明，但须另起一行，以“SI”开头，并在其后空一格；如涉及多个到达站，应在每个到达站前加一点；最后修正要另起一行。“LMC”的信息必须与载重表的内容相符。

2）电报格式

收报单位；

发报单位；

航班号/ 日期、机号、飞机基本重量、机组、空机重心位置；

到达站、旅客人数/ 行李重量/ 货物重量/邮件重量、行李件数/ 货物件数/ 邮件件数；

行李、货物、邮件装载舱位；

其他：

重要旅客、紧急航空器材、动物、超大货物、冷冻货物、超重货物、孵蛋、尸体、纸型、急救用品、医疗用品、紧急货物、贵重物品、限制运输物品、危险品。

3）载重电报范例

例 1：

```
QU SZXTZCR SHAU OF M
. SHAU XF M 081625
LDM
FM377/8SEP B2810 58910 45)9 5/7
SZX 152)2/865/3399/68 F2 B74 C52 M7
```

```
-H1/865
-H2/1288
-H3/1800
-H4/439
TOW 74258
LDM 90258
TRIM 3)8
FUEL 16000
END OF LDM
```

例 2：1996 年 10 月 10 日，CA1309 航班（PEK—SHA—CAN），飞机号 B-2508，机组 3/ 4，布局 F8/ Y104。到达 SHA 站的业载情况为：成人 5/ 儿童 2/ 婴儿 0 人；行李 3 件/ 27kg/ 4 号舱；无邮件；货物 2 件/ 36kg/ 1 号舱。到达 CAN 站的业载情况为：成人 71 人/ 儿童 0 人/ 婴儿 1 人；行李 47 件/ 600kg/ 4 号舱；邮件 4 件/ 60kg/ 4 号舱；货物 22 件/ 345kg/ 1 号舱（其中有 1 件/ 3kg 的急救药品到 CAN），根据以上情况拍发电报。

解：载重电报如下：

```
QU SHATZMU CANTZCZ CANFDCZ
  . PEKTZCA 101230
  LDM
  CA1309/10 ·  B ? 2508 · 8/104 · 3/4
  - SHA · 5/2/0 · T63 · 1/36 · 4/27 · PAX/1/6
  - CAN · 71/0/1 · T1005 · 1/345 · 4/600 · PAX/5/64 · PAD/0/2
     SI CAN MED 1/3 H1
```

二、运输业务文件

载重与平衡是互相联系和互相制约的，飞机上的每一项装载，都对飞机产生作用力，该作用力会影响飞机的重心，这样便涉及到平衡的问题，飞机上各项载重的大小和所在位置必须服从于平衡的要求。因此，值机部门按照配载平衡部门的载量分配计划办理好旅客乘机手续、装卸部门装好行李、货物和邮件以后，配载工作人员要进行飞机载重平衡结果的结算，并将本次航班的配载平衡图以及货舱装载表送交机长签字确认后才能最终生效。这一过程是飞机起飞前一项非常重要的工作。

送交的随机机组文件中应包括以下内容：

1. 本次航班的载重表、货运单、货邮舱单及快递邮件分路单；
2. 出发旅客名单登记表；
3. 旅客限制携带物品。

第六章　旅客运送责任与赔偿

第一节　航班延误时航空公司的责任

一、非民航原因造成航班延误时的责任

（1）因下列原因之一，承运人可不经事先通知，取消、中断、变更、延期或推迟航班飞行：

①为了遵守中华人民共和国或运输过程中有关国家的法律及其他有关规定；

②为了保证飞行安全；

③承运人无法控制或不能预见的其他原因，如天气、突发事件、空中交通管制、安检及旅客等。

由于上述原因造成航班在始发地延误或取消称为非民航原因造成航班延误。

（2）因非民航原因造成航班在始发站延误时，承运人将根据旅客的合理需要，按下列规定办理：

①为旅客安排有可利用座位的本公司后续航班；

②征得旅客及有关承运人的同意后，办理签转手续；

③变更原客票列明的航程，安排本公司或其他承运人的航班，将旅客运达目的地点或中途分程地点；

④旅客要求退票，按自愿退票办理退款；

⑤协助安排旅客膳宿，费用由旅客自理。

二、民航原因造成航班延误时的责任

由于机务维护、航班调配、商务、机组等原因，造成航班在始发地延误或取消称为民航原因造成航班延误。

因民航原因造成旅客所乘航班延误时，承运人应采取以下办法进行处理：

（1）为旅客安排有可利用座位的本公司后续航班；

（2）征得旅客及有关承运人的同意后，办理签转手续；

（3）变更原客票列明的航程，安排本公司或其他承运人的航班，将旅客运达目的地点或中途分程地点；

（4）按规定免费为旅客提供休息场所、饮料、餐食、住宿等服务；

（5）如旅客要求退票，按非自愿退票办理退款。

另外，航班在经停地延误和取消，无论何种原因，承运人均应负责向经停旅客提供膳宿服务。航班延误或取消时，承运人应迅速及时将航班延误或取消等信息通知旅客，做好解释工作。承运人和其他各保障部门应相互配合，各司其职，认真负责，共同保障航班正常，避免不必要的航班延误。

第二节　承运人对旅客、行李的赔偿

一、承运人对旅客的赔偿

1. 国际航空旅客运输的旅客人身赔偿规定

《统一国际航空运输某些规则的公约》（1999 年蒙特利尔公约）规定了国际航空运输承运人对旅客伤亡的双梯度责任制度，在第一梯度下，无论承运人是否有过错，都要对旅客的死亡或者身体伤害承担以 100000 特别提款权（在本公约签署当日，特别提款权合人民币 11.16310 元）为限额的赔偿责任；在第二梯度下，对超过 100000 特别提款权的部分，只要承运人能够证明其没有过错，就不承担赔偿责任。

2. 国内航空旅客运输的旅客人身赔偿规定

2006 年 2 月 28 日，民航总局公布了《国内航空运输承运人赔偿责任限额规定》，并明确自 2006 年 3 月 28 日起施行。

国内航空运输旅客身体损害赔偿，是指国内航空运输承运人对旅客身体损害的赔偿。除民航法另有规定外，民用航空运输承运人在下列赔偿责任限额内按照实际损害承担赔偿责任：对每名旅客的赔偿责任限额为人民币 40 万元。旅客还可以自行决定向保险公司投保航空运输人身意外伤害险，此项保险金额的给付，不得免除或减少承运人应当承担的赔偿限额。

向外国人、华侨、港澳同胞和台湾同胞给付的赔偿金，可以兑换成该外国或地区的货币，其汇率按赔偿金给付之日中华人民共和国国家外汇管理部门公布的外汇牌价确定。

二、承运人对行李的赔偿

1. 国际旅客行李赔偿的规定

（1）旅客的托运行李全部或部分损坏、遗失或延误运输时，不论旅客所持的客票为全票、折扣和免费均按损失行李的实际价值或延误运输所造成的实际损失赔偿。国内运输行李赔偿金额每公斤不超过人民币 50 元，国际运输行李赔偿金额每公斤不超过 20 美元。国内运输行李每公斤低于 50 元人民币、国际运输行李每公斤低于 20 美元时，按实际价值赔偿。已收逾重行李费退还。已使用航段的逾重行李费不退。如旅客已办理行李声明价值，赔偿额以声明价值为限。

（2）发生损失、需要赔偿行李的件数和重量，以客票上所填写的件数和重量为准，如果客票上没有填写件数和重量或旅客声称其行李重量超过规定的免费行李额时，除非旅客持有有效的逾重（超限）行李票，否则，每一旅客的损失行李最多只能按该旅客享受的免费行李额赔偿。行李部分遗失时，不管其实际重量如何，只能以该旅客享受的免费行李额减去已运到交付给旅客的其他部分行李的重量来计算其需要赔偿的重量。

例如，乘坐一等舱的旅客托运行李两件，重量均不知，其中一件遗失，计算赔偿重量的方法为：以该旅客的免费行李额 40 公斤，减去已运到交付的行李重量经秤重为 32 公斤，则该件遗失行李最多只能按 8 公斤赔偿。

（3）承运人在某些航线上，实行放宽免费行李额优惠办法承运的行李，其损坏、遗失或延误运输行李的赔偿限额，仍按该旅客规定享受的免费行李额计算（头等舱 40 公斤，公务舱 30 公斤，经济舱 20 公斤），对放宽部分行李的损失，承运人不承担赔偿责任。

（4）按照计件办法运输的交运行李发生损失时，除交付逾重（超限）行李费者外，每件行李的赔偿额以 32 公斤为限。

（5）由于承运人过失所造成的每一旅客的自理行李或随身携带物品损失的赔偿限额为 5000 金法郎（约折合 400 美元）。

（6）已接受赔偿的旅客的丢失行李找到后，承运人应迅速通知旅客领取，旅客应将自己的行李领回，退回全部赔款（临时生活用品补偿费不退）。发现旅客有明显欺诈行为时，承运人有权追回全部赔款。

（7）国际承运人行李赔偿责任的免除条件

①由于下列原因造成托运行李的损失，承运人不负赔偿责任：

- 自然灾害或其他无法控制的原因；
- 由于遵守中华人民共和国或运输过程中有关国家的法律、政府规章、命令和旅行条件的规定，或由于旅客没有遵守这些规定；
- 由于行李本身的缺陷或内部物品所造成损失。

②托运行李内装有按规定不能夹入运输的物品，如易碎品、易腐物品、货币、贵重金属、珠宝、金银制品、票证、证券和其他贵重物品以及公务文件、护照和其他旅行证件及样品发生的损失，不论是什么原因所造成损失，承运人只能按一般行李负赔偿责任。

③挂有“免除责任行李牌”的行李，按牌上用“X”符号所注明的项目，免除相应的运输责任。

④行李的外包装完整无损，除非旅客能提出证明是承运人的过失所造成者外，对行李的内装物品的损坏，承运人不承担赔偿责任。

（8）行李赔偿中旅客的责任

由于行李本身的缺陷、行李内部的物品或旅客本人造成承运人或其他旅客行李的损失，应由该旅客承担责任。

（9）联程行李的赔偿、分摊

①根据有关航空协议，经过查询无法查明属哪位承运人的责任时，先由最后一个航段的承运人或其代理人进行赔偿，然后分别使用各承运人的分摊比例乘以总赔偿金额，计算出各承运人应负担的赔偿费。

②分摊赔偿不超过 50 美元时，不进行分摊结算。

③把给有关承运人的“分摊赔偿通知单”连同客票、逾重行李票（如果赔偿的行李为逾重行李）、HR 单和各种来往查询电报的复印件转给财务部门，以便进行结算。

④收到其他承运人的分摊赔偿要求时，要检查分摊赔偿要求的理由是否充足，所附文件是否齐全，所需手续是否完善，分摊赔偿金额的计算是否正确，由此决定是否同意分摊赔偿。

2. 国内航空旅客运输的行李赔偿规定

1）行李赔偿责任划分

旅客交运的行李在运输过程中发生丢失、破损、短少或延误等差错事故，承运人应负赔偿责任。

如行李丢失只是全部交运行李的一部分，不管其丢失的价值如何，只能按该部丢失的重量在全部行李重量中的比例承担责任。如果行李部分破损，应赔偿破损部分的价值或付修理费。承运人交付行李时，如果旅客没有对行李的完好提出异议，并未填写“行李运输事故记录”或“破损行李记录”，民航不负赔偿责任。

对于逾重行李的逾重部分，如未付逾重行李费，承运人对该部分不负赔偿责任。私自带上飞机的捎带物品，无论发生丢失或破损，承运人一律不负任何责任。

2）除外责任

由下列情况造成行李的损失，除能证明是民航的过失外，民航不负赔偿责任。

（1）因自然灾害或其他无法控制的原因。

（2）包装方法或容器质量不良，但从外部无法观察发现。

（3）行李本身的缺陷或内部物品所造成的变质、减量、破损、毁灭等。

（4）包装完整，封志无异而内件短少、破损。

（5）旅客的自理行李和手提行李。

3）旅客的责任

（1）旅客未遵守国家的法律、政府规章、命令及民航运输的有关规定。

（2）行李内装有按规定不能夹入行李的运输物品。

（3）由于旅客原因，造成民航或其他旅客的损失，应由造成损失的旅客负责。

4）提出赔偿要求的地点和时限

（1）由于承运人责任造成旅客行李丢失、破损等，旅客必须在该行李应当交付之日起的 180 天之内，凭“行李运输事故记录”或“破损行李记录”向受理站提出索赔要求，如旅客已离开受理站，由受理站将有关资料和处理意见委托距旅客所在地最近的民航站处理。

（2）受理站在接到旅客索赔要求时，应尽快做出赔偿决定，最迟在 7 天内将处理意见答复旅客。如受它站委托处理旅客索赔要求时，必须在 3 天之内将委托站办理赔偿的决定答复旅客。

5）办理赔偿的程序

（1）在规定时限内，旅客（如系代理人，应持有旅客亲笔签名或盖章的委托书）应详细写明遭受损失行李的实际价值，提供必要的证明，凭“行李运输事故记录”或“破损行李记录”的原件及其他应填写的文件或表格，提出赔偿要求。

（2）接到赔偿要求后，应请旅客或其代理人填写“旅客行李索赔单”，并立即厂解该项行李事故的查询及处理情况，如经查明行李确已损坏、丢失或延误运输，并确系民航的责任，查询电文齐全，提出赔偿处理意见，经审批后，办理赔偿手续。

（3）赔偿费用交付旅客时，应填写“行李赔偿费收据”，并请旅客在收据上签字，旅客对赔款签收后，应将旅客所持的“行李运输事故记录”等文字凭证收回。

（4）旅客提出的赔偿要求，经过分析、调查，确定事故责任不属于运输过程中任何承运人时，受理站应及时答复旅客，说明不予赔偿的理由和根据，同时退还有关票证和文件。

6）办理行李赔偿的工作要求

（1）办理行李丢失或延误运输赔偿时，各项电文必须齐全，包括旅客行李索赔单、行李实际损失价值的必要证明、行李损失事故调查报告单、各种往来电报和领取行李凭证等。声明价值行李和逾重行李的赔偿，还应有逾重行李费收据。

（2）办理行李损坏赔偿时，应尽可能在旅客提出索赔的当时，赔款解决。赔偿金额参照当地同样物品的价格。

（3）受理赔偿案件后，凡能肯定是承运人责任的，应由受理站迅速按规定给予办理，然后再划分内部责任，如责任属于他站，赔偿后应将处理结果通知责任站。

（4）已赔偿的旅客丢失行李找到后，承运人应迅速通知旅客领取，旅客应将自己行李领回、退回全部赔款。临时生活用品补偿费不退。发现旅客有欺诈行为，承运人有权追回全部赔款。

7）赔偿费用的结算

（1）行李赔偿费用（包括赔偿、修理费、破损补偿费、交付行李运输费、日用品补偿费等）的结算，按承运人的规定或承运人和地面代理人签订的协议办理。

（2）如属于它站责任而由受理站垫付的赔偿款，由受理站于每月终了后，向责任站结算。

（3）赔偿费用进行结算时，应附下列材料：

- 旅客行李索赔单、丢失行李调查表及证明行李内容和价值的有关材料。
- 行李运输事故记录或破损行李记录、行李装卸事故签证、行李领取凭证、逾限行李费收据、行李赔偿费收据以及往来电报。

以上材料原件或复印件均可。

除民航法另有规定外，民用航空运输承运人在下列赔偿责任限额内按照实际损害承担赔偿责任：对每名旅客的赔偿责任限额为人民币 40 万元；对每名旅客随身携带物品的赔偿责任限额为人民币 3000 元；对每名旅客托运的行李和对运输的货物的赔偿责任限额，每公斤为人民币 100 元。

第三节　旅客运输保险

航空保险是保险人在其承保的航空领域中的各种保险指标发生承保范围内的损失时，保险人按保险单条款给予赔偿的一种行为。

航空保险的种类很多，旅客运输保险是其中的一种。中国人民保险公司和中国民航局于 1989 年 3 月 20 日颁发了《关于开展国内航空运输人身意外伤害保险业务的通知》，据此，中国民航局于 1989 年 3 月 29 日下达了《关于开展国内航空运输旅客人身意外伤害保险业务有关问题的通知》。1993 年 11 月重新修改《暂行规定》。

由此可见，我国现行的国内航空运输旅客人身意外伤害保险是“双向保险制”。航空承运人的赔偿是必有的；保险公司的保险属于商业保险范畴，赔偿金额则按旅客乘机前自愿投保航空运输人身意外伤害险的数额来确定。

附录 1 民生人寿保险股份有限公司的《航空旅客人身意外伤害保险条款》

航空旅客人身意外伤害保险条款

第一条 【保险合同构成】

合同（以下简称“本合同”）由保险单、保险条款、投保单，以及与本合同有关的投保文件、合法有效的声明、批注和其他书面协议共同构成。

第二条 【投保条件】

凡乘坐客运航班班机的旅客均可成为本保险的被保险人。

第三条 【保险责任】

在本合同保险责任有效期间内，被保险人遭受意外伤害时，本公司依下列约定给付保险金：

一、被保险人自意外伤害发生之日起 180 日内身故时，本公司按保险单所载保险金额给付身故保险金。

二、被保险人自意外伤害发生之日起 180 日内身体残疾时，本公司按保险单所载保险金额及该项身体残疾所对应的给付比例给付残疾保险金。如治疗仍未结束的，按第 180 日的身体情况进行残疾鉴定，并据此给付残疾保险金，被保险人因同一意外伤害造成一项以上身体残疾时，本公司给付对应项残疾保险金之和。但不同残疾项目属于同一手或同一足时，本公司仅给付其中一项残疾保险金；如残疾项目所对应的给付比例不同时，仅给付其中比例较高一项的残疾保险金。

三、被保险人自意外伤害发生之日起 180 日内；未造成身故或残疾的，对被保险人在此期间实际支付的医疗费，本公司在国家规定的公费医疗报销范围内给付医疗保险金，金额最高不超过 20000 元。

四、本公司所负给付保险金的责任以保险单所载保险金额为限，一次或累计给付的保险金达到保险金额时，本合同终止。

第四条 【责任免除】

被保险人因下列情形之一导致身故、残疾或发生医疗费用支出的，本公司不承担保险责任：

1. 投保人、受益人对被保险人故意杀害、伤害；
2. 被保险人自杀、故意自伤；
3. 被保险人吸毒、殴斗、醉酒或受酒精、毒品、管制药物的影响而致意外；
4. 战争、军事行动、暴乱或武装叛乱；
5. 核爆炸、核辐射或核污染。

第五条 【保险期间】

本公司所负保险责任从被保险人踏入本合同指定的航班机（或等效班机）的舱门开始到飞抵国的港走出舱门为止。

第六条 【保险金额和保险费】

一、保险金额按份计算，每份保险的保险金额为 20 万元人民币。同一被保险人最高保险金额为 200 万元人民币。

二、每份保险的保险费为 20 元人民币。

第七条 【受益人的指定与变更】

投保人、被保险人可以指定或变更受益人，但投保人指定或变更身故保险金受益人必须征得被保险人同意。投保人于保险事故发生之前变更受益人，必须以书面形式申请并经本公司在保险单上批注后方能生效。

被保险人身故后，遇有下列情形之一的，保险金作为被保险人的遗产，由本公司向被保险人的继承人履行给付保险金的义务：

一、没有指定受益人的；

二、受益人先于被保险人身故，没有其他受益人的；

三、受益人依法丧失受益权或者放弃受益权，没有其他受益人的。 残疾保险金及意外伤害医疗保险金的受益人为被保险人本人，本公司不受理其他指定或变更。

第八条 【保险事故通知】

投保人、被保险人或受益人应于知道或应当知道保险事故发生之日起 5 日内通知本公司，否则由于通知延误，导致必要证据丧失或事故性质、原因无法认定的，应由投保人、被保险人或受益人承担相应的责任；同时，因此致使本公司增加的勘查、检验等项费用应从给付的保险金中扣除，但因不可抗力导致延误的除外。

第九条 【保险金的申领】

一、被保险人身故，由身故保险金受益人作为申请人填写保险金给付申请书，并凭下列证明和资料向本公司申请给付保险金：

1. 保险单或其他保险凭证；
2. 受益人户籍证明及身份证明；
3. 公安部门或本公司认可的医疗机构出具的被保险人死亡证明书；
4. 由承运人出具的意外事故证明；
5. 如被保险人为宣告死亡，受益人须提供人民法院出具的宣告死亡证明文件；
6. 被保险人户籍注销证明；
7. 受益人所能提供的与确认保险事故的性质、原因等有关的其他证明和资料。

二、被保险人残疾，由被保险人作为申请人、于被保险人被确定残疾及其程度后，填写保险金给付申请书，并凭下列证明和资料向本公司申请给付保险金：

1. 保险单或其他保险凭证；
2. 被保险人户籍证明及身份证明；
3. 由本公司指定或认可的医疗机构或医师出具的被保险人残疾程度鉴定书；

4. 由承运人出具的意外事故证明；

5. 被保险人所能提供的与确认保险事故的性质、原因、伤害程度等有关的其他证明和资料。

三、被保险人遭受意外伤害未造成身故或残疾，但需接受治疗的，由被保险人作为申请人，于治疗结束后或治疗仍未结束但自意伤害发生之日起已满 180 日时，填写保险金给付申请书，并以下列证明和资料向本公司申请给付保险金：

1. 保险单或其他保险凭证；

2. 被保险人户籍证明及身份证明；

3. 由本公司指定或认可的医疗机构或医师出具的医疗诊断书及医疗费用原始凭证；

4. 由承运人出具的意外事故证明；

5. 被保险人所能提供的与确认保险事故的性质、原因、伤害程度等有关的其他证明和资料。

四、本公司收到申请人的保险金给付申请书及本条所要求的证明和资料后，如无特别约定，对属于保险责任的，在与申请人达成有关给付保险金数额的协议后 10 日内，履行给付保险金责任。对不属于保险责任的，向申请人发出拒绝给付保险金通知书。

五、本公司自收到申请人的保险金给付申请书及本条所要求证明和资料之日起 60 日内，对属于保险责任而给付保险金的数额不能确定的，根据已有证明和资料，按可以确定的最低数额先予以支付，本公司最终确定给付保险金的数额后，给付相应的差额。

六、如被保险人在宣告死亡后生还的，保险金领取人应自其知道或应当知道被保险人生还后 30 日内退还本公司支付的保险金。

七、被保险人或受益人对本公司请求给付保险金的权利，自其知道或应当知道保险事故发生之日起两年不行使而消灭。

第十条 【合同解除权】

一、投保人在本合同指定的航班班机起飞前要求解除本合同，本公司在扣除手续费两元后退还保险费。

二、投保人要求解除本合同时，应提供下列证明材料：

保险单及其他保险凭证；

解除合同申请书；

最近一次交费凭证；

投保人身份证明。

三、投保人解除本合同后，受益人无权对本合同解除前发生的保险事故申请保险金。

第十一条 【争议处理】

本合同履行过程中，双方发生任何争议，应首先协商解决。经协商未达成协议的，任何一方可向本合同签发地人民法院提起诉讼。

【名词释义】

（1）失明包括眼球缺失或摘除、或不能辨别明暗、或仅能辨别眼前手动者，最佳矫正视力低于国际标准视力表 0.02，或视野半径小于 5 度，并由有资格的眼科医生出具医疗诊断证明。

（2）关于机能的丧失是指关节永久完全僵硬、或麻痹、或关节不能随意活动。

（3）咀嚼、吞咽机能的丧失是指由于牙齿以外的原因引起器质障碍或机能障碍，以致不能做咀嚼、吞咽运动，除流质食物外不能摄取或吞咽的状态。

（4）为维持生命必要的日常生活活动，全需他人扶助是指食物摄取、大小便始末、穿脱衣服、起居、步行、入浴等，皆不能自己为之，需要他人帮助。

（5）上肢三大关节是指肩关节、肘关节、和腕关节；下肢三大关节是指髋关节、膝关节和踝关节。

（6）手指缺失是指近侧指间关节以上完全切断。

（7）手指机能的丧失是指自远侧指间关节切断，或自近侧指间关节僵硬或关节不能随意识活动。

（8）足趾缺失是指自趾关节以上完全切断。

（9）听觉机能的丧失是指语言频率平均听力损失大于 90 分贝，语言频率为 500、1000、2000 赫兹。

（10）语言机能的丧失是指构成语言的口唇音、齿舌音、口盖音和喉头音的四种语言机能中，有三种以上不能构声，或声带全部切除，或因大脑语言中枢受伤害而患失语症，并需有资格的五官科（耳、鼻、喉）医生出具医疗诊断证明，但不包括任何心理障碍引致的失语。

（11）两眼眼睑显著缺损是指闭眼时眼睑不能完全覆盖角膜。

（12）鼻部缺损且嗅觉机能遗存显著障碍是指鼻软骨全部或二分之一缺损及两侧鼻孔闭塞、鼻呼吸困难、不能矫治或两侧嗅觉丧失。

所谓“永久完全丧失”是指自意外伤害之日起经过 180 天的治疗，机能仍然完全丧失。但眼球摘除等明显无法复原的情况，不在此限。

附录 2　《机场服务概论》考试大纲

第一部分　课程性质与设置目的要求

一、课程性质

《机场服务概论》是高等教育自学考试“民航服务与管理专业”的专业基础课程。本课程从民航机场旅客运送的流程出发，介绍机场旅客运送工作各环节的工作内容、工作要求、国际和国内处理民航旅客地面服务工作的相关法律、法规以及工作惯例，讲解在各种情况下为旅客提供优质地面服务的工作技巧，是学生了解和掌握机场旅客运送业务知识的重要基础课程。

二、课程设置目的

本课程目标是使学生通过本课程的学习，对民航旅客地面运输服务工作有全面的了解和正确的认识，为以后的学习打下基础。课程的基本设置的目的如下：

1. 了解机场国际、国内旅客地面运送工作流程；
2. 了解国际国内关于旅客运输服务工作的相关法规和规定；
3. 掌握机场旅客服务工作的性质及特点；
4. 掌握机场旅客运送各环节工作的特点及服务工作要求；
5. 掌握机场旅客服务各环节工作的基本方法。

三、与本专业其他课程的关系

本课程是民航服务与管理专业的专业基础课，是该专业学生学习和掌握旅客地面服务业务知识的入门课程。《民航概论》、《民航运输地理教程》、《民用航空法教程》等是其基础课程，而许多其他课程，如《航空运输市场营销》、《民航服务心理学》等则是以本课程为基础的。

第二部分　课程内容与考核标准

第一章　民航机场业务介绍

一、学习目的和要求

本章主要介绍机场候机楼的布局及内部主要服务设施，了解国内、国际旅客运送流程。学习本章，要求能清楚掌握机场候机楼的布局及内部主要服务设施的功能，能清楚掌握国内、国际旅客运送流程。

二、课程内容

第一节　机场候机楼的布局和功能

机场候机楼包括候机楼建筑本身以及候机楼外的登机坪和旅客出入车道，它是地面交通和空中交通的结合部，是航空港对旅客服务的中心地区。

（一）机场的布局

旅客服务区域，管理服务区。

（二）机场候机楼各区域功能

旅客服务区域：值机柜台，安检、海关、检疫的通道和入口，登机前的候机厅，行李提取处，迎送旅客活动大厅，旅客信息服务设施，旅客饮食区域，公共服务区，商业服务区。

管理服务区：空港管理区，航空公司运营区，政府机构办公区。

第二节　民航国内旅客运送流程

（一）国内旅客运输流程框图

（二）国内旅客运输流程工作环节

国内出发：行李托运，换登机牌，安全检查，购买保险，候机及登机。

国内到达：领取交运行李，离开。

第三节　民航国际旅客运送流程

（一）国际旅客运输流程框图

（二）国际旅客运送过程工作环节

国际出发：海关检查，行李托运，换登机牌，购买航空保险，边防检查，安全检查，候机及登机。

国际到达：卫生检疫，边防检查，领取交运行李，海关检查，离开。

三、考核知识点

1. 机场候机楼的主要区域划分。
2. 机场候机楼各区域的主要功能。
3. 国内旅客运输流程框图及国内旅客运输流程。
4. 国内旅客运输流程框图及国内旅客运输流程。

四、考核要求

（一）机场候机楼的布局特点

1. 识记：机场候机楼的主要区域划分。
2. 领会：机场候机楼的布局特点。

（二）机场候机楼的主要功能

1. 识记：机场候机楼的主要功能。
2. 领会：机场候机楼各区域的作用。

（三）国内旅客运输流程框图及国内旅客运输流程

1. 识记：国内旅客运输流程框图。
2. 领会：国内旅客运送各环节的主要工作内容。
3. 应用：正确理解国内旅客运送各环节旅客服务的工作要点。

（四）国际旅客运输流程框图及国际旅客运输流程

1. 识记：国际旅客运输流程框图。
2. 领会：国际旅客运送各环节的主要工作内容。
3. 应用：正确理解国际旅客运送各环节旅客服务的工作要点。

第二章　旅客订座与客票销售

一、学习目的和要求

本章介绍民航订座系统的构成及应用，详细讲述民航旅客国内国际客票的销售业务知识。学习本章，了解旅客订座的概念、旅客订座系统（RES），掌握制作旅客订座记录（PNR）有关操作技能；掌握国内、国际客票的定义、类别等，熟练掌握国际和国内客票填开和使用规定。

二、课程内容

第一节　旅客订座

（一）旅客订座与销售的基本概念与定义

订座是指对旅客预订的座位、舱位等级或对行李的重量、体积的预留。旅客定妥座位后，凭该定妥座位的客票乘机。不定期客票应在向承运人定妥座位后方能使用。承运人应按旅客已定妥的航班和舱位等级提供座位。

（二）旅客订座系统(RES)介绍

旅客订座系统 RES 由航空公司系统(ICS 系统)和代理人分销系统(CRS 系统)组成；航空公司系统(ICS 系统) 和代理人分销系统(CRS 系统)的定义；系统主要特征；航空公司系统(ICS 系统)和代理人分销系统(CRS 系统)的联接；世界各大 CRS 系统名称、标识，基本情况介绍；订座操作一般指令。

（三）旅客订座记录（PNR）的建立

PNR 的含义及组成。预定 PNR 的建立及相关指令。出票 PNR 的建立及相关指令，预定 PNR 变为出票 PNR 的相关指令及操作步骤。成人带儿童、成人带婴儿 PNR 的实例。

（四）特殊服务组（SSR）、其他服务组（OSI）的建立及实例

特殊服务组（SSR）是民航订座人员在旅客订座记录（PNR）中记录旅客在旅行中需要的特殊服务，并依此与航空公司进行信息交换。如特殊餐食、轮椅、担架等特殊需求。

其他服务组（OSI）是民航订座人员在旅客订座记录（PNR）中记录一些旅客的相关信息，告知航空公司，引起航空公司的注意。

（五）PNR 的修改与删除

（六）QUEUE 信箱

信箱（OFFICE QUEUE）是为民航订座人员提供的营业员与计算机系统及航空公司之间联系的手段。QUEUE 处理的工作内容和要求。

第二节　国内客票销售

（一）国内客票简介

国内客票的定义。国内客票的类别：按航程类型分为单程客票、来回程客票、联程客票；按使用期限分为定期客票和不定期客票；按乘机联数分为二联国内客票和四联国际客票；按销售类型分为航空公司本票和 BSP 中性客票。按出票方式分为计算机打印自动票、手工填开客票和电子客票（电子数据记录）。国内客票的组成和用途，会计联、出票人联、乘机联、旅客联。国内客票有效期。国内客票的使用规定。

（二）BSP (BILLING SETTLEMENT PLAN)开账与结算计划。

（三）国内旅客运价

国内旅客运价的定义。国内旅客运价的种类。制定国内旅客运价的原则。制定国内旅客运价的方法成本定价法是航空运价制定的最基本的方法。成本定价法，市场竞争和旅客需求特征的因素。国内航空旅客运价的特点。多等级票价体系。国内旅客运价的种类。

（四）国内客票销售

国内客票销售的有关规定。国内客票填开。

（五）国内客票的变更

客票自愿变更与非自愿变更的定义，一般规定。国内客票签转的定义，一般规定。国内客票遗失与退票的定义，一般规定。

第三节　国际客票销售

（一）国际航班时刻表的使用

国际班期时刻表的作用。时差计算。国际班期时刻表信息查询。国际班期时刻表的使用。为旅客制定旅行计划。

（二）国际旅客运价

国际航空旅客运价，是指在国际航空旅客运输中，承运人对其载运的旅客及其限额内的行李所收取的从始发站机场到目的地机场的运输费用或价格以及这些费用或价格的适用条件，它也包括支付给代理人和其他辅助服务的费用或价格；但不包括机场与市区间的地面运输费用。

IATA 运价区域，IATA 大区，次区概念与划分。航程的种类概念与定义。航程方向代码的概念与定义。

国际旅客运价的计算原则。国际运价使用优先顺序 – 直达运价优先原则。

国际旅客运价的种类：按照运价水平划分为普通运价和非普通运价。不受限制的普通运价、受限制的普通运价、促销运价（Promotional Fares），折扣运价（Discounted Fares）。按照运价制定方式划分，国际运价可分为 IATA 运价、协议运价和承运人运价。按照航程种类划分，国际运价可分为单程运价和来回程运价。按照运价构成方式划分，国际运价可分为直达公布运价、比例运价和组合运价。国内运输权运价（Cabotage Fares）。承运人运价。

里程制运价计算方法简介

里程制（Mileage System）运价的定义。里程制运价的计算原则。

缩语	英文/中文含义	说明
(1) FCP	Fare Construction Points 运价构成点	确定运价区间及其端点(运价构成点)
(2) NUC	Neutral Unit of Construction 中间组合单位	确定上述运价构成点间用 NUC 表示的直达运价（直达公布运价或比例运价）
(3) RULE	Rules or Conditions 运价适用规则/限制条件	检查上述直达运价是否满足适用条件或是否是指定航程运价
(4) MPM	Maximum Permitted Mileage 最大允许里程	确定上述运价构成点间的最大允许里程
(5) TPM	Ticketed Point Mileage 客票点里程	计算该运价区间各段实际航行里程之和
(6) EMA	Excess Mileage Allowance 超里程优惠	检查该运价区间是否有里程优惠（如有，则应从 TPM 中减去 EMA）
(7) EMS	Excess Mileage Surcharge 超里程附加费	当 TPM(- EMA)大于 MPM 时,计算超里程附加收费的百分比
(8) HIP	Higher Intermediate Points 中间较高点	按照运价规则指定的范围,检查该运价区间是否有较高点
(9) RULE	Rules or Conditions 运价适用规则/条件	检查上述较高点运价是否满足其适用条件
(10) AF	Applicable Fare 适用的运价	考虑里程和较高点,构成该运价区间的里程制运价
(11) CHECK	Minimum Check 最低限额运价检查	对不同航程或次航程应进行各种最低限额运价检查(如 BHC、CTM、CPM、OSC、RSC 等)
(12) TTL	Total Fare 运价总额	根据步骤(1)~(11),计算全航程的 NUC 运价总额
(13) ROE	Rates of Exchange IATA 兑换率	确定该航程的始发国货币的 IATA 兑换率
(14) LCF	Local Currency Fare 当地货币运价	计算全航程的始发国货币运价(NUC × ROE)

（三）国际客票

国际客票的种类。国际客票的使用规定。国际客票的选用。国际客票填开。自动打印客票。

（四）国际客票的变更

国际客票签转，国际客票有效期的延长，退票。

三、考核知识点

（一）旅客订座与销售的基本概念与定义
（二）旅客订座系统(RES)的基本概念
（三）旅客订座记录（PNR）的建立
（四）特殊服务组（SSR）、其他服务组（OSI）的建立及实例
（五）PNR 的修改与删除
（六）QUEUE 信箱
（七））国内客票知识及填开
（八）国内旅客运价
（九）国内客票销售
（十）国内客票的变更
（十一）国际航班时刻表的使用
（十二）国际旅客运价
（十三）国际客票知识与填开
（十四）国际客票的变更

四、考核要求

（一）旅客订座与销售的基本概念与定义

1. 识记：旅客订座与销售的基本概念与定义。

2. 领会：旅客订座与销售的一般规定。

3. 应用：将旅客订座与销售的一般规定应用于民航的实际工作中，做到应知应会。

（二）旅客订座系统(RES)介绍

1. 识记：旅客订座系统 RES、航空公司系统(ICS 系统)、代理人分销系统(CRS 系统)的定义、作用、主要功能，掌握订座操作基本指令的查询。

2. 领会：航空公司系统(ICS 系统）和代理人分销系统(CRS 系统)的联接关系。

3. 应用：根据学习订座系统的相关指令，应会熟练操作工作人员进入、退出订座系统及显示工作区等的指令格式及用法；应会熟练操作查询城市/机场三字代码、英文全称及其他一般查询的指令。应会熟练操作查询各种航班信息。

（三）旅客订座记录（PNR）的建立

1. 识记：PNR 的含义及组成各种 PNR 的相关指令步骤。

2. 领会：建立 PNR 的工作要求和基本要领。

3. 应用：根据所学的订座指令，学会建立预定 PNR、出票 PNR（单程、来回程、

联程、缺口程、不定期航程、成人带儿童、成人带婴儿）的相关指令和具体步骤。

（四）特殊服务组（SSR）、其他服务组（OSI）的建立及实例

1. 识记：特殊服务组（SSR）、其他服务组（OSI）的涵义。

2. 领会：特殊服务组（SSR）和其他服务组（OSI）在PNR中的作用。

3. 应用：掌握如何在PNR的SSR组、OSI组中，根据旅客的特殊需要（如特殊餐食、WCHC、STCR等）向航空公司提出相关特殊服务申请。

（五）PNR的修改与删除

1. 识记：PNR的修改与删除的格式及步骤。

2. 领会：PNR修改和删除的操作步骤和工作要求。

3. 应用：会做PNR中航程、座位的再证实、旅客身份证号码等的修改与删除。

（六）QUEUE信箱

1. 识记：QUEUE信箱的基本操作指令和步骤。

2. 领会：进行QUEUE信箱处理的意义及重要性。

3. 应用：会进行基本的QUEUE信箱处理。

（七）国内客票简介

1. 识记：国内客票的定义、类别（本票、BSP客票、电子客票）、国内客票使用规定。

2. 领会：国内客票的组成和用途。

3. 应用：会计算国内客票有效期，会填开国内客票。

（八）国内旅客运价

1. 识记：国内旅客运价的定义。

2. 领会：制定国内旅客运价的原则和方法价、国内旅客运价的特点。

3. 应用：理解根据旅客种类、服务等级、旅程方式和出票时间、地点等具体情况，划分国内旅客票价的种类和等级划分。

（九）国内客票销售

1. 识记：国内客票销售的有关规定。

2. 领会：国内客票销售工作要求。

3. 应用：国内客票的填开。

（十）国内客票的变更

1. 识记：国内客票自愿变更定义和客票非自愿变更的定义。

2. 领会：国内客票自愿变更的一般规定和客票非自愿变更的一般规定。

3. 应用：国内客票的签转；国内客票的遗失与退票的操作。

（十一）国际航班时刻表的使用

1. 识记：国际航班时刻表相关名词、定义。

2. 理解：时差计算方法、航班时刻表的使用方法。

3. 应用：时差计算、航班时刻表的使用。

（十二）国际旅客运价

1. 识记：国际航程种类、航程方向代码、国际运价种类。

2. 领会：国际旅客运价的计算原则；各种运价计算方法的基本要点（里程制运价、指定经由航程运价、行业运价、航空公司运价、公布运价、特殊运价等）。

3. 应用：简单航程里程制运价计算。

（十三）国际客票

1. 识记：国际客票的定义、分类，客票使用规定。

2. 领会：国际客票的组成和用途，基本填写要求。

3. 应用：会填开国际客票。

（十四）国际客票的变更

1. 识记：国际客票的变更分类。

2. 领会：国际客票的变更的规则和国际客票变更的业务要求。

第三章　机场旅客服务

一、学习目的和要求

本章主要介绍计算机离港系统及其控制、国内（际）旅客的地面运送、特殊旅客服务和不正常航班处理等内容。通过学习本章，要了解民航旅客运输的有关基本概念和计算机离港系统，熟悉国内（际）旅客的地面运送流程，掌握旅客值机的操作、特殊旅客服务和不正常航班处理等内容。

二、课程内容

第一节　计算机离港系统

（一）计算机离港系统

计算机离港系统就是为旅客办理出港（即离港）服务的计算机处理系统，简称为离港控制系统（DCS）。该系统主要由旅客值机、配载平衡和航班控制三部分组成。

（二）计算机离港控制

计算机离港控制人员的工作程序及指令功能。

第二节　旅客运送

（一）旅客运送的一般规定

国内、国际旅客运送的一般规定。

（二）国内旅客的地面运送

详细介绍国内旅客地面运送过程各环节工作内容和要求。

（三）国际旅客的地面运送

国际旅客地面运送过程各环节工作内容和要求。

第三节　特殊旅客服务

（一）特殊旅客的定义

儿童、婴儿、重要旅客、轮椅旅客、担架旅客、孕妇、盲人的定义。

（二）特殊旅客服务

各类特殊旅客的服务要求。

各类特殊旅客服务的工作流程。

第四节　不正常航班处理

（一）不正常航班

不正常航班的定义和分类。

（二）不正常航班情况下各部门职责和工作程序

不正常航班情况下各部门职责和工作程序。

不正常航班情况下的服务工作流程。

（三）航班不正常情况下的旅客服务工作

（四）航班不正常情况下为旅客支付的费用和结算

非民航原因航班延误的定义和处理规定；民航原因造成的航班延误的定义和处理规定。

第五节　误机、漏乘、错乘与衔接错失

（一）定义

误机、漏乘、错乘、衔接错失的定义。

（二）漏承、错乘与衔接错失的处理

（三）旅客误机的处理

误机改乘后续航班的处理；团体旅客误机的处理。

三、考核知识点

（一）旅客运送的一般规定

（二）计算机离港控制
（三）特殊旅客服务
（四）不正常航班的处理
（五）误机、漏乘、错乘与衔接错失

四、考核要求

（一）旅客运送的一般规定
1. 识记：国内、国际旅客地面运送的流程。
2. 领会：旅客运送的一般规定。
3. 应用：机场正常旅客运送案例。
（二）计算机离港控制
1. 识记：计算机离港系统的组成。
2. 领会：计算机离港系统的模块构成及功能。
3. 应用：掌握计算机离港控制人员的工作程序及指令功能。
（三）特殊旅客服务
1. 识记：特殊旅客的定义。
2. 领会：特殊旅客服务流程。
3. 应用：特殊旅客运送的服务案例。
（四）不正常航班的处理
1. 识记：不正常航班的分类，定义，各部门工作职责，费用结算方法。
2. 领会：各类不正常航班的处理的原则。
3. 应用：不正常航班情况下旅客服务案例。
（五）漏乘、错乘、误机与衔接错失
1. 识记：误机、漏乘、错乘与衔接错失的定义。
2. 领会：误机、漏乘、错乘与衔接错失等情况的处理规定。
3. 应用：误机、漏乘、错乘与衔接错失等情况下的旅客服务案例。

第四章　行李运输

一、学习目的和要求

主要介绍国际与国内旅客行李运输的有关知识。通过学习本章，了解行李运输的一般规定，国际行李运输的两个分类系统；掌握行李运输的具体操作，以及不正常行李的处理方法。

二、课程内容

第一节　国际与国内旅客行李运输的基本概念和定义

（一）国际与国内旅客行李运输的基本概念和定义

航空旅客行李运输的概念；交运行李、自理行李、客舱行李、手提物品等各类行李的定义。

第二节　行李运输的一般规定

（一）行李的分类与运送

交运行李、自理行李、客舱行李、手提物品等各类行李的运送规定。

（二）限制携带物品以及违章行李处理

限制携带的物品的概念与处理规定。违章行李的概念与处理规定。

（三）行李的共同运送

共同运送行李的概念。行李共同运输的相关规定和操作。

（四）行李的退运和变更

始发站、经停站退运与变更行李的处理方法。退运与变更行李的工作程序。

第三节　国际行李运输

（一）计重行李系统

计重行李系统概念；计重行李系统适用区域范围；计重行李系统的行李运送规定；特殊行李运送规定。

（二）计件行李系统

计件行李系统概念；计件行李系统适用区域范围；计件行李系统的行李运送规定；特殊行李运送规定。

(三)国际运输业务条款简介

《蒙特利尔公约》、《欧盟 261 条款》等。

第四节　不正常行李处理

（一）不正常行李分类

（二）不正常行李处理

（三）行李查询

行李查询系统；行李查询工作内容及要求。

三、考核知识点

（一）国际与国内行李运输的基本概念和定义
（二）行李的分类与收运
（三）限制携带物品以及违章行李处理
（四）行李的共同运送
（五）行李的退运与变更
（六）国际行李运输
（七）不正常行李的分类和处理
（八）行李查询

四、考核要求

（一）国际与国内行李运输的基本概念和定义
识记：国际与国内行李运输的基本概念和定义。
（二）行李的分类与收运
1. 识记：行李的分类与定义。
2. 领会：行李收运的一般规定。
3. 应用：行李收运的有关操作。
（三）限制携带物品以及违章行李处理
1. 识记：限制携带行李、违章行李的定义和主要内容。
2. 领会：违章行李的处理规定。
（四）行李的共同运送
领会：行李共同运输的相关规定和操作。
（五）行李的退运与变更
1. 识记：行李退运和变更的定义。
2. 领会：行李退运和变更的相关规定。
3. 应用：行李退运和变更的相关操作。
（六）国际行李运输
1. 识记：国际行李运输的分类、《蒙特利尔公约》和《欧盟 261 条款》的主要内容。
2. 领会：计重行李系统和计件行李系统中行李运送的规定。
3. 应用：计重行李系统和计件行李系统案例。
（七）不正常行李的分类和处理
1. 识记：不正常行李的主要类别。

2. 应用：不同种类的不正常行李的处理方法。

（八）行李查询

应用：限制携带物品的查询、迟运行李的查询、少收行李的查询、损灭行李的查询方法。

第五章　配载与平衡简介

一、学习目的和要求

本章主要介绍飞机配重平衡的有关概念、相关计算及要求。通过学习本章，要了解飞机载重平衡的基本概念和要求，熟练计算飞机最大业务载重量、飞机平衡的计算，掌握载重表、平衡图的填制以及载重电报与运输业务文件的使用。

二、课程内容

第一节　飞机配载与平衡介绍

（一）飞机载重平衡工作基本概念与要求

飞机配载与平衡的主要概念；飞机配载与平衡工作要求。

第二节　飞机最大业务载重量的计算

（一）飞机的重量

飞机的最大起飞重量、飞机的最大着陆重量、飞机的最大无油重量、飞机的基本重量、飞机的燃油重量的定义。

（二）飞机最大业载的计算

根据飞机的最大起飞重量计算；根据飞机的最大着陆重量计算；根据飞机的最大无油重量计算；飞机最大业务载重量限额确定。

第三节　飞机的平衡计算

（一）飞机平衡

飞机的平衡的概念；飞机平衡的两种情况。

（二）飞机平衡的计算

飞机重心的计算方法：代数法、站位法、指数法、图表法；手工做图计算配载平衡，计算机配载平衡。

第四节　配载表与平衡图的填制

几种常用机型配载表与平衡图的样式和填制方法。

第五节　载重电报（LDM 报）与随机业务文件

（一）载重电报

载重电报的种类，载重电报的作用，载重电报的内容与格式。载重电报的拍发规定。

（二）随机运输业务文件

随机运输业务文件的内容。随机运输业务文件的传递。

三、考核知识点

（一）飞机载重平衡工作的基本概念和要求
（二）飞机最大业务载重量的计算
（三）飞机的平衡计算
（四）载重表和平衡图的填制
（五）载重电报与运输业务文件

四、考核要求

（一）飞机载重平衡工作的基本概念和要求
1. 识记：飞机载重平衡工作的基本概念。
2. 领会：飞机载重平衡的要求。
（二）飞机最大业务载重量的计算
1. 识记：飞机最大业务载重量的定义和分类。
2. 领会：飞机最大业务载重量计算的原则和基本思路。
3. 应用：飞机最大业务载重量的计算。
（三）飞机的平衡计算
1. 识记：飞机平衡的定义和种类。
2. 领会：飞机重心位置及相关原理。
3. 应用：飞机重心位置的计算。

（四）载重表和平衡图的填制

1. 识记：载重表和平衡图的样式。
2. 领会：载重表和平衡图的填制方法。
3. 应用：载重表和平衡图的填制。

（五）载重电报与运输业务文件

1. 识记：载重电报和运输业务文件的定义。
2. 领会：载重电报的作用和拍发规定。
3. 应用：编制载重电报。

第六章　旅客运送责任与赔偿

一、学习目的和要求

本章主要介绍发生不正常运输时航空公司的责任以及所要负担的对旅客、行李的赔偿规定。通过学习本章，要了解航空公司在旅客运送的整个过程中所要负担的责任，以及在发生特殊情况时对旅客及其行李所采取的赔偿。

二、课程内容

第一节　航班延误时航空公司的责任

（一）非民航原因造成航班延误时的责任

非民航原因航班延误定义；非民航原因航班延误承运人责任；非民航原因航班延误时的旅客服务规定。

（二）民航原因造成航班延误时的责任

民航原因航班延误的分类和定义；民航原因航班延误承运人责任；民航原因航班延误时的旅客服务规定。

第二节　承运人对旅客、行李的赔偿

（一）承运人对旅客的赔偿限额

国际航空旅客运输的旅客人身赔偿规定；国内航空旅客运输的旅客人身赔偿规定。

（二）承运人对行李的赔偿限额

国际航空旅客运输中的行李赔偿规定；国内航空旅客运输的行李赔偿规定。

第三节　旅客运输保险

（一）旅客航空人身意外伤害险
航空旅客人身意外险介绍；旅客投保规定。

三、考核知识点

（一）非民航原因造成航班延误时的责任
（二）民航原因造成航班延误时的责任
（三）承运人对旅客的赔偿限额
（四）承运人对行李的赔偿限额
（五）旅客航空人身意外伤害险

四、考核要求

（一）非民航原因造成航班延误时的责任
识记：非民航原因造成航班延误时，承运人所担负的责任。
（二）民航原因造成航班延误时的责任
识记：民航原因造成航班延误时，承运人所担负的责任。
（三）承运人对旅客的赔偿限额
识记：承运人对旅客的赔偿限额和对国内外旅客的不同规定。
（四）承运人对行李的赔偿限额
识记：承运人对行李的赔偿限额和要求。
（五）旅客航空人身意外伤害险
识记：旅客航空人身意外伤害险的要求和具体数额。

第三部分　有关说明与实施要求

为了使本大纲的规定在个人自学、社会助学和考试命题中得到贯彻和落实，现对有关问题作如下说明，并提出具体实施要求。

一、关于考核目标的说明

为使考试内容具体化和考试要求标准化，本大纲在列出考试内容的基础上，对各章规定了考核目标，包括考核知识点和考核要求。明确考核目标，能够使自学应考者进一步明确考试内容和要求，更有目的地系统学习教材；使社会助学者能够更全面地有针对性地分层次进行辅导；使考试命题能够更加明确命题范围，更准确地安排试题知识能力层次和难易度。

本大纲的考核目标，按照识记、领会、应用三个层次规定所应达到的能力层次要求。其中，应用层次还可分为简单应用和综合应用两个子层次。各能力层次的涵义是：

识记：能了解有关的名词、概念和知识的涵义，并能正确认识和表述。

领会：在识记的基础上，能全面把握基本原理和基本知识，掌握有关原理、概念的区别和联系。

应用：在领会的基础上，能运用基本原理、基本概念分析和解决有关的理论问题和实际问题。其中，简单应用是指在领会的基础上，能用所学的一两个知识点分析和解决简单的问题；综合应用是指在简单应用的基础上，能用所学的多个知识点综合分析和解决比较复杂的问题。

二、关于自学教材与参考读物

自学教材：《机场服务概论》，田静、竺志奇主编，中国民航出版社 2007 年出版。

参考书目：

1.《民航国内旅客运输》，田静等编著，国防大学出版社 2007 年出版。

2.《旅客运价与客票填开》，陈小代编著，法制出版社 2006 年出版。

3.《运输经济（民航）专业知识与实务》，全国经济专业技术资格考试用书委员会编著，中国人事出版社 2005 年出版。

三、自学方法指导

1. 认真阅读和钻研教材。本书有很强的逻辑性和实践性，要循序渐进，按照机场旅客运送流程学习和了解各环节工作相关知识。

2. 系统学习和重点深入相结合。各章节都有学习的重点，要把对机场旅客运送各方面工作的全面了解与重点知识的掌握相结合。

3. 重视理论联系实际。本课程是一门实践性很强的课程，要通过对各环节工作内容的了解和具体案例的分析，掌握机场地面旅客服务的知识和技能。

四、对社会助学者的要求

1. 社会助学者应明确本课程的性质与设置要求，根据本大纲规定的课程内容和考核目标，把握指定教材的基本内容，对自学应考者进行切实有效的辅导，引导他们掌握正确的学习方法，防止自学中的各种偏向，体现社会助学的正确导向。

2. 要正确处理基本原理、基本概念和基本知识同应用能力的关系，努力引导自学应考者将基础理论知识转化为认识、分析和解决实际问题的能力，提高自学应考者的马克思主义思想认识水平。

3. 要正确处理重点和一般的关系。本课程的理论性强，内容广泛；自学考试命题的题型多样、覆盖面广。社会助学者应根据这门课程和考试命题的特点，指导自学应考者全面系统地学习教材，掌握全部章程内容和考核目标。在全面辅导的基础上，突出重点章节和重点问题，把重点辅导和兼顾一般有机地结合起来。

五、关于命题考试的若干要求

1. 本课程的命题考试，应根据本大纲规定的课程内容和考核目标，来确定考试范围和考核要求，不要任意扩大或缩小考试范围，提高或降低考试要求。考试命题要覆盖本大纲各章的内容，并适当突出重点章节，体现本课程的基本内容。

2. 试卷对能力层次的要求应结构合理。对不同能力层次要求的分数比例，一般为：识记 20%，领会 35%；简单应用 25%，综合应用 20%。

3. 要合理安排试卷的难度结构。试题的难度分为易、较易、较难、难四个等级。每份试卷中，四种难易度试题的分数比例一般以 2: 3: 3: 2 为宜。试题的难易度与能力层次不同，在各个能力层次中，都可有难易度不同的试题。

4. 本课程考试试卷的题型，一般有名词解释、单项选择题、多项选择题、计算题、简答题、论述题等。各种题型的具体样式可参见附录 3。

5. 本课程考试时间为 150 分钟，试题量应以中等水平的自学应考者在规定时间内答完全部试题为度。

附录 3

题 型 举 例

一、名词解释（根据课程需求设置）

1. 无人陪伴儿童
2. CRS 系统

二、单项选择题（在备选答案中选出一个正确答案，将其标号写在题后括号内）

1. 请指出决定国内旅客适用运价的相关因素是：（　）
   A. 旅客航程；
   B. 旅客订座时的适用运价；
   C. 机场与市区之间的地面运输费用；
   D. 旅客携带行李的重量。
2. 下列情况中不可以为旅客办理退票的有：（　）
   A. 天气原因航班延误，旅客要求退票；
   B. 婴儿旅客要求退票；
   C. 旅客在航班经停点自动停止旅行；
   D. 旅客未能出示有效身份证件而不能成行。

三、多项选择题（在备选答案中选出二至五个正确答案，将其标号写在题后括号内）

1. 请指出在下列关于无人陪伴儿童乘机的正确选项：（　）
   A. 不予接受 6 岁以下儿童单独乘机；
   B. 无人陪伴儿童客票旅客姓名栏要标明“UM”字样；
   C. 无人陪伴儿童没有免费行李额；
   D. 无人陪伴儿童必须有父母或监护人陪送到上机地点，并在下机地点安排有人迎接照料；
   E. 无人陪伴儿童必须乘坐直达航班。
2. 下列关于国内旅客票价计算的叙述中不正确的是：（　）
   A. 航空公司公布票价适用于直达运输，非直达运输采用分段相加计算票价；

B. 使用担架的病残旅客与普通旅客适用同样方法计算票价；
C. 旅客票价中包含机场与地面之间的地面运输费用；
D. 国内旅客客票出售后，如票价调整，应多退少补；
E. 经济舱票价是国内航线客票价的基础票价。

四、计算题（根据课程需求设置）

1. B737 在指定航线上的可用业载计算。
2. 票价计算：

旅客赵杰携其一岁半的孪生子赵彤、赵丹（2005 年 2 月 20 日出生）旅行，航程情况如下：

北京—长春　CJ6346　起飞时间：1640 到达时间：1735　Y 舱票价：700
长春—延吉　CJ6641　起飞时间：1940 到达时间：2020　Y 舱票价：530
延吉—北京　CJ6151　起飞时间：1650 到达时间：1830　Y 舱票价：850

请计算赵杰应付票款。

五、简答题

1. 请简述对漏乘旅客服务工作的规定。
2. 请简述国际计件行李系统和国际计重行李系统的主要不同点（至少指出三点不同）。

六、论述题

1. 请谈谈如何做好航班延误情况下的旅客服务工作。
2. 请阐述决定航班可用业载的主要思路。